알기 쉬운 개정판

거시경제학

이혁진 · 최창열 · 방기위
요금격 · 짱신단 · 란 희 공저

도서출판 두남

머리말 Preface

거시경제학은 거시변수의 움직임을 연구하는 학문이다. 거시변수란 GDP, 인플레이션, 이자율 등을 의미한다. 거시경제학은 주요 거시변수들인 국민소득, 실업률, 물가 및 인플레이션율, 이자율, 환율, 국제수지 등이 어떻게 결정되고, 이들이 서로 어떤 관련을 맺는지 이해하는 것을 목표로 한다.

거시변수의 관계를 이해하기 위해 거시경제 모형을 이용하는데 거시경제 모형으로 거시변수의 움직임을 예측할 수 있고 정부의 경제정책이 어떠한 효과를 가져 오는지를 평가하고 앞으로의 정책효과를 예상할 수 있다.

거시경제학에서 배우는 대표적인 모형은 IS-LM 모형이다. 케인즈 이론에 기반한 IS-LM 모형은 이자율이 낮아지면 투자가 늘고 GDP가 늘어나며, 중앙은행이 통화공급을 늘리면 이자율이 낮아진다. 이와 같은 관계는 실제 통계에서도 나타나며 정책결정 과정에서도 자주 이용된다. 그 이외에 콥-더글라스 생산함수 모형, 노동시장 재화시장 자산시장의 균형, 솔로우 성장모형, 필립스 곡선 등을 학습한다.

거시경제학의 기본적인 내용은 미시경제와 관계가 크게 없는듯 보이나 거시경제학을 조금 깊이 있게 공부하면 거시경제학의 많은 부분은 미시경제학을 바탕으로 한다. 총수요, 총공급 곡선이 미시경제학에서 배우는 수요공급의 연장선에 있고 개인의 저축과 노동공급이 전체 거시경제에 미치는 영향이나 실물경기변동 이론을 포함한 거시경제학의 내용은 미시경제학에서 배우는 내용을 기반으로 한다.

이 책을 집필한 데는 두 가지 목적이 있다. 하나는 거시경제학의 원리가 현실 세계에서 어떻게 적용되는가에 대한 기본적인 이해를 하는 것이다. 다른 하나는 사회과학의 한 분야로 거시경제학을 알기 쉽게 소개하는 것이다.

특히 이 책을 만들기까지 많은 도움을 주신 도서출판 두남의 전두표 사장님을 비롯한 편집부 여러분들에게 진심으로 감사를 드린다.

저자들 나름대로 이 책을 준비하여 출판하였지만 미흡한 부분은 앞으로 강의와 연구를 통해 보다나은 책으로 발전할 수 있도록 노력할 것이다.

2022년 1월

세종관 연구실에서 저자들

차 례

Contents

제 1 장

거시경제학이란?

1.1 거시경제학이란?

거시경제학은 1920~30년대 대공황기에 대량 실업문제를 바탕으로 한 J. M. 케인스가 저술한 〈고용·이자 및 화폐의 일반이론 The General Theory of Employment, Interest and Money〉이 출판된 1935년경부터 등장하였다.

거시경제학(Macroeconomics)은 모든 개별경제주체들의 상호작용의 결과로 인해 나타나는 한 나라의 경제전체 현상에 대한 분석을 통해 국민소득, 물가, 실업, 환율, 국제수지 등 경제 전반에 영향을 미치는 변수들의 결정요인과 이러한 변수들 간의 상호관련성을 연구하는 분야이다. 즉, 거시경제학은 재화와 용역의 총생산량과 총소득, 생산요소의 고용수준, 전반적인 물가동향 등을 분석한다. 이러한 거시경제학은 1930년대 대공황 발생이후 국민소득과 생산통계에 대한 개념이 개발됨에 따라 널리 발전하기 시작하였다.

케인즈 혁명

케인즈(J. M. Keynes, 1883-1946)는 경제불황의 타개를 위해서는 유효수요의 창출이 필요한데 이를 위해서는 정부지출의 증대와 같은 총수요증가정책을 펴야한다는 논리를 주장하였다. 즉 정부지출을 증가시키면 총수요가 늘어나 국민경제가 균형에 이르고 만성적인 비자발적 실업도 구제될 수 있다는 것이다. 이와 같은 케인즈(Keynes)의 이론을 클레인은 케인즈혁명(Keynesian revolution)이라고 하였다.

1.2 거시경제학의 분석 방법

1. 일반균형분석과 부분균형분석

어떤 한 시장에서 일어나는 상황의 변화가 다른 시장에 유의할 만한 변화를 초래하지 않음으로서 서로 다른 두 시장사이에 상호 의존관계가 존재하지 않을 경우, 한 시장의 다른 시장에 대한 영향, 그리고 다른 시장으로부터의 영향을 무시하고 어느 한 시장을 독립적으로 분석할 수 있다. 이런 가정하에서 행해지는 분석을 부분균형분석이라고 한다. 대부분의 분석은 이런 의미에서 주로 부분균형분석에 해당된다.

한편 서로 다른 시장들 사이의 상호의존관계를 고려한 분석을 일반균형분석이라고 한다. 부분균형분석과 일반균형분석은 어느 하나가 다른 것부터 더 우월하다기 보다는 두 가지 분석방법이 분석대상과 분석목적에 따라서 모두 가치 있고 나름대로 유용한 것이다.

부분균형분석은 어떤 한 시장에서의 여건변화가 다른 시장에 영향을 거의 미치지 않는 경우에 아주 적합한 분석방법이 된다. 예를 들어 물품세가 어떤 재화의 생산에 미치는 결과를 분석하는 데 있어서, 다른 재화들의 가격은 불변이라는 가정은 현실적으로 타당성 있는 가정이 될 것이다.

반면에 어떤 한 시장에서의 여건 변화가 다른 시장에 영향을 크게 미치게 되는 경우 일반균형분석이 필요하게 된다. 예를 들어 국제원유가격의 인상이 미치는 효과를 분석하고자 하는 경우 우리가 분석하고자 하는 것은 원유가격 인상으로 여러 산업에 미치는 연관효과가 될 것이며 이 경우 필요한 분석방법은 산업연관분석과 같은 일반균형분석 기법이 될 것이다.

> ☞ 부분균형분석(partial equilibrium analysis)은 다른 시장상황이 주어져 있다고 가정하고 한 시장만을 따로 떼어 내어 분석하는 방법
> ☞ 일반균형분석(general equilibrium analysis)은 모든 시장간의 상호의존 관계를 감안하면서 개별시장을 다른 시장들과 연관시켜 분석하는 방법

2. 정태분석과 동태분석

정태적 분석과 동태적 분석은 거시경제학의 분석방법 가운데 하나로서, 그 효과(효용, Efficiency)를 예측하는 통계적 방법이다.

앞에서도 언급했지만 거시경제현상은 거시경제모형을 통해 설명할 수 있는데 이를 설명하는 변수에는 내생변수와 외생변수가 있다. 내생변수는 모형 내에서 결정되는 경제변수이며. 주로 총생산, 물가, 이자율, 고용량, 환율, 국제수지와 같은 거시경제변수들이 이에 속한다. 한편 외생변수는 모형밖에서 값이 결정되어 있는 변수이며, 외생변수가 어떻게 결정되는가는 경제모형에서 관심을 갖지 않으나 외생변수의 값이 어느 수준에 있는 가에는 관심을 둔다. 왜냐하면 경제모형에 나오는 외생변수들은 내생변수들에 영향을 미치는 변수들이기 때문이다.

정태분석은 일정시점에서 외생변수들의 값이 주어져 있을 때 그 시점의 내생변수들이 어떻게 결정되는가를 연구한다. 이 때 결정되는 내생변수들의

값이 균형값이고 결정되는 상태가 균형상태이다. 이때 외생변수들이 상이한 값을 가질 때 그에 상응하는 내생변수들의 균형값들도 변한다. 외생변수가 변할 때 내생변수들의 균형값이 얼마나 변하는가를 보여주는 방법이 비교정태분석(comparative static analysis)이다. 예컨대 정부소비지출이 증가할 때 국민소득이 얼마나 증가하는가를 보여주는 정부소비지출승수는 비교정태분석으로 계산된다. 거시경제학에서 언급되는 각종 정책의 승수효과(multiplier effect)는 비교정태분석을 사용하는 것이다.

동태분석은 외생변수들의 시간경로(time path)[1]가 주어졌을 때 내생변수들의 시간경로가 어떤가를 분석한다. 동태분석에 의해 계산된 내생변수들의 시간경로는 균형시간경로이고, 이렇게 결정되는 상태가 동태적으로 균형 상태이다. 동태적인 거시모형을 잘 세웠다면 외생변수들의 시간경로가 변하지 않는 한, 그리고 경제구조가 시간의 흐름에 따라 변하지 않는 한, 이 거시모형에서 동태분석으로 결정된 내생변수들의 균형시간경로가 변하지 않을 것이다. 외생변수들의 시간경로를 다른 값으로 주면 내생변수들의 균형시간경로가 물론 달라진다. 외생변수들의 시간경로가 달라짐에 따라 내생변수들의 균형시간경로가 어떻게 달라지는가를 비교·분석하는 것이 비교동태분석(comparative dynamic analysis)이다.

정태분석에서는 경제 환경의 변화에 따라 내생변수가 어떻게 조정되어 가는가를 다루지 못한다. 동태분석은 이 조정과정을 명시적으로 다룰 수 있기 때문에 정태분석보다 우월한 분석방법이라 할 수 있다. 그러나 동태분석은 계산이 복잡한 단점이 있다. 따라서 구체적인 조정과정이 별로 중요하지 않다고 판단되는 상황에서 내생변수들의 변화방향을 쉽게 가늠해 보고자 하는 경우에는 정태분석을 이용하는 것이 편리하다.

1) 시간이 흘러감에 따라 경제변수들의 값이 어떻게 변하는가를 보여주는 것.

☞ 정태적 분석은 경제현상의 일정 시점 또는 일정 기간의 상태에 대하여 분석하는 방법.
☞ 동태적 분석은 어떤 현상에 대하여 일정 기간의 변동 상태를 분석하는 방법.

3. 거시경제학 방법론과 관련된 주요 개념

1) 저량(stock)과 유량(flow)

저량이란 어느 특정시점에 있어서 존재하는 양을 말하며 유량은 시간당(또는 기간당) 획득되든가 또는 사용되는 양을 의미한다. 따라서 저량은 유량으로 바꾸어질 수 있고, 반대로 유량은 저량으로 축적될 수 있는 것이다.

경제학에서 재화 및 서비스·화폐·시간의 세 가지 기본차원을 생각하여 몇월 며칠 현재의 재화라고 할 때는 저량으로서 자본을 의미하며, 몇월 며칠의 재화 또는 서비스라면 유량으로서 생산물 또는 소득을 의미하게 된다.

2) 단기와 장기

거시경제학에서 단기(short run)와 장기(long run)이라는 용어는 매우 중요한 개념이다. 미시경제학에서 사용되는 단기와 장기는 생산과정에서 최소한 하나의 중요한 생산요소의 수량이 고정되어 있는 기간이 단기이고, 모든 생산요소가 가변요소가 되는 기간이 장기이다. 그러나 거시경제학에서 단기와 장기는 개념이 조금 다르다.

케인즈학파는 모든 가격변수들이 완전신축적인 고전학파모형을 장기모형, 일부가격변수가 경직적인 케인즈 모형을 단기모형이라고 정의한다. 따라서 일부 가격변수가 경직적이거나 비신축적인 기간이 단기가 되고 모든 가격변수들이 완전신축적인 기간이 장기가 된다. 또 하나의 기준은 경제성장모형에서 나오는데 장기는 흔히 경제가 정상상태에 도달하는 기간을 의미한다. 외생변수의 시간경로가 변할 때 경제가 새로운 정상상태에 도달하기

까지는 일반적으로 수십 년의 기간이 소요된다. 따라서 거시경제학에서 장기는 수십 년 정도가 되며 초장기(very long run)을 의미하게 된다.

1.3 경제모형과 거시 경제 모형

1. 경제모형의 정의

경제모형(economic model)은 경제의 어떤 측면을 단순화시켜 묘사한 것으로서 흔히 수학식으로 표시된다. 이와 비슷한 용어로 체계(system)라는 용어가 사용된다. 체계란 개별적인 부분들을 통일한 조직을 의미한다. 경제학자들은 경제의 각 부문 또는 변수간의 기능적 종합을 의미한다. 반면 모형은 현실을 간단하고 명료한 부호나 수식으로 추상화함으로써 이해하기 쉽게 표현한 것을 의미한다.

모형이란?

거시경제학을 공부하면서 모형이라는 단어에 대한 어려움이 발생한다. 모형이란 무엇일까? 모형은 항등식, 균형조건, 행태방정식 세 가지의 부분으로 구성된다.

항등식이란 것은 너무나 당연한 현상을 기술하는 것이다. "≡"라는 기호를 사용한다.

균형조건은 경제학 지식의 시작점으로, 시장의 균형상태가 언제 달성되는지를 나타낸다. 모든 경제 주체들이 그 상황에서 나름 만족해서 자신의 행동을 바꾸려 하지 않는다면 그 상황이 유지된다. 이것을 균형이라 한다. 균형조건은 어떠한 조건들이 만족되었을 때에 균형에 이르는가를 알려준다. 수요와 공급은 시장의 상황에 따라 차이가 날 수 있지만 수요=공급의 상황은 현상이 유지되는 특별한 상황이라 분석할 가치가 있다. 균형조건은 이러한 가치 있는 분석 대상을 가려내 주는 역할을 한다.

행태방정식은 한 변수가 상황에 어떻게 반응하는가를 식으로 만들어 놓은 것, 함수이다. 예를 들어, 자신감=f(성실함)이라고 해보자. "자신감은 성실함에 영향을 받는다."란 뜻으로, 자신감에 대한 행태방정식이 된다.

2. 내생변수와 외생변수

경제모형은 외생변수(exogenous variable; source variable)와 내생변수(endogenous variable; downstream variable)를 혼합적으로 포함하고 있다. 그렇다면 외생변수와 내생변수는 무엇인가?

내생변수는 다른 변수로부터 영향을 받는 변수이다. 내생변수란 '내부로부터 발생한 변수'라는 뜻으로 다른 변수의 영향을 받아 경로도 내부에서 만들어지는 변수이다.

외생변수는 '외부로부터 발생한 변수'라는 뜻으로 구조 모형에서 다른 변수의 영향을 받지 않고 독자적으로 움직이는 변수이다. 일반적으로 외생변수는 회귀분석에서 독립변수와 같은 역할을 한다. 즉, 외생변수는 다른 변수로부터 영향을 받지 않으면서 다른 변수에 영향을 주는 변수로 인과관계의 원인을 제공하여 주는 역할을 한다.

1.4 거시경제모형 체계

미시경제모형에서 수요와 공급이 체계내에서 결정되는 것과는 달리 거시경제모형에서는 총공급은 언제나 주어진 것으로 가정한다. 다만 유효수요가 부족하여 불완전고용이 이루어지는 것을 전제로 하기 때문에 유효수요만을 창출하면 균형국민소득은 자동적으로 증가하는 것으로 가정한다. 그러므로 거시경제분석은 언제나 국민소득의 창출방정식을 하나의 종합모델로 설정하고 그것을 구체화하는 부분모델을 설명함으로써 시작된다. 이때 국민소득의 창출방정식은 폐쇄경제체제와 개방경제체제로 구분된다. 폐쇄경제학에서의 국민소득모형은 $Y=C+I+G$, 개방경제하에서의 국민소득모형은 $Y=C+I+G+(X-M)$으로 표현된다.

본서에서 사용되는 모형은 다음과 같다.

$$Y=C+I+G$$
$$L_1+L_2=M$$

단, L_1 : 거래적 동기에 의한 화폐수요
L_2 : 투기적 동기에 의한 화폐수요
M : 통화의 공급

거시경제모형은 총수요와 노동의 공급증가로 인하여 증가되는 국민경제의 총공급과의 관계는 물론 소득, 물가, 고용 등이 어떻게 균형을 바꾸는가에 대해서도 연구하게 된다.

거시경제모형은 물가, 인플레이견, 실업 등의 변수들이 거시경제모형에 개입될 때 각종 시장은 어떻게 교란될 것이며 그 결과 국민소득은 어떠한 영향을 받을 것인가를 연구한다. 또한 국민경제내부에서 영향을 미치는 모든 변수의 변화에 따라 국민경제는 변동하게 되는데 이를 경기변동이라고 한다.

제 2 장

국민경제의 기초

2.1 국민경제의 기초

1. 총생산

1) 국내총생산

국내총생산(gross domestic product ; GDP)이란 일정기간 한 나라의 영토 내에서 생산되는 최종생산물의 시장가치이다. 이러한 정의에는 중요한 몇 가지 사실이 존재한다.

첫째, '일정기간'은 유량(flow) 개념이 적용된다는 것을 의미한다. UN의 국민계정체계에 따라 3개월(분기) 또는 1년을 의미한다. 한국은 대부분 나라들과 같이 GDP를 분기와 1년 단위로 계정하여 발표한다.

둘째, '한 나라의 영토'란 경제활동 결과의 추계에서는 경제활동이 이루어진 '영토' 개념이 적용된다는 것을 의미한다. 예를 들면, 한국 영토 안에서 이루어진 경제활동의 결과는 그것이 한국인에 의한 것이든 미국인에 의한 것이든 모두 한국의 GDP에 속하게 된다는 것이다.

셋째, '생산'은 경제활동을 의미한다. 예를 들면, 어떤 사람이 엄청난 자산가치를 가진 토지를 소유하고 있으면서도 가격상승만을 기대하고 생산활동을 위해 임대하지 않은 채 묵혀둔다면 그 토지는 소득창출 등 경제활동에 아무런 기여를 하지 못한다. 따라서 국내총생산에 포함시키지 않는다.

넷째, '최종생산물'은 소비자가 소비(미래의 소비는 투자이며 외국인의 국내최종생산물 소비는 수출)을 위해 구입하는 재화와 서비스를 의미한다. 하나의 재화와 서비스가 생산되기까지에는 여러 단계의 생산과정을 거치게 되는데, 만일 GDP 계정에서 여러 단계의 생산과정이 모두 포함된다면 GDP는 이중, 삼중계산으로 인해 과대평가되고 말 것이다. 따라서 GDP 계정에서는 이중계산을 피하기 위해 최종생산물 개념을 적용한다.

끝으로 '시장가치'는 시장에서 거래되는 가격을 의미한다. 경쟁가격은 효율적인 자원배분의 척도이므로 GDP 계정에서는 경쟁가격이 사용된다. 만일 경쟁가격으로 나타낼 수 없는 재화와 서비스의 가격은 기회비용원리나 잠재가격 환산방법을 적용하여 얻는다.

'최종생산물의 시장가치'란 결국 '부가가치'를 의미한다. 하나의 상품이 원료에서 최종재가 되기까지에는 여러 단계의 생산과정을 거치게 되는데 각 생산과정에서 창출되어 부가되는 가치의 합을 부가가치라고 부른다. 이 경우 수입이 없으면 부가가치는 최종재의 가격과 반드시 일치한다.

2) GNP와 GDP

경제 전체의 활동애서 가장 많이 쓰이는 지표로는 국민총생산(GNP: gross national product)과 국내총생산(GDP)이 있다. 국민총생산(GNP)은 지역개념이 아니라 국민 개념이다. 즉 지역에 관계없이 외국이나 본국에 있으면서 본국의 국적을 가진 사람이 생산한 것이라면 모두 GNP에 포함된다. 이에 반하여, 국내총생산(GDP)은 국민 개념이 아니라 지역 개념이다. 예를 들어 한국인이든 미국인이든 한국에서 생산하였다면 한국의 GDP에 포함된다.

그러므로 미국에 있는 한국인의 생산활동은 한국의 GNP에 포함되지만, 한국의 GDP에는 포함되지 않는다.

GDP는 한 나라의 경제내에서 일정 기간 동안에 생산된 재화와 서비스의 총량에 각각의 시장가치(화폐가격)를 곱해줌으로써 계산될 수 있다.

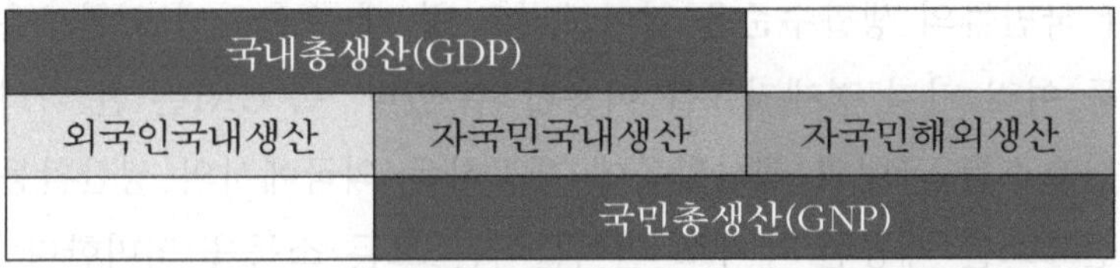

국내총생산(GDP)		
외국인국내생산	자국민국내생산	자국민해외생산
	국민총생산(GNP)	

* GDP = 자국민의 국내 생산 + 외국인의 국내 생산

[그림 2-1] GNP와 GDP의 차이

3) 명목GDP와 실질GDP

국내 총생산(GDP)은 한나라에서 생산된 최종생산물을 시장가격으로 환산하는데, 그 해 시장 가격으로 계산된 국내 총생산을 '명목 국내 총생산(Nominal GDP)'이라 하고, 이 명목 국내 총생산을 특정 연도의 물가를 기준으로 환산한 것을 '실질 국내 총생산(Real GDP)'이라고 한다.

일반적으로 GDP의 증감을 파악할 때는 실질 GDP를 언급한다. 실질 GDP는 재화와 서비스 가격을 기준 연도의 가격으로 계산한 것이다. 즉, 실질 GDP는 가격 변동에는 영향을 받지 않고, 기준 연도 가격에 해당 연도의 생산량을 곱해 구해 생산량 변동에만 영향을 받는다. 반면, 명목 GDP는 재화와 서비스 가격을 현재의 가격으로 계산한 것이다. 즉, 해당 연도의 재화와 서비스 가격에 현연도의 생산량을 곱해 구한다.

4) 국내총소득

한 나라의 경제수준과 성과를 종합적으로 파악할 수 있는 가장 대표적인 지표가 바로 국민소득이다. 국민소득이란 한 나라의 가계, 정부, 기업 등 모든 경제주체가 일정기간 동안에 이룩한 경제성과를 시장의 가격으로 평가한 후 종합적으로 나타내는 지표로, 경제수준의 국제적인 비교나 경제전망, 거시경제정책의 수립 등에 이용되는 아주 중요한 변수다. 그 중에서도 국민총소득(gross national income; GNI)은 일정 기간 동안 한 나라의 국민이 생산 활동에 참여하여 벌어들인 소득의 총액을 지칭하는 것으로 한 나라의 경제력이나 국민들의 생활수준을 알아보려고 할 때 수출입액 외환보유액 철강 생산량 등 여러 가지 경제지표를 이용할 수 있다. 즉 GNI는 한 나라의 거주자가 생산요소를 국내의 생산활동에 제공하든 외국에서의 생산활동에 제공하든 생산요소를 제공한 대가로 벌어들이는 모든 소득을 의미한다.

국민소득(national income: NI)이란 국민순소득에서 간접세를 공제하고 보조금을 가산시킨 국민소득으로 협의의 국민소득이다.

NI = 국민순생산(NNP) − 간접세 + 보조금
= 피용자보수 + 영업잉여
= 요소비용국민소득

개인처분가능소득(personal disposable income: PDI)은 개인이 임의로 소비와 저축으로 처분할 수 있는 소득의 크기를 나타내는 것으로 처분가능소득이다.

개인가처분소득(PDI) = 개인소득(PI) − 개인소득세 − 대외지급경상이전
= 민간최종소비지출 + 가계저축

2. 총생산·총소득 개념의 한계

GDP로 대표되는 국민계정에 나오는 총생산·총소득 지표들은 측정상의 여러 가지 문제 때문에 경제활동의 수준을 나타내는 완전한 지표가 되지 못한다. 나아가 경제적·사회적 복지라는 관점에서 볼 때 GDP는 참된 복지수

준을 나타내기에는 많은 문제점을 가지고 있다.

첫째, GDP는 실제측정에 있어서 모든 생산과정을 직접 확인·추적하기에는 너무나 방대한 인원과 비용이 들기 때문에 각종 통계에 의존하며, 대부분 표본통계로부터 항목별로 추측하여 계산하는 추계방식을 택하고 있다. 따라서 만족할 만큼 정확한 수치를 얻는다는 것이 어렵다.

둘째, GDP추계가 설사 정확하다 하더라도 추계방법이 전체적인 일관성을 결여하고 있다. 농가에서 생산하여 자가 소비하는 농산물의 생산액이나, 모든 주택소유자가 얻는 것으로 의제 처리되는 귀속임대료는 시장에서 거래되지 않음에도 불구하고 추계되어 GDP에 산입된다. 그런데 가정주부가 가족을 위하여 제공하는 식사·빨래·육아·청소 등의 가치는 시장에서 거래되지 않았다는 이유로 GDP에 포함되지 않는다. 똑같은 일이 음식점·세탁소·가정부 또는 청소부 등에 의하여 이루어지면 GDP에 포함된다. 따라서 한 남자가 파출부와 결혼하면 GDP가 줄어드는 모순이 생기는 것이다.

셋째, GDP는 소비자들이 즐기는 여가를 충분히 감안하지 않고 있다. 예컨대 열렬한 테니스 팬이 그의 여가시간을 테니스로 흠뻑 즐긴다면 그의 만족도 내지 후생 수준은 그가 치른 테니스 코트 사용료로서는 평가할 수 없을 만큼 높을 것이다. 그러나 GDP에는 그가 치룬 코트 사용료만이 포함된다.

넷째, GDP는 물질적 생산만을 계산하고 생산의 과정에서 파생되는 대기오염·수질오염·소음 등의 공해와 자연파괴현상, 교통체증, 범죄증가와 같은 부작용은 도외시 하고 있다. 따라서 물질의 풍요 못지않게 생활의 질을 중요시 하는 오늘날 이러한 외부비경제 효과를 감안하지 않는 GDP는 만족할 만한 복지지표라고 할 수 없다.

다섯째, GDP는 상품의 질의 변화를 제대로 반영하지 못한다. 컴퓨터는 성능이 계속 향상되는데도 가격은 하락하고 있다. 노트와 라면 등은 가격인상을 규제하여 가격이 변하지 않아도 단위분량이나 품질이 떨어진다. 소비자의 만족도에 영향을 미치는 이러한 품질의 변화를 GDP는 제대로 평가하지 못한다.

끝으로, GDP는 사채·부동산투기·밀수·마약·탈세 등 이른바 지하경제의 규모를 전혀 반영하지 못하는 제약을 가진다.

이상과 같은 GDP개념의 한계를 보완하여 진정한 의미에서의 경제적인 후생을 측정하기 위해 미국의 경제학자 토빈(J. Tobin)과 노드하우스(W. Nordhaus)가 경제후생지표(measure of economic welfare : MEW)라는 개념을 만들어 냈다. 경제후생지표는 GDP에 가정주부의 서비스와 여가의 가치를 더하고 공해비용을 뺀 것이다. 사무엘슨은 이를 순경제후생(net economic welfare : NEW)이라 불렀다.

순경제후생이 GDP보다 경제복지를 나타내는데 더 나은 지표이나 측정하는데 객관적인 수량화가 어렵다는 점이다. 여가나 공해의 경우에 객관적인 평가문제가 아주 심각할 것임은 쉽게 짐작할 수 있는 일이다.

경제성장률과 72법칙

경제성장률은 국내총생산(GDP)의 증가 정도를 의미한다. 각 경제주체들은 일정한 직업을 가지면서 재화와 서비스를 생산한다. 국내총생산은 이렇게 생산된 재화와 서비스에 가격을 곱해서 계산된다. 예를 들어 A국 경제가 1년 동안 나무 의자 10개를 생산할 수 있는 공장과 1년 동안 10명의 머리를 다듬을 수 있는 미용실로 구성돼 있다고 가정해 보자. 이 경제의 구성원은 총 10명이다. 나무의자 단가를 20만원이라 하고 1인당 머리 다듬는 비용을 1만원이라 한다면 이 경제의 국내총생산은 210만원이 된다. 1인당 기준으로 계산하면 21만원이다. 이 같은 상황에서 이 경제가 인구나 자본의 증가 혹은 기술혁신으로 나무의자를 1개 더 만들 수 있게 됐다고 가정해 보자. 그러면 이 경제 국내총생산은 20만원이 증가해 230만원으로 늘어난다. 증가분인 20만원을 전년도 국내총생산 210만원으로 나누면 9.5%가 나온다. 이 수치가 곧 경제성장률이다. 경제성장률 72의 법칙이란 72를 성장률로 나눴을 때 몇 년 만에 두 배가 되는지 계산하는 법칙이다. 예를 들어 성장률이 6%라면 2배가 되는데 12년(72/6)이 소요된다는 뜻이다. 증가율에 따라 복리 방식으로 규모가 추산돼 이 같은 계산이 나온다. 72의 법칙에 따르면 향후 현재와 같은 성장률이 계속 유지된다고 가정했을 때 한국 경제가 현재 상태에서 배가 되는데 16.3년이 소요된다. 하지만 연평균 성장률이 10%를 웃도는 중국은 경제규모가 2배가 되는데 7.2년밖에 걸리지 않는다는 계산이 나온다. 한 나라 경제는 가만히 놔둬도 인구증가 등을 통해 자연히 성장한다. 경제 순환 구조에 따라 소비 생산 투자 등 각 경제활동의 고리가 연결되면서 저절로 생산이 늘기 때문이다. A국의 경우 강제적 투자 없이도 인구가 늘거나 의자 만드는 기술이 숙련 되는 등으로 해서 저절로 더 많은 의자를 만들 수 있다. 이처럼 경제가 별 무리 없이 자체 역량으로 규모를 키울 수 있을 때의 성장률을 '잠재성장률'이라 한다. 현재 우리나라 잠재성장률은 4%대 중·후반으로 추정된다. 내년 경제성장률 4.4%는 이에 못 미친다. 즉 가만히 놔둬도 성장할 수 있는 정도마저 제대로 이뤄내지 못한다는 뜻이다. 이는 곧 경제순환 구조상 특정 부분에 문제가 있다는 것을 의미한다.

〈매일경제, 2006.12.23〉

연습문제

01 다음 중 국내총생산 항목에 포함되지 않는 것은?

① 국외로 수출되는 화물
② 정부가 빈곤한 가정에 주는 보조금
③ 중개인이 오래된 집을 매매를 통해 받는 중개수수료
④ 보험회사가 받는 가정 재산 보험료

02 한 나라의 국내총생산이 국민총생산보다 작다는 것의 의미로 옳은 것은?

① 우리 국민이 해외에서 벌어들인 소득이 외국인이 국내에서 벌어들인 소득보다 큼을 의미한다.
② 우리 국민이 해외에서 벌어들인 소득이 외국인이 국내에서 벌어들인 소득보다 작음을 의미한다.
③ 우리 국민이 해외에서 벌어들인 소득이 외국인이 국내에서 벌어들인 소득보다 같음을 의미한다.
④ 우리 국민이 해외에서 벌어들인 소득이 외국인이 국내에서 벌어들인 소득보다 클 수도 있고 작을 수도 있음을 의미한다.

03 다음 중 올해 명목 국내총생산이 작년 명목 국내총생산보다 많다는 것의 의미로 옳은 것은?

① 올해의 물가 수준은 틀림없이 작년보다 높을 것이다
② 올해에 생산된 물품과 용역의 총량은 작년보다 절대적으로 증가하였다.
③ 올해의 물가 수준과 실물 생산량 수준은 작년보다 틀림없이 높았을 것이다.
④ 위의 세 가지 견해가 모두 정확하다고는 할 수 없다.

04 다음 중 GDP에 계산에 포함되는 것은?

① 쓰던 낡은 자전거를 한 대 구매
② 보통주식 구매
③ 자동차 제조공장에서 10톤의 강판을 구매
④ 은행이 모 기업으로부터 대출 이자를 수령

05 한국이는 10억 원을 주고 신축 아파트를 구입하여 입주했다. 다음 국민소득에 대한 내용 중 옳은 것은?

① 소비지출은 10억 원이 증가할 것이다.
② 소비지출의 증가액은 100만 위안을 너의 남은 생명기로 나눈 것과 같다.
③ 소비지출의 증가액은 한국이가 이 집을 세를 놓아서 얻을 수 있는 임대료와 같다.
④ 소비지출의 변화는 없다.

06 한국이는 10억 원을 주고 신축 아파트를 구입했다. 이 집을 세를 놓으면 5,000만 원의 임대수익을 얻을 수 있다. 감가상각을 고려하지 않을 때 올해의 GDP는 얼마인가?

① 10억 원
② 5,000만 원
③ 10억5천만 원
④ 9억5천만 원

07 지난 한 해 동안 열심히 구직 활동을 하였으나 연 이은 취업 실패로 실망하여 일자리 찾기를 포기한 사람이 급증하였다. 이와 같은 현상으로 인해 나타나는 변화를 옳게 추론한 것은? (단, 다른 조건은 일정하다)

① 실업률이 감소한다.

② 실업자 수가 증가한다.

③ 취업자 수가 증가한다.

④ 경제활동인구가 증가한다.

⑤ 비경제활동인구가 감소한다.

제 3 장

균형국민소득 결정과 승수이론

3.1 국민소득계정의 기초

우리는 앞에서 각각 지출GDP와 분배GDP의 구성에 대해 살펴보았다. 지출측면에서는 다음과 같이 정의하였다.

$$GDP = C + I + G + X - M \quad \langle 3\text{-}1 \rangle$$

한편 분배GDP의 측면에서는 GDP에서 개인처분가능소득(DI)까지 살펴보았다. 이제 다시 거꾸로 계산하여 GDP를 구하면 다음과 같다.

GDP = NDP + 감가상각
= NI + 간접세 + 감가상각
= P I + 법인세 + 사내유보 - 정부이전지출 + 간접세 + 감가상각
= DI + 개인직접세 + 법인세 + 간접세 - 정부이전지출 + 사내유보 + 감가상각

이 식을 좀 더 단순화하기 위해 '개인직접세+법인세+간접세'를 묶어 세금(Tax: T)이라고 하자. 그리고 정부이전지출(Tr), 사내유보(Re), 감가상각(D)을 정의하면 다음과 같이 된다.

$$GDP = DI + T - Tr + Re + D \quad \cdots\cdots \langle 3\text{-}2\rangle$$

식 〈3-1〉은 지출GDP를, 식〈3-2〉는 분배GDP를 나타내며 이들은 3면 등가법칙에 의해 같으므로 다음과 같이 정의할 수 있다.

$$C + I + G + X - M = DI + T - Tr + Re + D \quad \cdots\cdots \langle 3\text{-}3\rangle$$

식 〈3-3〉의 왼쪽에 I를 남기고 모두 오른쪽으로 이항하여 정리하면 다음과 같이 나타낼 수 있다. 즉,

$$I = (DI - C) + (Re + D) + (T - Tr - G) + (M - X) \quad \cdots\cdots \langle 3\text{-}4\rangle$$

식 〈3-4〉의 왼쪽은 일정한 기간 동안에 이루어진 측정된 투자를 나타낸다. 여기에는 물론 재고투자도 포함되어 있다. 이제 식 〈3-4〉의 오른쪽에 대해 살펴보자. 이를 보기 전에 먼저 몇 가지 정의를 하여보자. 저축이란 각 경제주체가 벌어들인 소득 중에서 지출하고 난 나머지를 말한다. 이 단순화된 모형에서는 4개의 경제주체가 있다. 먼저 가계의 소득은 위에서 본 바와 같이 개인처분가능소득이다. 이 소득에서 소비지출을 하는 것이다. 그리고 소비하고 남은 것이 가계저축(household saving: S_h) 또는 개인저축(personal saving)인 것이다.

식 〈3-4〉에서 (DI-C)는 가계저축을 의미한다. 기업도 저축을 한다. 기업도 생산요소를 구매하고 생산, 판매활동을 하여 수입을 얻고 이에서 각종경비를 지출하고 남는 이윤 중에서 배당을 하고 일부는 미래의 투자를 위해 회사 내에 남긴다. 이것이 사내유보이다. 또 기업은 자본재의 마모를 보충하기 위하여 감가상각을 실시하여 앞으로 자본재의 구매를 위해 남겨둔다.

이와 같이 회사내에 남겨진 부분이 바로 기업저축(business saving: S_b)이다. 즉, 기업저축은 사내유보+감가상각이다. 사내유보를 흔히는 순기업저축(net business saving)이라고도 한다.

가계저축(개인저축)과 기업저축을 합하여 민간저축(private saving: S_p)이라고도 한다. 정부도 저축을 한다. 정부의 수입은 조세를 통한 수입이다. 이 수입을 갖고 지출을 하는데 그 지출은 정부지출(G)과 이전지출(Tr)의 두 가지이다. 그러므로 정부저축(government saving: S_g)은 조세(T)-정부지출(G)-이전지출(Tr)이며 이것은 식 〈3-4〉의 오른쪽의 세 번째 항이다. 정부저축은 흔히 공공저축(public saving)이라고도 하며 민간저축과 공공저축을 합하여 국민저축(national saving: S_n)이라고도 한다.[2)]

끝으로 해외부문은 우리나라에 수출을 하기도 하고 우리나라로부터 수입을 하기도 한다. 해외부문의 입장에서 보면 그들의 소득은 우리가 해외로부터 수입을 하는 것이며 그들의 지출은 우리나라가 그들에게 수출을 하는 것이므로 해외부문의 저축, 즉 소득에서 지출을 차감한 것은 바로 수입-수출이 된다. 식 〈3-4〉의 오른쪽의 마지막 괄호 속의 값(M-X)은 바로 해외부문의 저축, 즉 해외저축(foreign saving: S_f)이다. 이것은 해외부문(외국)이 행한 저축을 의미한다. 이러한 정의를 이용하여 〈식 3-4〉를 다시 쓰면 다음과 같다.

$$\begin{aligned} I &\equiv S_h + S_b + S_g + S_f \\ &\equiv S_n + S_f \\ &\equiv S \end{aligned}$$

이것은 매우 중요한 의미를 갖고 있는 항등식이다. 이것이 의미하는 것은 일정한 기간을 대상으로 일국의 경제 상태를 측정하여 보면 투자와 저축은

2) 정부저축은 다른 말로 하면 예산흑자(budget surplus)를 의미한다.

항상 일치한다는 것이다. 이것은 사후적으로는 그 경제가 어떤 상태에 있든 저축된 크기와 투자된 크기는 항상 같다는 것을 의미한다.

국내투자(I)가 일정한 크기만큼 있었다면 누군가가 이에 상응하는 만큼 저축을 하였다는 것을 의미한다. 국내투자를 하는데 국민저축(민간저축과 정부저축의 합)으로 부족하다면 해외저축을 빌려와야 한다. 우리나라가 투자를 많이 하여 생산능력을 증대시키려고 하는데 국민저축이 부족하다면 해외저축을 동원하여 사용하여야 한다. 이러한 해외저축은 바로 무역수지(경상수지)의 적자를 의미한다. 그러므로 무역수지의 적자를 줄이려면 국내부문에서의 저축이 증대되어야 하거나 그렇지 않으면 투자를 줄여야 한다. 식 〈3-4〉를 변형하면 다음과 같이 나타낼 수 있다.

$$I + (X - M) \equiv S_n \quad \cdots\cdots \langle 3\text{-}5 \rangle$$

이 식을 다시 말로 설명하면 'Sn=I+(X-M)=국가부의 증가=국내실물자산의 증가+순해외자산'의 증가로 나타낼 수 있다. 다시 말하면 국민저축이 있으면 이것이 국내투자(I)를 증가시키는데 사용되거나 아니면 해외순투자(순수출: X-M)를 증대시키는데 사용될 수 있다는 것을 보여주고 있다.

저축과 투자의 개념

저축은 임의로 처분할 수 있는 소득(총처분가능소득)에서 재화 또는 서 비스의 소비에 사용되지 않고 남은 부분으로 금융저축보다는 포괄적인 개념이다.

투자는 우리가 흔히 말하는 주식 및 채권투자가 아닌 가계가 주택을 구입한다거나 기업이 새 기계를 구입하거나 공장을 새로이 건설 하는 것을 의미한다.

투자는 경제성장을 촉진하고 장기적으로 생활수준을 향상시키는데 투자에 필요한 자금은 저축에 의해 주로 조달된다. 따라서 저축과 이를 바탕으로 한 투자는 생산능력을 확충하는데 중요한 역할을 수행한다.

3.2 소득결정모형의 종류

1. 단순한 소득순환모형

단순모형에서는 가계와 기업부문만이 존재한다고 가정한다. 정부와 해외부문은 고려하지 않는다. 가계는 소득 전부를 재화 및 용역 구입에 지출하고 기업은 수입 전부를 생산요소 구매에 지출, 새로운 설비투자 및 감가상각이 존재하지 않는다(주입과 누출이 없음). 아울러 자본의 양은 항상 일정하다. 따라서 가계가 소비하고 남은 저축이 기업의 투자에 돌려진다.

소비 + 저축 = 비용 + 투자 ⇒ 국민소득 = 소비 + 투자

1) 가계, 기업, 정부의 3부문간 소득순환모형

해외부문이 존재하지 않는다. 투자, 정부지출, 이전지출, 저축, 조세로 구성되며, 가계소득 중 소비하고 남은 부분을 저축도 하지만 세금을 낼 것이고, 이것은 기업에 투자와 정부지출로 들어간다.

소비 + 저축 + 조세 = 비용 + 투자 + 정부지출 ⇒ 국민소득 = 소비 + 투자 + 정부지출

2) 개방경제의 순환모형

가계, 기업, 정부, 해외의 4부문으로 구성된다. 투자, 정부지출, 이전지출, 수출, 저축, 조세, 수입으로 구성된다.

소비 + 저축 + 조세 + 해외수입 = 비용 + 투자 + 정부지출 + 해외수출 ⇒ 국민소득 = 소비 + 투자 + 정부지출 + 순수출(수출 – 수입)

2. 거시 경제 균형

1) 실물 시장과 화폐시장

경제는 생산과 분배, 그리고 소비의 경제행위가 끈임 없이 순환되는 흐름이다. 이러한 경제행위를 하는 경제주체로서 가계, 기업, 정부, 해외부문이 있다. 소비의 주체로 가계가 있고, 생산의 주체로 기업이 있다. 기업은 소비재를 생산하여 생산물 시장에 공급하고, 가계는 생산요소를 생산요소 시장에 공급하여 이에 해당하는 대가를 기업으로부터 받고 이 소득으로 생산물 시장에서 생산물을 구입하게 된다. 한편 기업은 소비재를 판매해서 얻은 수입으로 생산요소를 판매한 소비자에게 요소소득을 지불하는 것이다. 이러한 관계는 "소득→지출(수요)→생산(공급)→소득"의 순환적인 흐름으로 나타난다.

이러한 순환적인 흐름에 정부부문이 존재하여 가계와 기업으로부터 조세를 거두면 순환적 흐름에서 실물이 유출되고, 또한 정부는 정부수입에 기초하여 공공지출을 하게 되면 다시 순환적 흐름으로 공공지출이 유입되게 된다. 또한 다른 나라와 무역을 하게 되면 해외부문으로 수출을 통하여 순환적 흐름에서 실물이 유출되고, 한편 수입을 통하여 다시 실물이 순환적 흐름으로 유입되게 된다.

순환적 흐름은 실물의 흐름과 화폐의 흐름으로 나눌 수 있는데 화폐교환경제에서는 실물의 대가로 항상 화폐가 지불된다고 할 수 있기 때문에 실물(재화 및 용역 혹은 생산요소)의 흐름과 반대 방향으로 화폐의 흐름을 생각할 수 있다.

거시경제학에서는 이러한 순환적 흐름이 시장을 통하여 유통되는 것으로 파악하는데, 두 가지의 순환적 흐름을 각각 실물시장과 화폐시장을 통해 일어나는 것으로 파악하고, 두 시장이 어떻게 움직이는가를 이론적으로 분석하게 된다. 한편 실물시장과 화폐시장이 어떤 이유에서든 효율적으로 운영이 되지 않아 거시경제의 순환적 흐름이 원할 하지 않고 경제 불황, 실업 및 인플레이션 등등의 문제점이 발생할 때 이를 극복하기 위한 정책방안을 제시하는 것도 거시경제학의 중요한 과제 중의 하나라고 할 수 있다.

2) 거시경제 균형

국민경제의 순환과정이 끈임 없이 지속되는 상태를 거시경제 균형상태라고 한다. 국민경제가 지속적으로 순환되기 위해서는 실물시장과 화폐시장에서 각각 시장의 수요와 공급이 일치되어야 한다. 즉 실물시장에서는 실물의 총수요와 총 공급이 그리고 화폐시장에서는 화폐수요와 화폐공급이 일치되어야 한다. 실물시장과 화폐시장에서의 이러한 균형을 거시경제의 균형이라고 한다.

3. 균형 국민소득 결정(단순 케인즈 모형)

케인즈의 국민소득결정 이론은 단기의 국민소득결정이론으로 아주 짧은 단기동안 이자율과 물가수준은 고정되어 있다고 단순화시킨 것이다. 이를 흔히 케인즈의 단순모형이라고도 한다. 케인즈는 국민소득이 유효수요에 의해 결정된다고 주장하였다. 유효수요는 거시적 균형상태, 즉 총수요와 총공급이 일치하는 점에서의 총수요이다. 따라서 국민총생산량(총 공급) Y는 총수요 AD와 일치되는 점에서 결정된다. 이러한 유효수요결정 이론은 해외부문을 고려하지 않을 경우 다음과 같이 나타낼 수 있다.

$$AD = C + I + G = C + S + T = Y$$

각 경제주체는 경제환경에 따라 각 부문의 최적행위를 그때그때 결정하게 된다. 즉, 가계는 벌어들이는 소득이 어느 정도인가에 따라 소비지출을 결정하고자 할 것이고, 기업은 수요자의 구매력(소득) 혹은 이자율 등에 따라 투자지출을 결정하게 된다. 이러한 이유로 각 경제부문의 지출행위는 단순히 어떤 숫자로 주어 진다기 보다는 경제환경 변수의 변화에 따른 함수(혹은 행위방정식)의 형태로 나타나게 된다. 총수요는 가계, 기업, 정부부문의 각 경제주체들에 의한 지출의 합으로 나타난다. 따라서 국민 총수요가 어떻게 결정되는가는 각 경제 주체가 어떻게 지출을 결정하는가에 의해 결정됨을 알 수 있다. 즉 경제주체들이 어떠한 동기를 가지고 지출을 하게 되는가 하는 것을 분석하여 소비(C), 투자(I), 정부지출(G)에 관한 행위방정식을 구하여, 이러한 행위 방정식과 거시경제 균형조건(엄밀하게는 실물시장 균형조건)을 동시에 고려하면 국민소득수준 Y를 결정하는 모형을 구성할 수 있다. 이처럼 케인즈의 단순모형은 경제부문의 지출행위 중에서 투자지출과 정부지출은 일정한 숫자로 주어지고, 가계에 의한 소비지출만 국민소득에 따라 변한다는 소비함수의 형태로 표시하여 국민소득 결정이론의 핵심을 보여주는 것이다.

케인즈의 단순모형에서 소비는 개개인의 소비가 아니라 국민경제에 참여하는 가계 전체의 소비지출을 총체적으로 고려하여야 한다. 가계지출을 결정하는 가장 중요한 요인은 소득이다. 국민소득수준이 높아질수록 가계부문의 소비지출도 커진다는 관측을 할 수 있으며 또한 총체적인 소비지출이 국민소득수준의 증가분보다는 클 수는 없다. 이러한 가계소비지출과 국민소득과의 관계를 다음과 같이 단순한 선형소비함수로 나타낼 수 있다.

$$C = a + bY_d,\ \ a > 0, 0 < b < 1$$

여기서 $Y_d(= Y - T)$는 국민소득에서 조세를 뺀 가처분국민소득을 나타내며, 선형소비함수에서의 기울기 b는 한계소비성향(marginal propensity to consume: MPC)을 나타낸다. 한계소비성향이 "0 〈 b 〈 1"의 값을 갖는 것은 첫째, 국민소득수준이 높아질수록 가계부문의 소비지출도 커진다는 사실과 둘째, 총체적인 소비지출이 국민소득수준의 증가분보다는 클 수는 없다는 사실을 반영하는 것이다.

이상의 모형경제를 국민소득(Y)에 대하여 풀면 케인즈의 단순모형에 의한 균형국민소득수준을 얻게 된다. 모형경제를 연립방정식으로 생각하여 균형조건에 각 경제주체의 행위방정식을 대입하여 국민소득에 대하여 풀면 다음과 같다.

$$Y = C + I + G = a + b(Y - T_0) + I_0 + G_0$$

따라서 케인즈 단순모형에 의한 균형국민소득 수준은 다음과 같이 결정된다.

$$Y^* = a - bT_0 + I_0 + G_0 / (1 - b)$$

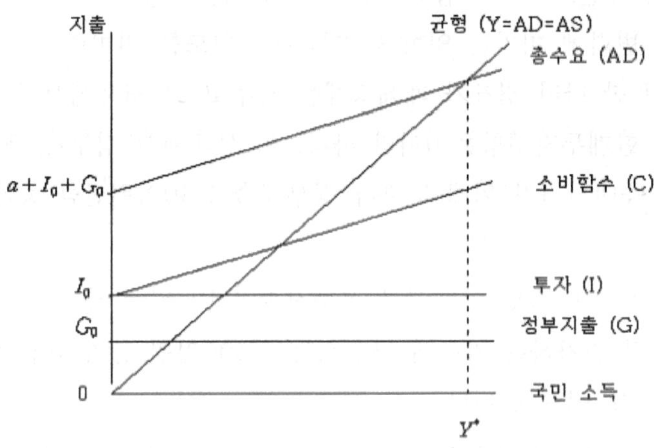

[그림 3-1] 케인즈 단순모형에 의한 균형국민소득의 결정

균형조건	Y = AD = C + I + G = C + S + T
소비함수	C = a + b Yd , a>0, 0<b<1
투자함수	I = I0
정부지출	G = G0
조세	T = T0

그러나 케인즈의 단순모형에 의한 균형국민소득 결정 모형은 소비함수, 투자함수, 조세함수 등의 행위방정식들은 경제를 구성하는 경제주체의 행위에 관한 것이므로 경제에 따라 항상 달라질 수 있다.

3.3 승수 이론

1. 순수경제체제하에서의 승수

승수(multiplier)란 기초소비(C_0)나 독립투자 I_0 및 정부지출 G 등 한 경제에 있어서 국민소득과 독립적으로 이루어지는 자생적 지출의 변동이 균형국민소득의 변화에 미치는 영향을 가늠하는 척도를 의미한다.

예를 들어 한 나라 경제가 폐쇄경제를 갖추고 그 경제에서 한계소비성향이 3/4이고 한계투자성향은 0이라 하자. 이 상태에서 정부가 균형국민소득 Y_1을 보다 증대시키기 위해 투자나 정부지출을 10억원만큼 증가시키면 총수요도 10억원 증가할 것이다.

균형국민소득이 Y_1인 상태에서 정부지출이 100억원 증가함에 따라 총소비가 300억원 증가하는 가운데 국민소득이 400억원 증가되어 새로운 균형국민소득 Y_2에 이르게 된다.

이와 같이 당초 국민소득과 독립적으로 증가한 정부지출이나 투자의 증가가 국민소득을 얼마만큼 증가시키는가를 가늠하는 배수를 소득승수(income multiplier)라고 한다. 이 경우 소득승수는 4가 된다. 이와 같이 100억원의 정부지출증가는 제1단계에서 소득$\Delta A = 100$억원의 소득증대를 가져오고 그 중 75억원의 소비증가를 가져와 이것이 다시 총수요를 형성하여 부가적 소득의 증가를 가져오게 된다. 제2단계에서 국민소득 75억원의 증가는 한계소비성향 3/4의 적용을 받아 56.2 억원의 소비를 증가시킨다.

소득증가는 정부지출 100억원에 2단계 75억원(100억$\times$(3/4)), 그리고 3단계의 56.2억원(100억$\times$ $(3/4)^2$)의 증가를 가져오게 된다. 이러한 모든 소득증가 과정으로부터 증가한 모든 소득증가분을 합하면 $\Delta A + \sum_{i=1}^{n} A \times (\frac{3}{4})^i$가 된다.

$$\Delta Y = 100 + \sum_{i=1}^{n} 100 \times (\frac{3}{4})^i$$

또는

$$100 + 100(\frac{3}{4}) + 100(\frac{3}{4})^2 + 100(\frac{3}{4})^3 + \cdots + 100(\frac{3}{4})^n$$

즉, 총소득증가분은

$$\begin{aligned}\Delta Y &= 100 + 100\left(\frac{3}{4}\right) + 100\left(\frac{3}{4}\right)^2 + 100\left(\frac{3}{4}\right)^3 + \cdots + 100\left(\frac{3}{4}\right)^2 \\ &= 100\left[1 + \frac{3}{4} + \left(\frac{3}{4}\right)^2 + \left(\frac{3}{4}\right)^3 + \cdots + \left(\frac{3}{4}\right)^n\right] \\ &= 100\left(\frac{1}{1-\frac{3}{4}}\right) = 400\end{aligned}$$

이를 일반화하면 소득의 증가분 ΔY는 다음과 같은 수식으로 계산된다.

$$\begin{aligned}\Delta Y &= \Delta A + \Delta Ab + \Delta Ab^2 + \Delta Ab^3 + \cdots + \Delta Ab^n \quad \text{단, } n \to \infty \\ &= \Delta A(1 + b + b^2 + b^3 + \cdots + b^n) \\ &= \Delta A\left(\frac{1}{1-b}\right)\end{aligned}$$

또는

$$\Delta Y = \Delta A\left(\frac{1}{1-MPC}\right)$$

이때 $\left(\frac{1}{1-MPC}\right)$을 승수라 하고 k라 표시한다.

여기에서 승수 k의 값은 MPC가 크면 클수록 크다는 것을 알 수 있다. 그런데 $1-MPC=MPS$이므로 승수 k는 $1/MPS$가 되는 것이다. 물론 이러한 가정은 폐쇄경제하에서 한계투자성향이 0인 경우에만 타당성을 가진다. $AD=C+I+G$에서 한계투자성향이 0이라면 총수요함수의 기울기는

MPC와 같아지기 때문이다.

그러므로 승수원리에서의 승수 k는 1에서 총수요함수의 기울기를 뺀 값의 역수이어야 한다.

$$k = \frac{1}{1 - AD\text{기울기}} > 1$$

여기에서 AD의 기울기가 1보다 작기 때문에 k의 크기는 항상 1보다 크며 그것은 총수요함수의 기울기에 따라 결정된다고 할 수 있다.

2. 개방경제학에서의 승수

앞에서 순수경제체제하에서 자생적 변수의 변화에 따르는 승수효과는 총수요함수의 기울기의 크기에 의해 영향을 받는다고 하였다. 같은 논리로 승수가 총수요함수의 기울기에 따라 영향을 받는다는 점에 비추어 개방체제하에서의 소득승수에 관해서도 살펴보자. 개방체제하에서의 총수요함수의 기울기는 한계소비성향 b와 한계투자성향 e의 합계에서 한계수입성향 m을 뺀 값과 같다. 개방체제하에서 국민소득모형을 살펴보면 다음과 같다.

$$Y = C + I + X_n + G$$
$$C = C_0 + bY$$
$$I = \alpha + eY$$
$$X_n = X_0 - mY$$
$$G = G_0$$

이 가운데 첫 번째 식은 국민소득과 총지출이 일치하는 균형조건을, 그리고 다음 세가지 식은 각각 소비함수와 투자함수 및 순수출함수이다. 마지막 식은 정부지출이 국민소득과 독립적으로 이루어지는 외생적 변수라는 것을 나타내 주고 있다. 그러므로 이 모형에서 총수요함수 AD는 다음과 같다.

$$AD = C + I + X_n + G$$

위 식에서 소비함수, 투자함수, 순수출함수, 그리고 정부지출함수 등을 대입하면 총수요 AD는 다음과 같이 정리된다.

$$AD = (C_0 + bY) + (\alpha + eY) + (X_0 - mY) + G_0$$

위 총수요함수 중에서 자생적 지출과 국민소득의 변화에 따라 영향을 받는 유발적 지출을 정리하면 총수요함수는 다시 다음과 같이 정리된다.

$$AD = (C_0 + \alpha + X_0 + G_0) + (b + e - m)Y$$

위 식에서 총수요함수의 기울기는 $b+e-m$ 이다. 이제 총수요의 자생적 지출의 변동 $\Delta A (= \Delta C_0 + \Delta\alpha + \Delta X_0 + \Delta G_0)$가 이루어질 경우 균형국민소득이 얼마나 증대되는가를 고려해 보자. 총수요의 변동 $\Delta AD (= \Delta C + \Delta I + \Delta X_n + \Delta G)$에 따르는 국민소득의 증가분은 다음과 같이 결정된다.

$$\Delta Y = \Delta C_0 + b\Delta Y + \Delta\alpha + e\Delta Y + \Delta X_0 - m\Delta Y + \Delta G_0$$

따라서 $\Delta Y - b\Delta Y - e\Delta Y + m\Delta Y = \Delta C_0 + \Delta\alpha + \Delta X_0 + \Delta G_0$

$$\Delta Y = \frac{1}{1 - b - e + m}(\Delta C_0 + \Delta\alpha + \Delta X_0 + \Delta G_0)$$

이며, $\Delta A = \Delta C_0 + \Delta\alpha + \Delta X_0 + \Delta G_0$이므로 총수요의 증가에 따르는 소득의 증가분은 다음과 같다.

$$\Delta Y = \frac{1}{1 - b - e + m}\Delta A$$

위 식에 따르면 개방경제체제하에서 자생적 지출 ΔC_0, $\Delta\alpha$, ΔX_0, ΔG_0 중 어느 한 변수의 변화는 그 변화량에 승수를 곱한 값만큼 균형국민소득을 변화시킴을 의미한다.

예컨대 $b = 0.6$, $e = 0.2$, $m = 0.05$ 등의 경제상황에서 $\Delta G = 1{,}000$억원이며 $\Delta G = \Delta A$ ($\Delta C_0, \Delta\alpha, \Delta X_0$ 등이 0일 때) 라면 승수 k는 4가 될 것이다.

$$\Delta Y = \frac{1}{1-b-e+m}\Delta G = \frac{1}{1-0.75}1{,}000\text{억 원}$$
$$= 4{,}000\text{억 원}$$

3. 케인즈의 승수이론

케인즈의 단순모형에 의해 결정된 균형국민소득 수준은 유효수요에 의해 결정된 것이다. 즉 공급적인 측면과는 상관없이 수요에 의해 결정된 것이다. 다시 말하면 공급능력은 충분한데도 수요가 없어 생산요소가 충분히 활용되지 못하여 경제에 고용되지 못한 생산요소가 있을 수 있다는 것이다. 이러한 경우는 앞서 본 균형국민소득 수준이 완전고용 국민소득 수준보다 낮은 경우에 해당된다. 공장 등의 생산설비가 100% 가동되지 못하고 있고 노동자들도 실업상태에 있어 경제에 잉여생산능력이 있다. 잉여생산능력이 있기 때문에 수요가 늘면 이에 따라 생산이 늘어날 수 있으며, 더구나 유휴생산요소의 사용이기 때문에 물가의 상승을 유발시키지 않으면서 국민총생산을 늘일 수 있게 된다. 균형국민소득 수준이 완전고용국민소득 수준보다 낮으면 총수요를 늘림으로서 국민소득 수준을 물가의 상승이 없이 증가시킬 수 있게 된다. 총수요를 구성하는 경제주체의 지출은 소비, 투자, 정부지출, 순 수출이다. 이들 항목 중에서 경제정책 당국이 하나 혹은 하나 이상을 증가시켜, 총수요의 증가를 가져온다면 경제당국이 원하는 방향으로 균형국민소득을 증가시켜 바람직한 완전고용 국민소득 수준도 달성할 수 있을 것이다.

4. 기타승수

1) 정부지출 승수

국민소득 증가분의 총합은 다음과 같다.

$$\Delta Y = 1 + b + b^2 + \cdots = \frac{1}{1-b}$$

승수는 정책변수의 증가분에 의한 목적변수의 증가분으로 정의된다. 여기서 정부는 정부지출을 정책변수로 하여 증가분을 1로 하였다고 가정하였다. 따라서 정부지출승수는 다음과 같다

$$\frac{\Delta Y}{\Delta G} = \frac{1 + b + b^2 \cdots}{1} = \frac{1}{1-b}$$

2) 조세 승수

순환과정에서 조세의 증가로 인한 단계별 감소한 국민소득 전부를 합하면 다음과 같다.

$$\Delta Y = -b - b^2 \cdots = -b(1 + b + b^2 \cdots) = \frac{-b}{1-b}$$

따라서 조세승수는 다음과 같다.

$$\frac{\Delta Y}{\Delta T} = \frac{-b - b^2 - \cdots}{1} = \frac{-b}{1-b}$$

3) 균형예산 승수

만약 정부가 더 이상의 예산적자나 흑자를 확대시키지 않기 위하여 정부지출과 조세를 동시에 같은 금액만큼 증가시키거나 감소시킨다면 국민소득은 어떻게 변하게 될까?

정부지출과 조세를 동시에 같은 금액만큼 증감시키면, 각각의 승수효과가 동시에 나타나게 되어 이를 합한 승수효과가 국민소득에 나타나게 되는데 이를 균형예산승수라고 한다. 균형 예산 승수는 다음과 같이 항상 1이 된다.

$$\frac{\Delta Y}{\Delta G} + \frac{\Delta Y}{\Delta T} = \frac{1}{1-b} + \frac{-b}{1-b} = 1$$

만약 정부지출을 20만큼 늘리면서 증가한 정부지출 20을 전적으로 조세를 20 추가 징수하여 충당한다면, 이러한 경우가 바로 균형예산승수의 효과가 국민소득에 나타나는 경우가 된다. 이 때 국민소득은 정부지출과 조세의 증가분과 같은 20만큼만 증가하게 된다.

대부분의 경우 한계소비성향이 1 보다 작아 균형예산승수의 경우가 아닌 경우에 대부분 승수는 1보다 크기 때문에 정책에 의해 변한 것보다 더 크게 승수를 곱한 것만큼 국민소득에 변화가 나타난다.

절약의 역설(Paradox of Thrift)

개인의 입장에서 앞으로 부유하게 살 수 있는 방법은 무엇일까? 소비수준을 줄여서 가능해진 여유자금으로 예금을 하거나 채권과 주식을 사는 것을 그 방안으로 꼽을 수 있을 것이다. 혹은 부동산이나 골동품과 같은 실물자산을 구입하는 것도 한 가지 방법일 것이다. 그러면 사회전체의 입장에서 볼 때 절약하여 저축을 늘리는 것이 국민소득의 증가를 가져올 수 있을까?

반드시 그렇지만은 않다. 사람들이 저축을 많이 하면 그 의도와는 달리 오히려 국민소득이 감소해 저축이 줄어드는 결과가 나타날 수 있다. 좀 더 구체적으로 보면 사람들이 저축을 늘리면 소비가 줄어들고 이에 따라 기업의 생산도 감소하게 된다. 이처럼 기업의 생산활동이 위축되면 결국 고용이 줄어들 수밖에 없고 고용수준이 떨어져 경제가 불안해지면 사람들은 지갑을 더욱 꽁꽁 닫게 된다. 그렇게 되면 경제가 위축되고 결과적으로 국민소득도 줄어들어 저축을 더 많이 하고 싶어도 하지 못하는 상황이 발생한다. 이러한 역설적인 현상을 가리켜 '절약의 역설'이라고 부른다. 절약의 역설 현상은 특히 경제활동이 위축되어 있을 때 발생하기 때문에, 절약이나 저축증대를 통해 경제 회복을 꾀하는 것은 자칫 상황을 더욱 악화시킬 수도 있다.

특히 요즘과 같이 경제활동이 침체되어 있는 경우에는 저축이 투자로 이어지기 어렵고, 저축증가로 인한 소비감소가 국민소득을 더욱 줄이기 때문에 "소비가 미덕이고, 저축은 악덕이다"라는 말도 심심찮게 들을 수 있다. 개인의 차원에서는 저축이 미덕이지만, 나라경제 전체에서 볼 때 저축은 위와 같이 경제 상황을 더욱 나쁘게 만든 것이다. 실제로 1990년대 일본은 장기간 경기침체에 시달렸는데, 일본국민들이 경제상황에 대한 불안으로 저축을 늘려 소비지출을 줄인 것이 상황을 더욱 악화시킨 요인 중의 하나였다.

그렇다고 해서 모든 상황에서 소비가 미덕일까? 물론, 아니다. 절약의 역설은 나라경제 전체의 지출이 부족해서 경제활동이 침체된 경우에 한정된다는 사실에 주의해야 한다. 장기적인 시각으로 볼 때 저축은 투자재원으로 이어져 경제성장의 원동력이 되므로, 소비가 아닌 저축이 미덕이 될 수밖에 없다.

〈박의성, 알기 쉬운 경제상식, 한국은행〉

3.4 소비함수

소비는 국민전체의 종합적 소비, 즉 소비수준을 의미하며, 소비함수(consumption function)는 소비수준과 그 소비를 결정해 주는 변수간의 수리적 관계를 의미한다.

1. 고전학파의 소비함수

고전학파에 의하면 소비함수는 다음과 같이 정의하였다.

$$C = Y_d - S$$
$$S = h(Y, i)$$
$$C = f(Y, i)$$

위의 정의에 따르면 고전학파에서는 소비가 저축의 크기에 따라 결정되며 저축은 소득과 이자율의 크기에 따라 결정된다고 보았다. 고전학파 이론에 의하면 '세이의 법칙'에 따라 완전고용은 자동적으로 달성되는 것이며, 따라서 인플레이션 상태나 실업상태는 장기적으로 지속될 수 없다고 보았다. 그러므로 생산된 것은 다 팔리고 따라서 장기적으로는 유효수요의 부족현상은 결코 일어나지 않을 것이라고 보았다. 그러므로 투자의 한계수익이 시장이자율보다 높다 면 투자가 계속될 것이다. 이러한 투자욕구를 투자수요(investment demand)라고 한다.

이러한 투자수요가 증대하면 자금시장에 있어서의 이자율은 오르게 되고 또한 높은 이자율은 소비자의 저축심리를 자극하여 저축의 증대를 가져오게 된다. 결과적으로 소비는 이자율의 상승에 자극을 받아 감소하게 된다. 그러나 소비자가 이자율이 높다고 무조건 저축심리를 자극받아 저축하는 것은 아니다. 저축이란 미래의 소비를 위하여 현재의 소비를 억제하는 행위이다. 그리고 그와 같은 저축행위는 현재의 소비를 억제한 대가, 즉 이자를 보다 많이 얻을 것으로 기대하는 가운데 이루어진다는 것이다. 따라서 이자율이 높아지면 일정한 소득으로써 미래의 소비를 위해 현재의 소비지출을 감소시키고 반대로 이자율이 낮아지면 소비지출을 증가시키게 된다. 이것을 시간선호설(theory of time preference)이라고 한다.

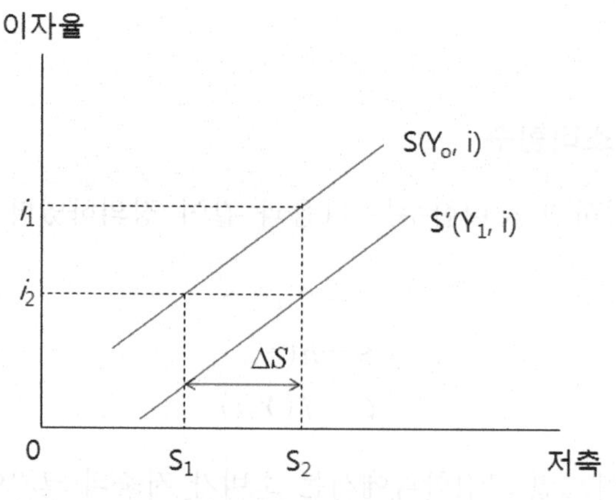

[그림 3-2] 저축과 이자율

[그림 3-2]에서 한 가계의 저축은 일정한 소득수준 Y_0에서 이자율이 i_0으로부터 i_1로 상승할 때 S_1에서 S_2로 증가하게 된다. 이때 소득이 일정하므로 소비지출은 ΔS만큼 감소하게 된다고 할 수 있다. 이와 같이 투자수요에 의해 결정되는 투자의 크기와 저축심리에 의해 결정되는 저축의 크기는 자금시장에 모여 자금의 수요와 공급을 이루게 된다. 이때 이자율은 자금의 수요공급에 의하여 결정된다. 이것을 이자율의 파라미터적 기능이라고 한다.

2. 케인즈의 소비함수

케인즈(Keynes)는 일반이론에서 실업에 관한 고전학파경제이론을 부인하고 자유방임의 경제체제하에서 GNP는 완전고용상태에 있는 것이 아니라 오히려 일반적으로 불완전고용상태에 있게 된다고 보았다. 즉 케인즈는 유효수요의 부족으로 실업이 발생한다고 보았다.

유효수요란 소비자의 구매력을 수반한 수요로서 이것은 소득의 크기에 의해 영향을 받는다. 따라서 케인즈는 소비는 소득에 의해 결정되는데 소득과 소비와의 관계를 다음과 같이 표현하고 있다.

첫째, 소득이 증가하면 소비도 증가한다. 한계소비성향($\Delta C/\Delta Y$) 또는 MPC(marginal propensity to consume)[3]이 0보다 크다는 것을 의미한다. 경제전반에 걸쳐 한계소비성향이 1보다 클 수는 없다.

둘째, 소득이 증가할수록 소득 가운데서 소비가 차지하는 비중은 작아진다. 이는 소득이 증가할수록 평균소비성향(C/Y) 또는 APC(average propensity to consume)[4]이 체감한다는 것을 의미한다.

끝으로, 소득이 증가할수록 소득의 증가분(ΔY)에 비해 소비의 증가분(ΔC)은 체감한다. 이는 소득이 증가할수록 한계소비성향이 체감한다는 것을 의미한다.

---

3) 소득 한 단위 변화에 대한 소비 변화의 비율
4) 소득에 대한 소비 비율

케인즈의 주장에 대해 많은 경제학자들이 소비함수에 대한 이론을 현실적으로 규명하고자 하였다. 이것을 그림으로 그리면 다음과 같다.

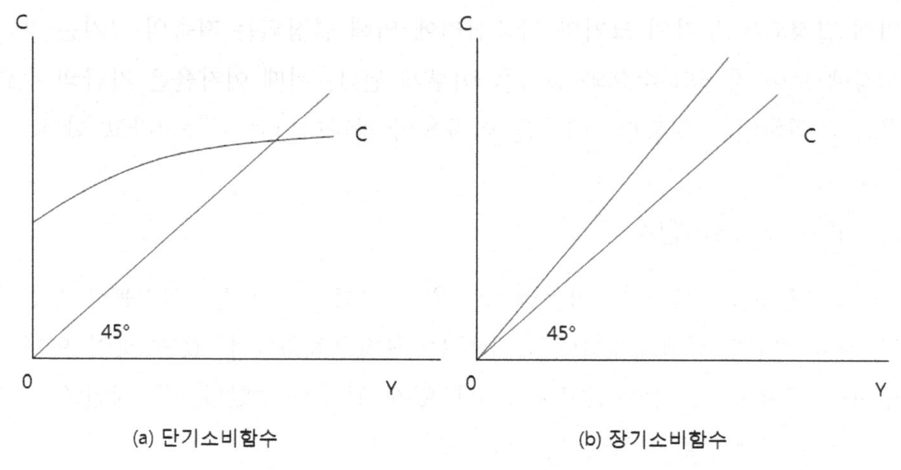

[그림 3-3] 케인즈의 장·단기 소비함수

그림에서 횡축은 소득(Y), 종축은 소비(C)를 나타낸다. 45° 선은 이등변 삼각형 원리를 이용하여 횡축의 소득과 종축의 소비를 비교하기 위해 그어진 것이다. 그림에 보듯이 소비함수는 단기소비함수와 장기소비함수로 구분되며 단기소비함수는 $MPC < APC$ 이고, 장기소비함수는 $MPC = APC$ 라는 공통점을 발견하였다. 케인즈의 소비함수는 단기소비함수에 포함된다. 이후 많은 경제학자들이 절대소득 이외에 상대소득, 항상소득, 평균소득 등 여러 가지 변수를 도입하였다.

3. 케인즈 이후의 소비함수

1) 상대소득가설[5]

상대소득가설(relative income hypothesis)[6]은 Keynes 학파의 소비함수 가설에 대하여 그 대안으로 상대소득가설를 세우고 새로운 소비함수이론을 제시하였다. 이 이론에 따르면 소비자들의 소비지출에 영향을 주는 요인들 중 강조할 만한 두 가지가 있다는 가설을 제시하였다. 그 중 하나는 전시효과(demonstration effect)에 의한 소비지출이고 다른 하나는 톱니효과(ratchet effect)에 의한 소비지출의 증가이다.

(1) 전시효과

전시효과는 한 가계의 소비지출은 그 가계의 소득수준에 따라 결정될 뿐만 아니라 동류집단(the peer group)으로서의 이웃 가계의 소득수준에 따라서도 영향을 받는다는 이론이다. 즉 어떤 소비주체(가계) i의 소비와 소득을 각각 C_i, Y_i, 사회의 평균소득을 $\overline{Y}$라고 하고, 소비주체(가계) i의 소비함수를 나타내면 다음과 같다.

$$C_i = aY_i + b\overline{Y} \text{ (단, } a > 0)$$

이는 가계 i의 소비가 그 가계의 소득과 그 가계의 소속 집단의 평균소득수준에 의존한다는 것을 의미한다. 위식의 양변을 Y_i로 나누면 평균소비성향이 된다.

$$\frac{C_i}{Y_i} = a + \frac{b}{\frac{Y_i}{\overline{Y}}}$$

이 식을 이용하여 가계 i의 평균소비성향에 대해 분석할 수 있다. 먼저 단

---

5) 신태곤·최성철(2010), "거시경제학", 법문사, pp.102-107.

6) James S. Duesenberry, *Income, Saving and the Theory of Consumer Behavior*, Harvard University Press, 1949.

기적으로 $\overline{Y}$는 소속집단의 평균소득 수준이므로 급격히 변동하지 않는다고 볼 수 있다. 이 $\overline{Y}$가 일정할 때, 그 가계의 소득 Y_i가 상승하여 그 가계가 속하는 집단의 소득분포 상의 상대적 지위가 높아지면, $Y_i/\overline{Y}$가 커지므로 평균소비성향 C_i/Y_i는 작아지고, 소득이 낮아지면 평균소비성향은 커진다. 따라서 위식은 단기적으로 가계 i의 소득이 증대하여 소득분포 상의 상대적 위치가 높아짐에 따라 개별 가계의 소비 성향은 점차 저하해 간다는 것을 나타내고 있다.

그러나 장기적으로는 개별 가계의 소득이 상승하면 그 소속 집단의 평균소득도 높아지는 것이 일반적이므로, $\overline{Y}$와 Y_i는 거의 비례적으로 증대해 간다고 볼 수 있다. 이와 같이 Y_i가 증가할 때 $\overline{Y}$가 비례적으로 증가하면서 소득분포 상의 상대적 위치를 나타내는 $Y_i/\overline{Y}$는 장기적으로 안정적으로 되고, 평균소비성향은 일정하게 된다. 이와 같이 듀젠베리(Duesenberry)는 전시효과를 이용하여 단기적으로 소득이 증가함에 따라 평균소비성향이 저하한다는 케인즈 소비함수와 장기적으로는 평균소비성향이 일정하다는 쿠즈네츠형 소비함수를 모순없이 설명하고 있다.

(2) 톱니효과

듀젠베리는 한 가계의 소비행위는 장기부족현상에 따라 이루어진다고 하였다. 즉 한 가계의 평균소비성향은 소득이 향상될 때에는 안정적이지만 소득이 감소될 때에는 오히려 그 가계의 평균소비성향이 커진다는 것이다. 이것이 톱니효과이다.

과거의 소득 수준이 일단 경험한 소비수준이라고 한다면, 소득수준이 낮아지더라도 그것에 대응해서 억제하기가 어렵다는 경험적 사실에 기초해서 소비의 움직임을 설명하고 있다. 즉, 개별 가계의 소비행동은 과거에 경험한 소비습관 상의 타성 때문에, 예를 들어, 소득이 감소했다고 하더라도 가계가 과거의 최고소득 수준에서 경험했던 소비수준을 유지하려고 하므로,

그 소득의 감소에 대응해서 소비수준을 저하시키지 않게 되는 경향이 나타난다. 따라서 개별 가계의 소비는 현재의 소득과 함께 과거의 최고소득에도 의존한다는 것이다.

t기의 개별 가계의 소비지출 및 소득을 각각 C_t, Y_t라고 하고, 과거의 최고소득을 Y_0라고 하면, 소비함수는 다음과 같이 정의된다.

$$C_t = aY_t + bY_0$$

위의 식을 t기에 있어 평균소비성향을 구하기 위해 양변을 Y_t로 나누면 다음과 같다.

$$\frac{C_t}{Y_t} = a + b\frac{Y_0}{Y_t}$$

이 식에 의하면, 평균소비성향은 과거의 최고소득 Y_o와 t기의 소득 Y_t의 상대적 크기에 의존한다는 것이다. 단기적으로 불황기에는 t기의 소득 Y_t가 저하하여 과거의 최고소득 Y_0보다 낮아지면 상대소득을 나타내는 Y_0/Y_t는 1보다 크게 되고, 따라서 평균소비성향은 커진다. 이는 과거에 경험한 소비습관으로 인해 소득의 감소에 비례해서 소비가 감소하지 않기 때문이다. 개별 경제주체의 현재 소득 Y_t가 과거의 최고소득 Y_0보다 높고 또 Y_t가 상승해 가는 호황기에는 Y_0/Y_t가 1보다 작아져 평균소비성향은 작아진다. 따라서 단기적으로는 소득이 증가해 감에 따라 평균소비성향은 작아진다.

소득이 장기적으로 순조롭게 성장해 가는 경우에는 그에 따라 개별 경제주체의 소비도 비례적으로 증가해 가므로, 평균소비성향은 일정하게 된다. 따라서 장기적으로는 소비함수는 원점을 지나는 직선으로 되고, 평균소비성향과 한계소비성향은 같아진다.

2) 유동자산가설

토빈(J. Tobin)은 케인즈의 절대소득가설에 현금, 예금, 증권 등 유동자산의 효과를 고려한 유동자산가설(liquid-assets hypothesis)을 제시하였다. 토빈에 의하면, 소비는 소비주체의 절대소득과 유동자산에 의존한다. 소비를 C, 그 결정 요인인 소득과 유동자산을 각각 Y, M이라고 하면 소비함수는 다음과 같다.

$$C = a + bY + cM \text{ (단, } a > 0,\ b > 0,\ c > 0)$$

이것은 절대소득에 유동자산이라는 요인을 소비함수에 도입함으로써 케인즈 소비함수를 수정한 것이다. 이 식의 양변을 소득 Y로 나누면, 평균소비성향 C/Y가 된다.

$$\frac{C}{Y} = b + \frac{a}{Y} + c\frac{M}{Y}$$

이 식에서 유동자산 M은 단기적으로는 일정하다고 볼 수 있는데, 소득 Y가 증가하면 유동자산도 증가하는데 그 증가 속도가 소득의 증가 속도보다 더 빨라 유동자산·소득의 비율이 증가하게 된다. 이 때문에 소득 Y의 증대에 따른 평균소비성향 C/Y의 저하 경향이 상쇄되어 평균소비성향은 장기적으로 안정적으로 된다. 즉 절대소득수준의 상승이 평균소비성향을 저하시키는 효과가 유동자산의 소득에 대한 비율 M/Y의 장기적인 상승 경향이 평균소비성향을 상승시키는 효과에 의해 상쇄되어, 평균소비성향이 장기적으로는 거의 일정하게 된다는 것이다. 따라서 장기소비함수가 원점을 지나는 직선으로 된다. 소비지출은 절대소득 외에 가계의 보유 유동자산에도 의존한다고 가정하여 단기 소비함수와 장기 소비함수를 모순없이 설명할 수 있게 된다.

이 유동자산가설은 토빈에 의해 1935년~36년간에 걸쳐 행해진 미국의 가계조사에 의해 검증되었다. 이 실증분석을 통하여 그는 미국에 있어서 백인

가계의 평균소비성향이 흑인가계의 평균소비성향보다 높다는 것을 유동자산보유의 차이로써 설명하였다. 즉 동일의 절대소득수준을 공통의 기준치로 하여 추출한 백인가계와 흑인가계를 비교해 볼 때, 백인가계는 흑인가계에 비해 더 많은 유동자산을 보유하고 있었고, 그 결과 동일한 소득수준 하에서 백인가계의 평균소비성향이 흑인가계의 그것보다 상대적으로 높게, 평균저축성향은 낮게 나타난다는 것이다.

3) 항상소득가설

항상소득가설(permanent income hypothesis)[7] 은 소비와 소득을 각각 항상 및 변동적인 요인으로 정의하고 시간의 흐름에 따른 각 변수를 비교하였다. 어떤 기간에 가계가 실제로 수취하게 되는 실제소득(measured income)은 정기적인 항상소득(permanent income)과 일시적인 변동소득(transitory income)으로 나누어진다. 이 중에서 항상소득은 현 시점에서 보유하고 있는 인적자산과 비인적 자산으로부터 정기적으로 얻을 것이라고 기대되는 소득을 말한다. 그리고 변동소득은 일시적인 임시소득을 말하는데, 이것은 일시적인 여건 변화로 인하여 생긴 임시수입이나 경기변동 등에 의해 추가적으로 생긴 소득 부분을 가리킨다. 항상소득을 Y_P, 변동소득을 Y_t라고 하면 실제소득 Y는 다음과 같다.

$$Y = Y_P + Y_t$$

소비도 현실적으로 이루어지는 소비를 실제소비(measured consumption)라 하고, 이 실제소비 C를 정기적으로 행해지는 항상소비(permanent consumption)와 일시적으로 행해지는 변동소비(transitory consumption)로 구분[8]하면 실제소비 C는 다음과 같다.

---

7) Milton Friedman, *A Theory of the Consumption Function*, Princetion University Press, 1957.

8) 항상소비(permanent consumption)는 일상생활에 있어서 정기적으로 지출하는 활동에 따른 것이며, 변동소비(transitory consumption)은 예기치 못한 지출에 의한 소비를 의미한다.

$$C = C_P + C_t$$

여기서 변동소득 Y_t와 변동소비 C_t는 각각 플러스나 0 또는 마이너스의 값을 가질 수 있지만, 이들의 값은 확률적인 오차와 같은 것이어서 그 평균값은 0이라고 가정한다. 그리고 프리드만은 항상소득 Y_P와 변동소득 Y_t 간에는 상관관계가 없고, 항상소비 C_P와 변동소비 C_t간에도 상관관계가 없으며, 또 변동소비 C_t와 변동소득 Y_t간에도 상관관계가 없다고 가정한다.

프리드만은 가계는 안정적인 소비생활을 하고자 하므로, 항상 소비 C_P는 항상소득 Y_P에 비례한다는 것이다. 이를 수식으로 나타내면 다음과 같다.

$$C_P = kY_P$$

여기서 비례상수 k는 이자율, 자산/소득 비율, 연령이나 가족 구성 등 소비에 영향을 미치는 기타 제요인에 의해서 결정된다. 그런데 이들 요인은 불변이거나 변동하더라도 그 효과가 서로 상쇄되므로 k는 장기적으로 일정하다고 가정한다. 식 $Y = Y_p + Y_t$와 식 $C_p = kY_p$을 $C = C_p + C_t$에 대입하면 다음과 같다.

$$C = kY_P + C_t = k(Y - Y_t) + C_t$$

여기서 변동소비 C_t는 예측이 불가능하지만, 이 C_t의 기대치는 장기적으로 “0”이 된다고 볼 수 있으므로 이것을 무시하면, 평균소비성향 C/Y는 다음과 같다.

$$\frac{C}{Y} = k\left(\frac{Y_P}{Y}\right) = k\left(1 - \frac{Y_t}{Y}\right)$$

이 식은 평균소비성향(C/Y)이 항상소득 Y_P의 실제소득 Y에 대한 비율에 의존한다는 것을 의미한다. 즉 $Y_P/Y = 1 - Y_t/Y$ 이므로 평균소비성향 C/Y는 실제소득 Y 중에서 변동소득 Y_t가 차지하는 비율이 클수록 작게 된다는 것이다.

이 가설에 의해서, 소득계층 간에 소비성향의 차이, 경기변동의 하강기와 상승기의 소비성향의 변동 및 평균소비성향의 장기적 안정성에 대해 설명할 수 있다.

4) 라이프 사이클 가설

라이프 사이클 가설(the life-cycle hypothesis)[9]은 모딜리아니(Modigliani)와 브룸버그(Brumberg), 그리고 안도(Ando) 등이 주장한 가설로서 개별행위자의 소비행위를 분석 하여 설명하고 있다. 이들은 개별소비자가 시간에 걸친 소비행위에 의하여 그의 효용을 극대화시킨다는 가정으로부터 출발한다. 즉, 어떤 사람이 기간 1에는 오직 임금소득만을 획득하고 기간 2에는 정년퇴직으로 소득이 없다고 가정하면 그는 임금소득의 일부를 저축하여 정년퇴임을 준비할 것이다. 이러한 상황에서 일생에 걸쳐 효용을 극대화할 수 있는 소비선택을 선택한다는 이론이다. 이를 수식으로 나타내면 다음과 같다.

$$Y_L(N-M)+A_i$$

단, $(N-M)$: M세에서 N세 까지 재직한 기간,
Y_L: 재직 지간 중 실질소득,
A_i: 현재 보유 자산, 이자율: 0

만약 유산을 남기지 않고, 매년 동일 액(C_i)을 소비하고, 그의 생애를 마치는 시점을 T세라고 하면, 그의 생애 동안의 소비총액, 즉 생애소비총액은 다음과 같다.

---

9) F. Modigliani and R. Brumberg, "Utility Analysis and Consumption Function : An Interpretation of Cross-Section Data," in K. K. Kurihara(ed.) Post-Keynesian Economics, London : George Allen and Unwin Ltd., 1955, pp.388-436 ; A. Ando and F. Modigliani, "The Life-Cycle Hypothesis of Saving : Aggregate Implications and Tests," *The American Economic Review*, Vol.53, March, 1963, pp.55-84.

$$C_i(T-M)$$

이 개인이 (N−M)년 간에 벌어들인 소득을 모두 (T−M)년 간의 소비에 지출한다면 다음과 같다.

$$C_i(T-M) = Y_L(N-M) + A_i$$

이 식에서는 개인의 매년 소비 C_i는 다음과 같다.

$$C_i = \frac{N-M}{T-M} Y_L + \frac{1}{T-M} A_i$$

여기서, $(N-M)/(T-M) = c_L$, $1/(T-M) = k_i$로 두면 소비함수 C_i는 다음과 같다.

$$C_i = c_L Y_L + k_i A_i$$

5) 케인즈의 소비함수

케인즈의 소비이론에서 소비는 소득의 증가함수로 이를 수식으로 표현하면 다음과 같다.

$$C = c(Y)$$

단, $0 \leq \frac{\Delta C}{\Delta Y} \leq 1$, C: 소비, $\Delta C / \Delta Y$: 한계저축성향

만약 소비함수가 단기소비함수이고 MPC가 일정하다면 다음과 같이 나타낼 수 있는 것이다.

$$C = a + bY$$

단, a : 기초소비, b : 한계소비성향

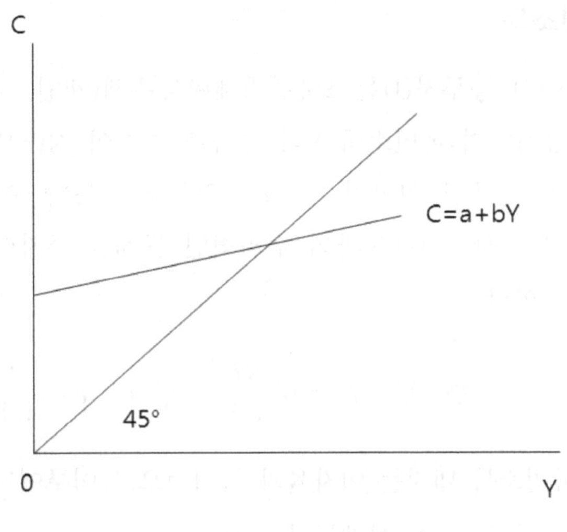

[그림 3-4] 소비함수

3.5 투자함수

1. 투자의 개념

투자란 가계나 기업 및 정부의 경제활동에 따른 결과로서 새로 추가된 자본스톡의 증가분을 의미한다. 즉, 장차 얻을 수 있는 수익을 위해 현재 자금을 지출하는 것을 말한다. 추가된 자본스톡 안에는 공장·기계·건물 등으로 구성되는 고정자본의 증가분 외에 재고 원재료나 제품 스톡의 증가분도 포함된다. 통속적으로는 개인이나 기업이 실물자산이나 금융자산을 구입하는 것을 투자라 하나 경제학에서는 기존 자산의 구입은 소유자의 교체를 의미할 뿐, 사회 전체로서는 아무것도 추가된 것이 없기 때문에 투자가 있었다고는 보지 않는다.

2. 투자와 국민소득

한 국가에 있어서 총투자(I)는 모든 경제활동주체(개인, 기업 및 정부)에 의한 투자액의 합계이며 국민소득 Y의 증가에 의하여 정(+)의 영향을, 그리고 시장이자율 i의 상승에 의하여 부(-)의 영향을 받는다. 이와 같은 총투자와 국민소득 내지는 시장이자율과의 수리적인 관계를 투자함수(investment function)이라고 한다.

$$I = I_o + eY - hi \quad (\text{단},\ I_0 \geq 0, \frac{dI_0}{dY} = 0,\ 0 \leq e = \frac{dI}{dY} < 1)$$

여기서 I_0는 국민소득 내지는 이자율과 독립적으로 이루어지는 소위 독립투자를 의미한다. 파라미터 e는 한계투자성향(marginal propensity to invest ; MPI)로서 국민소득이 증가함에 따라 증가하는 투자의 정도를 결정해 주는 투자결정승수이다. 그 크기는 일반적으로 1보다 작고 0보다 크다고 가정한다.

[그림 3-5]를 보면 이자율이 전혀 고려되지 않는 상태이다. 이때 투자는 국민소득과 관계가 없는 독립투자와 국민소득의 증가에 따라 증가하는 유발투자의 합계로 정의된다. 그림에서 I_0는 극단적으로 국민소득이 0일지라도 이루어지는 소위 독립투자를 의미한다. 이는 수평선과 평행을 이루는 선 I_0I_0으로 나타나 있다. 그런데 소득이 Y_1일 때 투자는 I'이며 그 규모에서 독립투자 I_0을 공제한 규모 $(OI' - OI_0)$는 국민소득에 따라 영향을 받아 이루어진 것이다. 이 상황에서 국민소득이 Y_1으로부터 Y_2까지 증가하면 투자도 아울러 I'에서 I''로 증가한다. 이러한 투자를 국민소득의 증가에 따라 유발된다하여 유발투자(induced investment)라고 한다. 그리고 국민소득의 증가분 $\Delta Y(OY_2 - OY_1)$에 대하여 유발되는 투자의 증가분 $\Delta I(OI'' - OI')$의 비율을 한계투자성향라고 하며, 투자함수의 기울기이다. (+)의 기울기를 가지는 투자함수에 비추어 가령 이자율이 고려되지 않는다면 한 나라의 총투자

는 국민소득이 0일지라도 이루어질 것으로 가정되는 독립투자와 국민소득이 증가함에 따라 그 규모가 증대되는 유발투자의 합계로서 구성되는 것이다. 그러나 앞의 투자함수에 투자는 이자율에 의해 영향을 받는다고 하였다. 그 관계를 '$-hi$'로 표현하였다. 여기에서 투자와 이자율 사이에는 마이너스(−) 관계가 있으며 따라서 파라미터 h는 이자율이 하락할 때 총투자가 얼마만큼 증가하는가를 가늠해 준다.

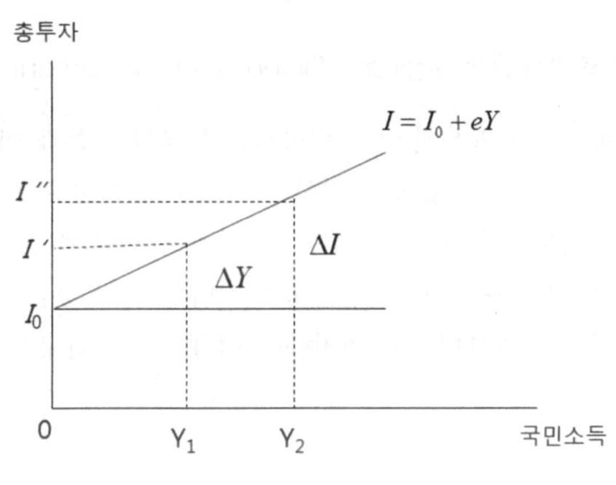

[그림 3-5] 단순 투자함수

3. 케인즈의 투자결정이론

1) 자본의 한계효율

투자의 증가는 자본스톡의 증가이며 이는 투자수익을 증가시키지만 자본스톡의 투자수익을 같은 비율로 증가시키지는 않는다. 이러한 관계를 자본의 한계효율(marginal efficiency of capital ; MEC)이라고 한다.

자본의 한계효율은 투자량이 증가함에 따라 체감하는데 자본에 의해 창출되는 예상수익[10]의 흐름을 현재가치화한 액면과 그 자산의 공급가격과 일

10) 예상수익의 흐름은 어떤 기업이 자본을 투입하여 생산한 산출물을 판매함으로써 얻을

치시키는 할인율을 의미한다. 따라서 예상수익은 시간에 따른 화폐의 흐름인 것이다. 이는 투자의 결정 여부를 짓는데 필요한 요소이다.

투자를 할 것이냐 하지 않을 것이냐의 결정은 자본의 한계효율과 시장이자율의 크기를 비교함으로써 가능하다. 만일 자본의 한계효율 r이 10%인 반면 시장이자율 i가 5%라고 한다면 자본스톡을 증가시키는 행위로서 투자를 증가시키는 것이 유익할 것이다.

투자의 한계효율(marginal efficiency of investment ; MEI)

MEI는 자본재가격의 변화에 따라 변화하는 투자의 수준과 이자율과의 관계를 보여주는 개념으로 이자율과 일치하는 예상수익의 현재가치화를 위한 할인율임. 자본의 예상수익률이라고도 함. 반면에 자본의 한계효율(MEC)은 기업이 투자로부터 기대하는 예상수익률내지 기대수익성을 이자율과 비교할 수 있는 연간수익성으로 자본비용과 일치하는 예상수익의 현재가치화를 위한 할인율이다.

2) 이자율의 결정

이자율은 금융부문에서 자금의 수요공급법칙에 의해 결정된다. 또한 가계나 기업, 그리고 정부 등의 저축의지와 투자의지가 자금의 흐름에 따라 영향을 받기 때문에 이자율은 실물부문에서의 활동에 따라서도 영향을 받게 된다. 그러나 실물경제에서 이루어진 소득과 고용수준이 일정하다고 할 때 이자율은 금융부문에서의 경제활동에 의해서만 결정된다. 그러므로 이자율은 물로 총통화의 변동에 의해 영향을 받지만 대부금액의 수요와 공급에 따라 결정된다고 하겠다. 설명을 단순화하기 위하여 가격수준이 일정하다고 가정하자. 이때 대부자금의 총공급 F_s는 이자율 i와 소득 Y의 함수로서 다

수 있을 것이라고 기대되는 수익.

음과 같이 나타낼 수 있다.

$$F_s = F_s(i,\ Y) \quad \frac{\partial F_s}{\partial_i} > 0,\ \ \frac{\partial F_s}{\partial Y} > 0$$

이 관계는 [그림 3-6]과 같다. 설명의 여지가 없이 대부자금의 공급은 이자율과 정의 함수관계를 가지며 소득이 향상되면 대부자금의 공급곡선은 F_s로부터 F_s'로 이동하게 된다. 한편 대부자금의 총수요 F_d는 이자율과 역의 함수관계를 가지고 있다.

$$F_d = F_d(i) \quad \frac{dF_d}{di} < 0$$

이와 같은 자금의 공급과 수요의 상호작용에 따라 [그림 3-6]에서와 같이 시장이자율은 i_e가 결정된다. 따라서 임금의 초과공급이 이루어질 때에는 이자율이 떨어질 것이며 반대의 경우에는 상승하게 될 것이다. 그러므로 이자율 i_e야말로 자금의 수요와 공급이 일치하는 상황에서 이루어지는 소위 자연이자율(natural rate of interest)이라고 할 수 있다.

3) 투자와 이자율

최적의 투자는 투자의 한계효율과 이자율과의 관계 위에서 결정된다. [그림 3-6]에서와 같이 자금의 수요공급에 따라 시장이자율이 i_0으로 결정되었다고 하자. 이 상황에서 투자는 투자의 한계효율 MEI가 i_0과 같을 때까지 증가될 것이다. 투자가 I_e보다 낮을 때 투자의 한계효율 r이 시장이자율 i_0보다 높다. 따라서 자금의 차입으로 투자를 더욱 증가시킬 경우 순투자수익은 증가될 것이다. 그러나 투자가 I_e보다 많을 때는 투자의 한계효율이 시장이자율 i_0보다 낮기 때문에 그 투자는 I_e의 규모에서 보다 불리하게 되는 것은 두말할 여지가 없다. 그러므로 최적의 투자는 투자의 한계효율이 이자율과 같은 상태 하에서 결정되는 것이다.

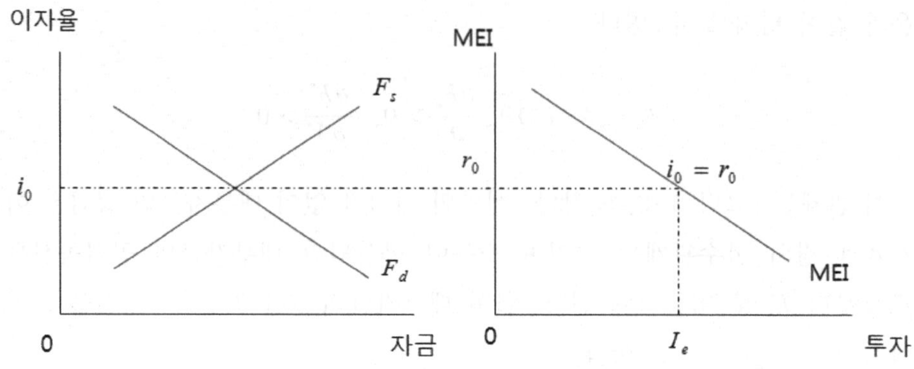

[그림 3-6] 이자율과 투자의 결정

이렇게 볼 때, 투자는 다른 조건이 일정한 상태에서 이자율이 낮으면 낮을수록 증가한다고 하겠다.

$$I = I(i) \quad \frac{dI}{di} < 0$$

그러나 이자율이 아주 낮은 수준에 놓을 때는 투자가 더 이상 증가하지 않을 수도 있다. [그림 3-7]의 (a) 그림에서 보는 바와 같이 정부가 금융정책의 일환으로 자금의 공급을 증가시면 이자율은 i_3에서 i_2로 하락할 것이다. 이때 투자가 I_1에서 I_2로 증가할 것이다. 그러나 이자율이 다시 i_1이하로 하락하면 투자는 I_3에서 더 이상 증가하지 않을 것이다. 이때 투자의 이자율탄력성 ($\frac{dI}{di} \cdot \frac{i}{I}$)이 0이 되어 투자는 전혀 증가되지 않기 때문이다. 이때 금융정책은 아무런 효과를 얻을 수 없게 된다. 경기대책의 한 수단으로써 금리를 급격하게 인하하더라도 기업들이 비적인 경기전망을 가질 때 그러한 현상이 일어날 수 있다.

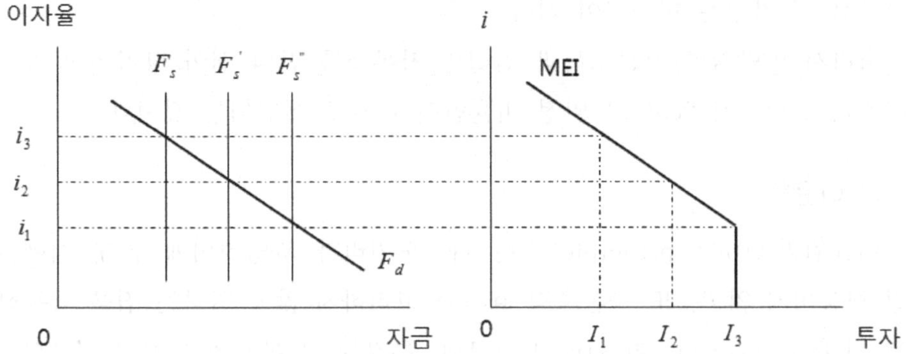

[그림 3-7] 불경기하에서의 투자스케쥴

4. 기타 투자 결정이론

1) 자본스톡조정원리[11]

경기순환이론으로 자본스톡조정원리(capital stock adjustment principle)는 제2차 세계대전 후 실질 국민총생산이 차지하는 실질 민간설비투자비율(쿠즈네츠 비율)이 약 10년 주기로 중기적인 순환을 하는 것을 설명하기 위해S.쿠즈네츠가 제기한 이론이다. 즉, 쿠즈네츠 비율의 상승기(약 6년)는 생산량 증대를 위한 투자와 기술혁신을 위한 투자 등이 누적되어 자본스톡이 포화점에 이르는 기간이며, 하강기(약 4년)는 그 자본스톡이 수요에 따라 조정되어 증가율이 떨어지는 기간으로 본다. 투자가 생산량(국민소득) 증가에 대응해서 필요한 자본스톡의 크기에 실제의 자본스톡을 조정하기 위해 행해진다고 가정하고 있다. 따라서 기업의 바람직한 자본스톡과 현재 보유 자본스톡 간의 갭이 한 번에 완전히 조정된다는 것이다. 그러나 현실에는 기업이 계획하는 투자가 그대로 실현되는 것은 아니다. 실제로는 자본설비의 설치에는 비용이 많이 들고 자본스톡의 조정에는 일정한 시간이 필요

11) 신축적 가속도원리(flexible acceleration principle)이라고도 한다. 굳윈(R. M. Goodwin) 등에 의해 이윤원리의 장점을 도입하여 가속도원리를 재구성하였다.

하므로 이 가정은 현실성이 적다.

따라서 바람직한 자본스톡과 현실의 자본스톡 간의 갭이 당기의 투자로 완전히 실현되지 않고 그 일정 비율만이 투자로 실현되는 것이다.

2) 이윤원리

이윤원리(profit principle)[12]는 가속도원리가 과잉설비에 존재 시에는 잘 작동하지 않고, 또 자본축적 효과를 고려하지 않고 있다는 점을 극복하기 위해 고안되었다. 이 원리에 따르면, 투자는 그 본래의 목적이 이윤획득에 있으므로 기본적으로 이윤의 크기에 의해 결정되는데, 그 이윤은 국민소득과 자본스톡에 의존한다는 것이다. 우선 이윤은 매출액 내지 산출량과 같은 방향으로 변화하므로 투자는 산출량(국민소득)과 플러스의 관계에 있다고 할 수 있다. 한편 자본스톡이 증가하면 위험부담이 증가하고 예상수익률이 감소하므로 투자는 자본스톡과 역관계에 있다.

따라서 투자는 국민소득(총산출량)의 증가함수인 동시에 자본스톡의 감소함수로 생각할 수 있으므로, 이윤원리에 의한 투자함수 I_q는 다음과 같다.

$$I_q = \Phi(Y, K) \text{ 단, } \frac{\partial I_q}{\partial Y} > 0, \ \frac{\partial I_q}{\partial K} < 0$$

여기서 I_q는 총투자를 나타내고, Y와 K는 각각 국민소득과 자본스톡을 나타낸다. 이 식에서 알 수 있듯이 이윤원리에서는 가속도원리에서와는 달리 투자가 국민소득의 증가분이 아니라 국민소득의 수준에 의존해서 결정되기 때문에 이윤원리를 속도원리(velocity principle)라고 한다.

3) 신고전학파 투자이론[13]

실제로 기업은 자본재 가격이나 임금의 변동에 대응해서, 기술적 가능성

---

12) 칼레키(M, Kaleck), 칼도어(N. Kaldor) 등에 의해 경기순환의 설명에 사용된 투자이론이다.

13) 신태곤·최성철, 전게서, pp.135-137에서 인용.

중에서 최저비용의 기술을 선택하여 생산·투자를 결정하게 되는데, 이와 같이 기업의 이윤극대화 행동에 기초해서 바람직한(최적)자본스톡 수준이 어떻게 결정되는가를 설명하는 이론이 조겐슨(D. W. Jorgenson) 등의 신고전학파 투자이론이다.

이 이론에 의하면, 자본의 한계수입(한계생산물가치)과 한계비용이 일치하는 데서 바람직한(최적) 자본스톡이 결정되고, 기업은 바람직한 자본스톡과 현존 자본스톡 간의 갭을 보전하기 위해 투자를 하게 된다는 것이다.

4) 토빈의 q이론

투자는 주어진 비용 하에서 예상수익의 현재가치가 최대로 될 수 있도록 결정된다. 투자란 비용에 대한 예상수익률의 비율(예상수익÷비용) 에 의해 결정되며 비용에 의해 예상수익이 증가하면 투자는 증가한다. 투자의 예상수익은 주식의 시장가치로 나타낼 수 있다. 주식가격은 기본적으로 예상수익의 현재가치에 의해서 결정되기 때문이다. 투자의 비용은 자본재의 구입가격, 즉 재생산비용(replacement cost)으로 나타낼 수 있다. 토빈(Tobin 1969)은 이 둘의 비율을 q라고 정의하였다.

$$q = \frac{\text{자본재의 시장가치}}{\text{자본재의 구입가치}} = \frac{\text{주식의 시장가치}}{\text{자본재의 재생산비용}}$$

토빈은 투자가 q의 증가함수로서 $q > 1$이면 투자가 이루어지며 $q < 1$이면 이루어지지 않는다고 하였다. q가 보다 크다는 것은 기업이 보유하고 있는 자본재의 가치가 새로이 구입하는 자본재의 가격보다 더 높다는 것을 의미한다. 이 경우 기업은 자본시장에서 주식을 발행하여 조달한 자금으로 자본재를 구입할 것이다. 따라서 이론에 의하면 주가의 변동과 투자변동 간에는 정(+)의 관계가 존재한다.

상기 식의 분자는 자본생산성 MP_k로 대체할 수 있다. 주식가격은 기업의 예상수익을 반영하여 결정되는데 예상수익은 자본재의 생산성에 의해 결정되기 때문이다. 또한 분모는 실질이자율 ρ로 대체할 수 있다. 따라서 q는 다음과 같이 쓸 수 있다.

$$q = \frac{\text{자본생산성}}{\text{실질이자율}} = \frac{MP_k}{\rho}$$

결국 q 이론이란 자본생산성과 실질이자율을 동시에 비교하여 투자가 결정된다는 것을 나타내는 원리이다. 이러한 q 이론은 다음과 같은 특징을 가지고 있다. 첫째, 투자에 따르는 수익과 비용을 명시적으로 고려하고 있다. 반면에 투자함수를 통해서는 두 요인을 명시적으로 파악하기 어렵다. q 이론에서는 투자란 예상수익에서 비용을 뺀 예상순수익의 함수라는 것을 강조하고 있다.

둘째, 측정이 어려운 자본생산성과 실질이자율의 개념을 측정가능한 변수들로 대체함으로써 실증분석이 용이하다. q 이론은 주식시장의 변화에 중점을 둔 투자이론이다. 주식가격은 변화가 심하고 예측이 어렵다. q 이론이 맞다면 기업의 투자는 주식가격의 변화에 따라 극심한 기복을 보일 것이다. 투자란 미래를 예상하고 이루어지는 자본의 증가이며 자본재의 축적에는 시일이 걸린다.

3.6 기타 함수

1. 저축함수

저축은 처분가능소득 가운데서 소비에 쓰이고 남은 부분이다. 저축은 소비와 마찬가지로 소득에 의해 결정된다. 저축함수는 다음과 같이 표현된다.

$$S = s(Y)$$

$$단, 0 \le \frac{\Delta S}{\Delta Y} \le 1, \ \text{S:저축}, \ \Delta S/\Delta Y : \text{한계저축성향}$$

소비와 저축간의 관계를 구체적으로 표현하면 다음과 같다.

$$Y = C + S$$

이 식의 양변을 Y로 나눠주면 다음과 같다.

$$1 = \frac{C}{Y} + \frac{S}{Y} = APC + APS$$

또, 소득 증가분은 소비증가와 저축증가로 처분된다. 이를 식으로 나타내면 다음과 같다.

$$\Delta Y = \Delta C + \Delta S$$

이 식의 양변을 ΔY로 나누면 다음과 같다.

$$1 = \frac{\Delta C}{\Delta Y} + \frac{\Delta S}{\Delta Y} = MPC + MPS$$

$Y = C + S$ 를 S에 대해 정리하면 S = Y−C, C 대신에 $C = a + bY$을 대입하면 다음과 같다.

$$S = -a + (1-b)Y$$

이는 곧 소비함수를 알면 저축함수를 알고 저축함수를 알면 소비함수를 안다는 것을 의미한다. 다음 그림은 소비함수와 저축함수를 나타낸 것이다.

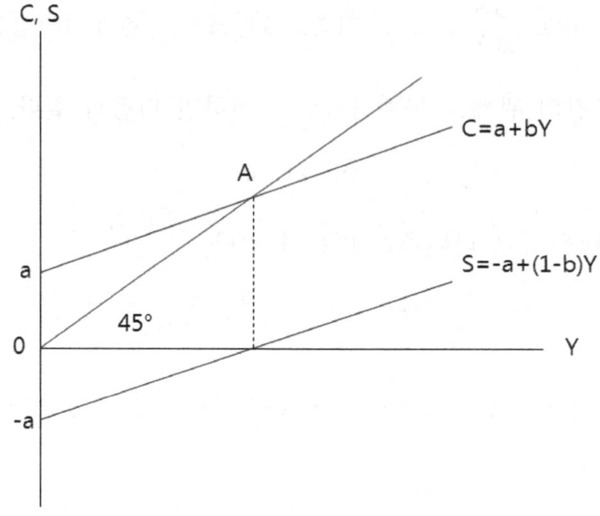

[그림 3-8] 소비함수와 저축함수

2. 투자함수

투자를 결정하는 요인은 경기상태, 이자율 등이다. 논의를 단순화하기 위해 투자는 이자율에 의해서만 영향을 받는다고 가정하자. 기업은 이자율이 상승하면 돈을 빌리는 비용이 증가하기 때문에 투자를 감소시킨다. 반대로 이자율이 하락하면 투자를 증가시킨다. 이를 함수로 나타내면 다음과 같다.

$$I = i(r)$$

$$\text{단, } \frac{\Delta I}{\Delta r} \le 0, \text{ I: 투자, r: 이자율}$$

3. 정부지출함수

정부지출은 일반적으로 정부예산에 의해 결정된다. 따라서 정부지출은 1년을 단위로 소득과는 무관한 외생변수이다. 이를 수식으로 나타내면 다음과 같다.

$$G = \overline{G}$$

단, G:정부지출, $\overline{G}$: 외생변수를 의미

4. 조세함수

조세는 소득수준과 무관하게 그 액수가 정해져 있는 정액세와 근로소득세 처럼 소득 수준에 따라 그 액수가 결정되는 비례세나 누진세로 나누어진다. 조세함수를 그림과 수식으로 나타내면 다음과 같다.

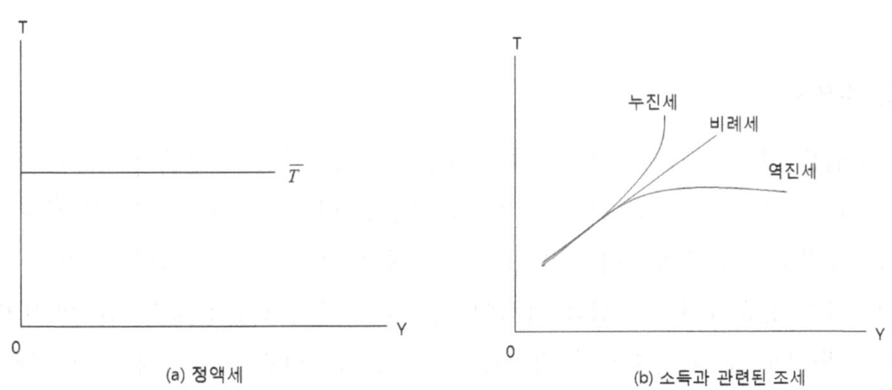

[그림 3-9] 정액세와 기타 조세

정액세 : $T = \overline{T}$

비례세 또는 누진세 : $T = t(Y), \dfrac{\Delta T}{\Delta Y} \geq 0,$

단, T: 조세, Y: 소득, $\Delta T / \Delta Y$: 한계세율

5. 수출함수

수출은 여러 가지 변수들에 의해 결정된다. 그 가운데 일반적으로 국내물가(P)와 환율(e)은 수출에 영향을 미치는 중요한 변수로 사용된다. 국내 물가가 상승하면 국내상품 가격이 해외상품 가격보다 상대적으로 더 비싸지게 되므로 수출은 감소할 것이다. 또, 환율(e=W/$)이 상승하면 이는 수출가격의 하락을 의미하므로 수출은 증가할 것이다. 수출함수는 일반적으로 다음과 같이 나타난다.

$$X = x(P,\ e)$$

단, $\frac{\Delta X}{\Delta P} \leq 0, \frac{\Delta X}{\Delta e} \geq 0$, X : 실질수출, P: 국내물가, e: 환율

6. 수입함수

수입은 여러 가지 변수들에 의해 결정된다. 그 가운데 일반적으로 국내소득(Y), 국내물가(P), 환율(e)은 수입에 영향을 미치는 중요한 변수로 사용된다. 국내소득이 증가하면 소비재와 투자재 등의 수입이 증가할 것이다. 국내물가가 상승하면 국내상품 가격이 해외상품 가격보다 상대적으로 더 비싸지게 되므로 수입은 증가할 것이다. 환율이 상승하면 수입가격이 상승하므로 수입은 감소할 것이다. 수입함수는 일반적으로 다음과 같이 나타낼 수 있다.

$$M = m(Y,\ P,\ e)$$

단, $\frac{\Delta M}{\Delta Y} \geq 0, \frac{\Delta M}{\Delta P} \geq 0, \frac{\Delta M}{\Delta e} \leq 0$,

M: 실질수입, Y:국내소득, P:국내물가, e:환율

연습문제

01 소비함수 $c = 100 + 0.8y_d$, 투자 $i = 50$, 정부지출 $g = 200$, 정부 이전금 $t_r = 62.5$, 조세 $t = 205$ 일 때, 다음을 구하여라.

(1) 균형소득을 구하여라.

(2) 투자승수, 정부지출승수, 조세승수를 구하여라.

02 문제1에서 완전고용을 달성하기 위한 국민소득이 1200일 때,

(1) 정부구매를 변화시켜 완전고용을 달성하려면 정부구매를 어떻게 변화시켜야 하는가?

(2) 조세를 변화시켜 완전고용을 달성하려면 조세를 어떻게 변화시켜야 하는가?

(3) 정구구매와 조세를 동일하게 변화시켜 완전고용을 달성하려면 정구구매와 조세를 어떻게 변화시켜야 하는가?

03 소비함수 c=150+0.75y, y=1000 일 때 한계소비성향, 평균소비성향, 한계저축성향, 평균저축성향을 구하여라.

04 저축함수 s=−1600+0.25y, 투자가 i=400에서 i=600으로 증가할 때 균형국민소득은 얼마나 증가하는지 구하여라.

05 소비함수 $c = 1000 + 0.75y_d$ 투자 i=800, 정부구매 g=750, 조세 600 일 때, 다음을 구하여라.

(1) 균형국민소득과 가처분소득

(2) 소비지출

(3) 개인저축과 정부저축

(4) 투자승수

06 한계저축성향은 0.2, 투자를 1000억 달러 증가시킬 때 국민소득, 소비 그리고 저축은 어떤 변화가 일어날지 구하여라.

제 4 장

화폐수요

4.1 화폐시장 분석의 개념

고전학파 경제학에서는 화폐의 기증 중에서 교환수단으로서의 기능이 중시되므로, 화폐는 단순히 베일로서 존재한다. 즉 고전학파는 화폐는 실물경제에 대해 중립적이어서 실물경제에 영향을 미치지 않는다고 한다. 따라서 고전학파는 고용, 생산 등의 실질적인 거시경제변수는 공급 측의 실질적 조건에 의해서 결정되고, 화폐는 명목변수에만 영향을 미친다고 보았다. 반면에 케인즈 경제학에서는 화폐적 요인이 총수요에 영향을 미치고 그에 의해 국민소득에 영향을 주게 되므로 화폐가 실질적 거시경제변수에 영향을 미친다고 보았다. 따라서 케인즈 거시경제학에서는 화폐시장에 대한 분석이 중요한 의의를 갖게 된다.

 4.2 화폐의 수요

한 나라의 국민경제순환은 실물로서의 재화와 용역이 생산되고 그 생산의 과실이 분배될 뿐만 아니라 분배된 소득으로서의 재화와 용역을 교환하고 또한 교환된 재화와 용역이 소비되는 과정을 포함한다. 이와 같은 실물의 생산, 분배, 교환, 소비 등의 경제활동 과정에서 이러한 활동이 이루어지기 위해서는 반드시 그 순환을 완성시키는 실물과 동량인 화폐 또는 금융자산이 필요하다. 이러한 금융자산의 흐름을 금융부문이라 한다.

1. 화폐의 수요

케인즈의 유동성 선호이론은 사람들이 유동성(liquidity)을 얼마만큼 선호하느냐(가지려고 하느냐)하는데 대한 이론이다. 그러면 유동성이란 무엇인가? 유동성이란 일반적으로 어떤 자산이 그 가치의 큰 변동 없이 얼마나 빨리 현금으로 전환될 수 있는가의 정도를 말한다. 예컨대, 1,000만원 어치의 증권과 1,000만 원짜리 가옥을 비교해 보면 증권은 증권시장에서 2-3일 만에 현금화시킬 수 있지만 가옥은 팔아서 현금화하는데 보통 1개월 정도 걸린다. 따라서 증권이 가옥보다 유동성이 크다고 할 수 있다. 그러므로 모든 자산은 정도의 차이가 있지만 모두 유동성을 갖고 있다. 물론 화폐가 가장 큰 유동성을 가진다는 것은 자명하다. 케인즈가 '화폐수요'라는 용어 대신에 '유동성선호'라는 표현을 한 것은 여러 자산 중에서 유동성의 정도가 가장 큰 화폐의 성격을 부각시킨 것으로 볼 수 있으며 유동성은 곧 화폐를 의미하는 것으로 보아도 무방하다. 그러므로 유동성선호란 화폐수요를 의미한다.

그러면 사람들은 왜 유동성을 선호하는가? 즉, 사람들은 왜 화폐를 수요하는가? 화폐를 보유하고 있으면 기회비용이 발생함에도 불구하고 사람들이 화폐를 보유하는 이유에 대하여 케인즈는 거래적 동기(transactions motive),

예비적 동기(precautionary motive), 그리고 투기적 동기(speculative motive) 등을 제시하고 있다.

1) 거래적 동기

가계나 기업 같은 민간은 일상의 거래를 위하여 거래의 매개체로서 어느 정도의 화폐를 필요로 한다. 가계는 일용잡화나 음식, 연료, 그리고 때로는 내구소비재의 구매를 위하여 화폐를 필요로 하며 기업은 원재료의 구매나 노동자의 월급을 주기 위해 화폐를 필요로 한다. 이러한 목적으로 보유하는 것이 거래적 동기의 화폐수요이다. 이러한 거래적 동기의 화폐수요가 존재하는 것은 각 경제주체의 수입과 지출의 시간적 형태가 잘 알려져 있지만(언제 수입이 생기고 언제 돈을 지출해야 하는지를 확실하게 알고 있지만) 수입과 지출사이에 시차가 있기 때문에 이를 연결시켜 주기 위한 것이다. 이와 같은 거래적 동기에 의한 화폐수요는 바로 교환의 매개체로서의 화폐의 기능을 대변하는 것으로 그 크기는 지불관행과 수입 및 지출의 크기에 달려 있다. 일반적으로 단기에서는 지불관행이 변하지 않으므로[14] 이 동기에 의한 화폐수요는 수입, 즉 명목소득(PY)의 크기와 같은 방향으로 변화한다. 명목소득이 증가하면 거래적 화폐수요도 증가하고 명목소득이 감소하면 거래적 화폐수요도 감소한다. 따라서 거래적 화폐수요는 명목소득(경제전체로는 명목산출량)의 증가함수라고 할 수 있다.[15]

2) 예비적 동기

가계나 기업은 장래의 예측할 수 없는 사태에 대비하여 어느 정도의 화폐를 예비로 보유하기도 한다. 예비적 동기에 의한 화폐수요란 이러한 예상치 않은 지출수요에 대비하기 위한 목적으로 보유하는 화폐를 말한다. 이러한 예비적 화폐수요는 거래적 수요와는 달리 거래의 불확실성에 대한 고려를

14) 그러나 최근의 현상을 보면 단기에서도 지불관행이 크게 변화하고 있다.
15) 케인즈가 상정하고 있는 경제에서는 물가는 불변이라고 보았기 때문에 명목소득(산출량)과 실질소득(산출량)을 구태여 구분하지 않고 있다.

반영하고 있으며 따라서 완전확실성의 세계를 가정하고 있는 고전학파에서는 고려되지 않은 것이다. 이러한 예비적 화폐수요의 크기는 여러 가지 요인에 의해 영향을 받는데 그중 많은 요인들은 주관적인 것이 될 것이며 객관성 있는 하나의 요인은 소득이다. 그래서 케인즈는 예비적 수요도 소득이 크면 크다고 보고 소득(경제전체로는 명목산출량)의 증가함수로 취급한다.

이와 같이 거래적 화폐수요와 예비적 화폐수요는 모두 소득의 함수로 간주되므로 별 차이가 없다.

3) 투기적 동기

케인즈의 유동성선호이론의 독특한 측면은 이 투기적 동기에 의한 화폐수요를 인식한데 있다. 투기적 동기에 의한 화폐의 수요란 생활에 필요한 거래를 위해 갖고 있는 화폐가 아니라 증권시장에서의 자본손실(capital loss)을 피하기 위하여 일시적으로 증권대신 갖고 있는 화폐를 말한다. 거래적 동기와 예비적 동기에 의한 화폐수요는 화폐를 거래의 수단으로 보유하는 것인데 반하여 투기적 화폐수요는 화폐를 여러 자산 중의 하나로 보고 부를 증식시키기 위한 하나의 수단으로 본다는 점에서 부의 저장수단으로서의 기능, 즉 저축수단으로서의 기능을 강조한 것이다.

(1) 채권가격과 이자율

사람들은 소득 중의 일부를 저축하여 부(재산)를 축적하는데 이를 어떻게든 굴려서 증식시키려고 할 것이다. 그래서 사람들은 축적된 돈으로 증권(채권과 주식)과 같은 금융자산을 사기도 하고 토지나 아파트 같은 실물자산을 사기도 한다. 이러한 증권이나 실물자산을 갖고 있으면 그 가격이 올라 재산이 증가하기도 하고[16] 이자수입이 생기기도 한다. 물론 화폐로 갖고 있으면 자본이득도 없고 이자수입도 없으므로 재산은 그대로이다. 사람들이

16) 자산의 가격이 올라 자산가치가 증가하는 경우에 발생하는 자산가격의 상승을 자본이득(capital gain)이라고 한다. 반면에 자산가격이 하락하여 자산가치가 하락하는 것을 자본손실(capital loss)이라고 한다.

보유할 수 있는 재산의 형태를 화폐와 채권(bond)[17]의 두 가지뿐이라고 가정해 보자.[18]

화폐와 채권만이 있는 경우 채권가격이 계속 올라갈 전망이라면 사람들은 재산을 증식시키기 위하여 거래적, 예비적 목적으로 꼭 필요한 화폐를 제외한 모든 화폐를 동원하여 모두 채권을 살 것이다. 따라서 이 경우에는 사람들의 투기적 화폐수요는 없을 것이다. 왜냐하면 앞으로 채권가격이 올라갈 것으로 예상되므로 채권을 갖고 있으면 자본이득과 이자수입이 발생하는 반면 화폐를 갖고 있으면 이런 것을 아무 것도 얻지 못하기 때문이다.[19] 그러나 만약 채권가격이 하락한다면 이자수입은 그대로 있으나 재산증식을 위해 채권시장에 참여하는 사람들이 이제는 자본이득 대신에 자본손실을 입게 될 것이다. 그런데 그러한 채권가격하락이 소폭일 것으로 예상된다면 자본손실이 미미할 것이고 따라서 총수입은 마이너스가 되지 않을 것이므로 굳이 채권을 팔아치우지는 않을 것이다. 그러나 채권가격하락이 클 것이라고 예상된다면(자본손실이 이자수입보다 커서 총수입이 마이너스가 될 만큼 하락한다고 예상된다면), 채권을 즉시 팔아서 화폐로 보유하는 것이 낫다. 따라서 이러한 상황에서 갖고 있는 화폐가 바로 투기적 화폐수요이다.

투기적 화폐수요의 크기에 영향을 미치는 요인은 채권가격의 예상과 밀접하게 관계되어 있다. 채권가격이 올라갈 것으로 예상되면 미리 채권을 사서 갖고 있다가 실제로 채권가격이 상승하면 그때 팔아서 자본이득을 얻을 수 있으므로 채권을 살 것이며 따라서 투기적 화폐수요는 감소할 것이다. 그리고 채권가격이 하락할 것으로 예상되면 채권을 팔아 (투기적) 화폐로 보유할 것이다.

---

17) 채권(bond)이란 매기간 일정액의 이자를 지불하고 만기일에 액면금액(원금)의 지불을 약속하는 증권이다.

18) 이것은 어디까지나 단순화를 시키기 위한 가정이며 케인즈 이후의 많은 학자들은 이 가정을 버리고 여러 가지 자산이 있는 경우를 고려하고 있다.

19) 이러한 자본이득과 이자수입이 바로 화폐보유의 기회비용이다. 화폐보유의 또 하나의 기회비용은 물가상승에 의한 화폐가치의 하락이다.

(2) 채권가격과 시장이자율

채권은 매기간(예컨대 매분기 또는 1년)에 일정한 이자를 지불한다. 채권을 발행할 때 액면가에 대하여 일정액의 이자를 지불하는 약속을 하게 되는데 이때의 이자율(이자액/액면가)을 액면이자율이라고 한다. 예컨대 액면가가 10,000원인 채권을 발행하는 회사가 매년 1,000원의 이자를 지불하는 약속을 한다면 액면이자율은 10%이다. 그러나 실제로 채권이 시장에서 거래될 때는 꼭 액면가대로 매매되지는 않고 그 이상으로도, 그 이하로도 매매가 되며 이런 경우에는 그 채권의 실제이자율은 액면이자율과 다르게 된다. 이러한 실제이자율이 바로 시장이자율이다.

시장에서 거래되는 채권가격이 상승하면 실제이자율(시장이자율)은 하락하며 채권가격이 하락하면 실제이자율(시장이자율)은 상승한다. 따라서 채권의 가격과 시장이자율이 역의 관계에 있다는 것을 알 수 있다. 시장이자율이 상승하면 채권가격은 하락하고 시장이자율이 하락하면 채권가격은 상승한다. 또 채권가격의 하락은 시장이자율의 상승에 대응한다. 따라서 투기적 화폐수요가 채권가격의 예상에 의해 영향을 받는다는 것은 시장이자율의 예상에 의해 영향을 받는다는 표현과 같다는 것을 알 수 있다. 채권가격이 상승할 것으로 예상된다는 것은 시장이자율이 하락할 것으로 예상된다는 것을 의미한다.

(3) 유동성함정

케인즈에 의하면 각 개인은 오랜 시간에 걸친 시장경험에 의하여 정상수준이라고 생각하는 이자율(정상이자율)을 설정하고 시장의 현재의 이자율(r)이 정상이자율(r_n)보다 높으면 앞으로 이자율이 정상이자율수준으로 하락할 것으로 예상하고 시장이자율이 정상이자율보다 낮으면 이자율이 조만간 상승할 것으로 예상한다. 따라서 각 개인은 실제이자율이 자기의 정상이자율보다 높으면 실제이자율이 하락할 것으로 예상하여(즉, 채권가격이 앞으로 상승할 것으로 예상하여) 자본이득을 얻기 위해 모든 화폐로 채권을 구매할 것이며 이에 따라 투기적 동기의 화폐수요는 없게 될 것이다.

반면 시장이자율이 정상이자율보다 낮은 경우에는 이자율이 앞으로 상승할 것으로 예상하며(채권가격이 하락할 것으로 예상하며) 이에 따라 미리 채권을 모두 매각하여 투기적 화폐로만 보유할 것이다. 앞으로 채권가격이 떨어지면 그때 채권을 구매하기 위하여 화폐로 보유할 것이다. 그러므로 투기적 화폐에 대한 수요는 이자율의 감소함수로 볼 수 있다.

개인은 시장이자율의 수준에 따라 모두 채권으로 보유하든지, 모두 화폐로 보유하든지 할 것이다. 물론 개인에 따라서는(대부분의 개인이 그렇다) 아예 투기적 화폐보유가 전혀 없고 다만 거래적, 예비적 화폐보유만 있기 때문에 이자율의 수준이 어디든 항상 투기적 화폐수요가 0인 경우도 있고 또 사람에 따라 투기적 화폐보유량의 크기가 다르며 정상이자율의 수준도 다르기 때문에 이러한 개인의 투기적 화폐수요함수는 사람에 따라 모두 다르다.

그러면 경제전체의 투기적 화폐수요함수는 어떻게 되나? 경제전체의 투기적 수요는 각 개인의 투기적 수요를 각 이자율수준에서 수평으로 합하면 된다. 수많은 사람들이 투기적 화폐수요를 갖고 있고 그들의 정상이자율이 서로 다르다고 하더라도 시장이자율이 아주 높으면(r_1) 거의 모든 사람들이 이자율이 하락할 것으로 예상하여 채권을 매입하고 따라서 투기적 화폐수요를 거의 갖지 않을 것이며 이자율이 낮아짐에 따라 이자율이 더 낮아지리라고 예상하는 사람은 줄어들 것이며 따라서 투기적 화폐수요는 늘어날 것이다. 그리고 이자율이 아주 낮아지면(r_0) 이제는 모든 사람이 이자율이 상승할 것으로 예상하며 따라서 채권을 매각하고 재산을 화폐로만 보유할 것이다. 따라서 경제 전체적으로는 수많은 사람이 투기적 목적으로 재산(채권과 화폐)을 갖고 있고 그들의 정상이자율이 다르므로 [그림 4-1]에서와 같이 이자율에 대하여 우하향하는 부드러운 곡선이 될 것이다.

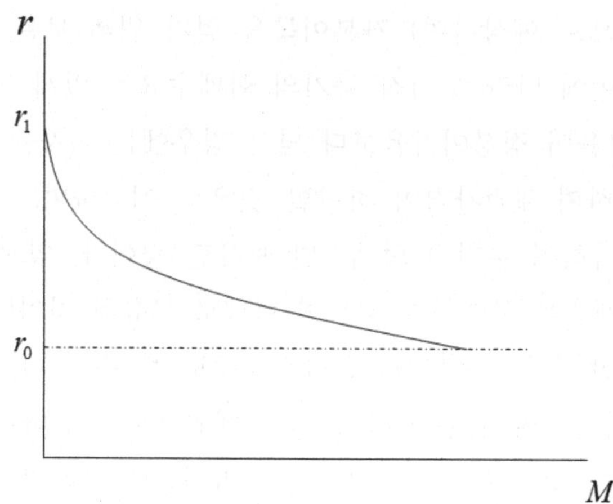

[그림 4-1] 경제전체의 투기적 화폐수요함수

그런데 모든 사람이 앞으로 이자율이 상승할 것이라고(즉, 채권가격이 하락할 것이라고) 예상하게 되는 이자율수준(r_0)에서는 모두 화폐로만 보유하기 때문에 투기적 화폐수요함수는 수평이 되고 이자율 탄력성이 무한대가 된다. 이때는 신규로 통화량이 공급된다 하더라도 아무도 채권을 구입하지 않으며 모두 투기적 화폐로 보유하게 된다. 이러한 상태는 극단적인 경우인데 케인즈는 이러한 상태를 유동성함정(liquidity trap)이라고 부르며 뒤에서 보게 되듯이 화폐금융정책의 무효성을 주장하는 하나의 근거로 사용하였다.

2. 총화폐수요

거래적 동기, 예비적 동기에 의한 화폐수요와 투기적 동기에 의한 화폐수요를 합계한 것이 총화폐수요이다. 그런데 거래적 화폐수요와 예비적 화폐수요는 국민소득의 함수($L_1 = L_1(Y)$)이고, 투기적 화폐수요는 이자율의 함수($L_2 = L_2(r)$)이므로 총화폐수요(L)은 다음과 같다.

$$L = L_1(Y) + L_2(r) = L(Y, r) \text{ (단, } \frac{\partial L}{\partial Y} > 0, \frac{\partial L}{\partial r} < 0)$$

이것이 케인즈 화폐수요함수이다. 이를 유동선선호함수(liquidity preference function)이라고 한다.

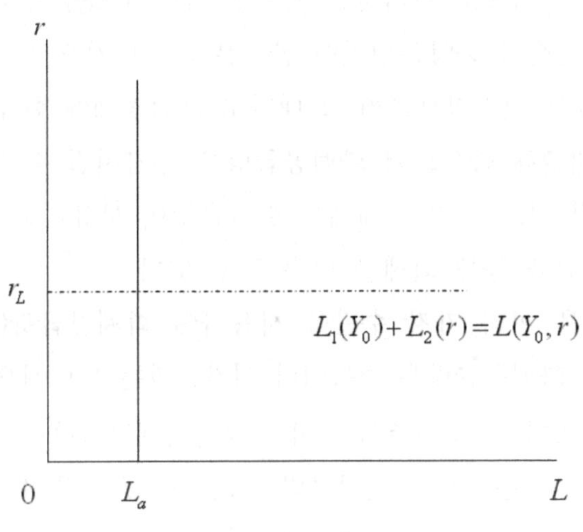

[그림 4-2] 총화폐수요함수

3. 화폐수요함수의 이동

[그림 4-2]는 총화폐수요함수를 그림으로 나타낸 것으로 종축에 이자율 r, 횡축에 화폐수요 L을 나타내면, 거래적, 예비적 동기에 의한 화폐수요 L_1은 이자율에 상관없이 국민소득에만 의존하므로 수직선으로 나타난다. 화폐의 투기적 수요 L_2는 이자율 감소함수이므로 우하향하는 곡선으로 그려져 있다. 그리하여 국민소득이 일정수준 Y_0로 주어지면 그것에 의해 L_1은 일정한 크기 L_a에서 수직선이 되므로, 총화폐수요함수가 L_a만큼 우측으로 평행이동한 형태로 그려진다. 그런데 다른 사정이 불변인 경우에 국민소득이 Y_0에서 Y_1으로 증가하면 동일 이자율 수준에서 거래적 및 예비적 동기에 의한 화폐수요가 증가하므로, 총화폐수요곡선은 우측으로 이동한다.

4.3 화폐의 공급

화폐공급을 기본적으로 관리하는 기관은 각국의 중앙은행이다. 우리나라의 경우는 한국은행이 중앙은행인데 한국은행은 민간으로부터 채권을 구입한다든지 국공채를 인수함으로써 그 대가로 국민경제에 화폐를 주입하며 예금취급기관에 대출해 줌으로써 화폐공급량을 증가시킬 수 있다. 또한 화폐공급은 감소시킬 필요가 있을 때에는 한국은행이 보유하고 있는 채권을 매각하는 등의 방법을 통해 화폐를 환수할 수 있다.

즉, 중앙은행은 여러 가지 수단을 사용하여 화폐공급량(또는 통화량)을 조절할 수 있다. 화폐공급량은 소득이나 이자율과는 독립적으로 일정하게 주어진다고 볼 수 있다. 일정수준의 주어진 명목화폐공급량을 $\overline{M}$라고 하고, 물가수준 P도 일정 수준에서 불변이라면, 실질화폐공급량 또는 실질화폐잔고의 공급은 $\overline{M}/P$가 된다. 실질화폐공급량 $\overline{M}/P$는 이자율과는 독립적이므로 종축에 평행한 수직선이 된다.

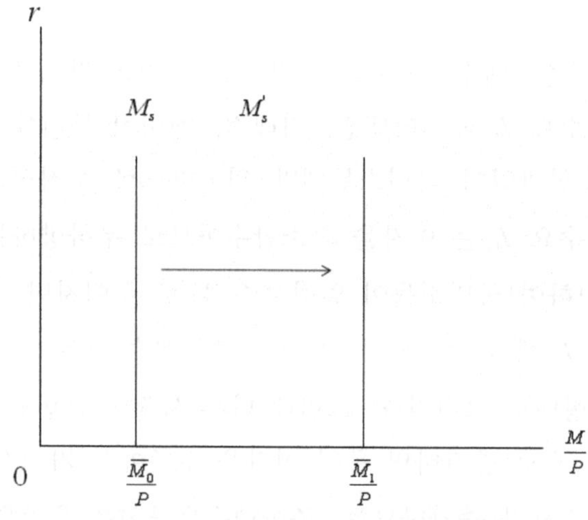

[그림 4-3] 실질화폐공급곡선

중앙은행이 명목화폐공급량을 변동시키거나 물가를 변동시키거나 또는 두 가지 모두 변동시키면, 실질통화량이 변동하게 되고, 따라서 화폐공급곡선은 이동하게 된다. 예를 들어 일정한 물가수준 하에서 중앙은행이 명목화폐공급량을 증가시키면 실질화폐공급량곡선은 오른쪽으로 이동한다.

4.4 균형 이자율 결정

이자율은 금융정책의 효과를 논의하는데 있어서 기본적인 주요 변수이다. 이자율결정에 관한 대표적인 이론으로는 고전학파의 실물적 이자론, 케인즈의 유동성선호설이 있다.

1) 고전학파의 실물적 이자론

고전학파는 생산물 중 소비하지 않은 부분인 실물저축이 이자율의 증가함수라고 본다. 즉 이자율을 사람들이 생산물을 현재소비에 사용하지 않고 축적하게 하는 유인으로 파악하여 이자율이 상승하면 이러한 축적유인이 높아져 저축이 증가한다는 것이다. 고전학파는 우하향하는 총투자수요곡선(I^D)과 우상향하는 총저축곡선(S)의 교차에 의하여 균형실질이자율(r_E)이 결정된다.

고전학파의 이자율이론을 실물적 이자이론이라고 하는 것은 바로 실질저축과 실질투자만이 이자율결정에 관여하고 있기 때문이다. 이제 만일 사람들이 종전보다 근검절약하는 저축의욕이 고취된다면 모든 이자율수준에서 종전보다 더 저축하게 되기 때문에 저축곡선이 S'와 같이 오른쪽으로 이동한다. 그 결과 새로운 균형실질이자율은 종전보다 낮은 r_E'가 되고 저축과 투자는 증가한다.

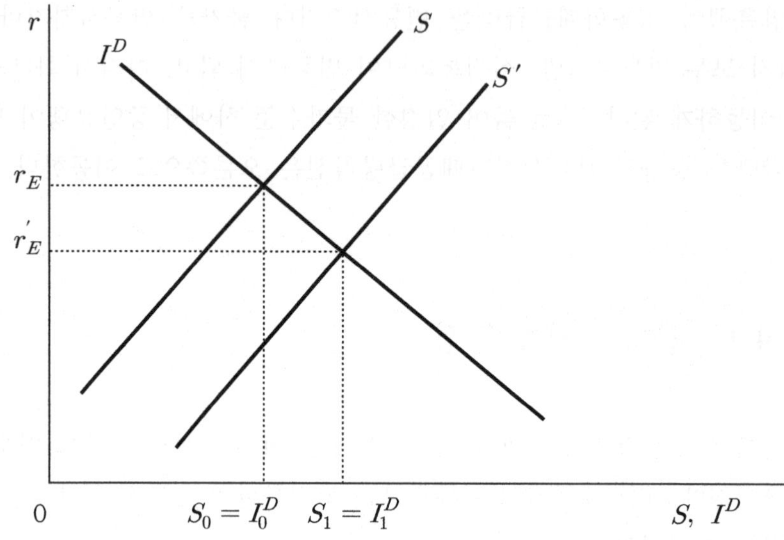

[그림 4-4] 고전학파의 이자율결정이론

정부부문을 고려하지 않는 민간경제에서 총투자수요(I^D)=총저축(S)은 앞에서 말한 바와 같이 $C+I^D=C+S$, 즉 생산물시장의 균형조건인 총수요(Y^D)=총공급(Y^D)과 같다. 정부부문이 추가되는 혼합경제에서 균형조건은 총투자수요(I^D)=총저축=민간저축+정부저축이 되는데 민간저축은 앞에서처럼 S 이고 정부저축은 조세수입(T)−정부지출(G)로 정의된다. 따라서 균형조건은 다음과 같다.

$$I^D(r) = S(r) + (T-G)$$

2) 케인즈의 화폐적 이자론

고전학파에서의 이자율은 생산물시장에서 결정되는 실질현상 혹은 실물적 현상이라고 하였다. 반면 케인즈는 이자율이 화폐시장에서 화폐의 수요와 공급에 의하여 결정되는 화폐적(=명목적)인 현상이라고 보았다. 실질화폐에 대한 수요는 실질국민소득의 증가함수이고 이자율의 감소함수로 하였다. 화폐의 공급은 금융정책당국이 일정수준으로 결정할 수 있다. 금융정책당국이 이자율수준에 관계없이 화폐의 공급량(M^S)을 일정수준(M_0)으로 유지한다고 가정하면 이자율은 화폐수요에 의해서 결정된다.

$$M^D = P \cdot L(Y,\ r) = M_0 = M^S$$

위의 화폐시장균형조건식에서 물가(P)와 실질국민소득(Y)을 알면 $M^D = M^S$가 되도록 이자율(r)이 결정된다. 케인즈의 단순모형에서는 물가수준이 일정하게 주어져 있다고 묵시적으로 가정한다. 그리고 실질국민소득은 생산물시장에서 총수요의 크기에 의하여 균형국민소득수준(Y_E)으로 결정되어 있다. 따라서 물가와 국민소득을 알고 화폐공급량이 주어져 있을 때 화폐시장을 균형시켜 주는 균형이자율(r_E)이 결정되는 것이다. 이를 그림으로 표시하면 아래와 같다.

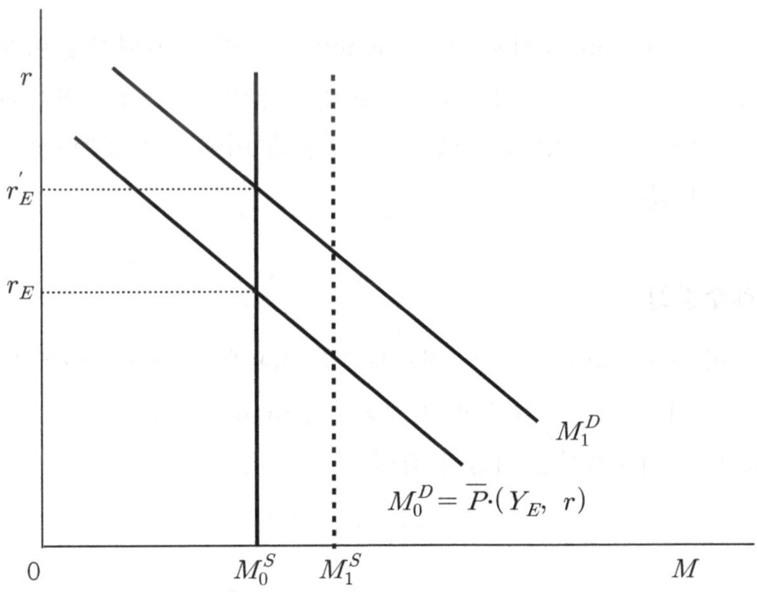

[그림 4-5] 케인즈의 이자율 결정이론

[그림 4-5]를 살펴보면 화폐시장에 외생적으로 주어져 있는 물가나 국민소득이 상승하면 화폐수요곡선이 M_1^D와 같이 상방으로 이동하여 균형이자율이 상승한다. 통화당국이 통화공급량을 증가시키면 수직의 통화공급곡선이 오른쪽으로 이동하여 이자율이 하락한다.

이처럼 케인즈는 이자율이 생산물시장의 실물적 요인과는 관계없이 화폐시장에서 독자적으로 결정되는 명목적인 현상이라고 보았다. 이자율결정이론에 관한 케인즈의 공헌은 고전학파가 이자율은 실물적 요인만에 의하여 결정된다고 보는 것에 대하여 화폐적 요인도 이자율결정에 영향을 미친다는 것을 깨우쳐 주었다는 점에 있다.

4.5 화폐수량설

화폐수량설(quantity theory of money)은 그리스, 로마시대 이래로 인정되고 있는 이론으로 고전학파 화폐이론의 핵심이다. 이것은 화폐수요에 대한 가장 전형적인 초기이론으로 볼 수 있는데 이에는 거래수량설과 현금잔고방정식이 있다.

1. 거래수량설

어빙 피셔(Irving Fisher)는 화폐보유의 비용을 제외한 요인들(물가수준, 실질소득, 지불관습)을 잘 알려진 교환방정식(equation of exchange)에 통합하였다. 교환방정식은 다음과 같이 표시된다.

$$MV \equiv PT$$

여기서 M은 통화량(M1 또는 M2 등), V는 화폐의 거래유통속도(transactions velocity of money), P는 물가수준, 그리고 T는 거래량을 나타낸다.

화폐의 거래유통속도란 일정기간동안에 일어난 모든 재화의 거래에서 화폐의 각 단위가 평균적으로 몇 번씩 사용되었는가 하는 사용회수, 즉 회전수를 말한다. 예컨대, 어떤 경제에 100원 짜리 동전 1개와 1,000원 짜리 지폐 한 장만 있어서 이 경제의 통화량이 1,100원이라고 하자. 그런데 일정기간(하루도 좋고 일 년도 좋다)동안에 100원 짜리가 5번 사용되었고 1,000원 짜리가 3번 사용되었다면 평균적으로 1원이 몇 번 사용되었는가를 나타내는 것이 V이므로 V=(5×100+3×1,000)/(100+1,000)=3.18이다. 이것은 이 경제에 존재하는 화폐의 각 단위가 그 기간 동안에 평균적으로 3.18번 거래에 사용되었다는 것을 의미한다. 그러나 이 V는 화폐의 회전수를 일일이 추적하여 계산될 수는 없으며 보통은 PT를 M으로 나누어 계산한다.

교환방정식은 일정기간동안의 총거래액(PT)이 총화폐지출액(MV)과 같다는 자명한 사실을 나타내는 항등식이다. 이 때문에 식 〈10-1〉은 '='이 아니라 '≡'로 연결되어 있다. 앞에서 V를 구하기 위하여 PT를 M으로 나눈 것은 이러한 사실을 반영하는 것이다. 위의 교환방정식은 거래개념을 사용한 것이나 소득개념으로 보는 것이 더 일반적이다. T(거래량)는 일정기간동안의 최종생산물의 거래뿐만 아니라 중간생산물의 거래까지도 포함하는 개념이다. 소득형의 교환방정식이란 거래량 개념 대신 최종생산물 개념을 사용한 것으로 다음과 같이 표현된다.

$$MV \equiv PY$$

여기서 M은 통화량, P는 물가수준으로 식 〈10-1〉과 같다. 그러나 Y는 최종생산물로 실질GDP(소득)를 나타내며 V는 화폐의 소득유통속도(income velocity of money)로서 최종생산물의 구매에 화폐 1단위가 평균적으로 몇 번 사용되었는가를 나타내는 것이다. 따라서 V는 거래형의 교환방정식에서는 거래유통속도를 나타내고 소득형의 교환방정식에서는 소득유통속도를 나타내는데 그 기본적 의미는 유사하다.

이 식은 여러 가지로 해석이 될 수 있지만 여기에서 우리에게 가장 관심이 있는 해석은 M이 경제전체의 화폐수요를 의미하는 것으로 보는 해석, 즉 화폐수요이론으로 보는 해석이다. 이 식을 다음과 같은 화폐수요함수로 변형시켜 볼 수 있다.

$$M^d = \frac{PY}{V}$$

이와 같이 보는 것이 교환방정식의 화폐수요이론적 해석인데 여기서 먼저 지적할 것은 교환방정식에서의 화폐는 교환수단으로서의 기능만 한다는 것이다. $MV \equiv PT$과 $MV \equiv PY$에서 명백하듯이 화폐는 다만 교환의 목적으로만 소지되지 다른 목적으로는 보유되지 않는다.

$M^d = \frac{PY}{V}$에서 보면 화폐수요에 영향을 미치는 요인은 물가수준(P), 실질산출량(소득)(Y), 그리고 유통속도(V)이다. 유통속도란 거래관행 및 제도를 반영하는 것이다. 따라서 이 이론에서는 화폐수요에 영향을 미치는 요인으로서 화폐보유비용을 명시적으로 고려하지 않고 있는 것이 특징이다. $M^d = \frac{PY}{V}$에서 화폐수요는 P, Y와는 같은 방향으로, 같은 비율로 변화하며 V와는 반대방향으로, 같은 비율로 변화한다. 즉, 물가가 10% 상승하면 다른 조건이 주어져 있는 상태에서 화폐수요도 10% 증가한다.

그러면 왜 이러한 이론을 화폐수량설이라고 하는가? 그것은 통화량의 일정률(예컨대, 10%)의 변화의 효과는 물가의 일정률(10%)의 변화를 가져온다는 고전적 화폐이론의 결론에 기인한다. 그래서 교환방정식은 통화량과 물가수준 사이에 비례적인 관계가 있음을 주장하는 물가이론이라고도 한다. 그러면 어떻게 해서 그런 결론이 나오게 되는가? $M^d = \frac{PY}{V}$은 화폐수요를, 그리고 $M^s = \overline{M}$에서 본 바와 같이 화폐공급은 외생적으로 주어진다. 따라서 화폐시장에서의 균형(화폐수요=화폐공급)은 다음과 같이 된다.

$$\overline{M} = M^s = M^d = \frac{PY}{V}$$

즉, $\overline{M}=\frac{PY}{V}$이다. 여기서 $\overline{M}$는 통화량의 크기가 주어져 있다는 것을 나타내고 있다.[20] 이것은 $MV \equiv PY$와 같은 교환방정식이 화폐시장의 균형상태를 나타내는 것이라고 해석하는 것이다.

고전학파에 의하면 유통속도(V)는 인구밀도, 상거래관습, 금융발전정도, 수송의 신속성 및 그 외의 기술적, 제도적 요인에 의해 좌우되는 사람들의 지불관행에 의해 결정되므로 적어도 단기적으로는 고정되어 있다고 본다. 그리고 Y(실질산출량) 역시 기술수준과 가용자원에 의해 결정되므로 항상 완전고용수준에서 일정하다고 본다. 따라서 $\overline{M}=M^s=M^d=\frac{PY}{V}$에서 V와 Y가 고정되어 있으므로 통화량의 변화는 물가를 동일한 비율로 변화시키며 나아가서는 명목산출량(PY)을 동일한 비율로 변화시키며 이것이 피셔의 거래수량설의 핵심이다. 물론 V나 Y가 고정되어 있지 않다면 통화량의 변화가 물가를 동일비율로 변화시키지는 않을 것이다. 따라서 화폐수량설의 결론은 이러한 가정의 적합성에 달려 있는데 사실상 케인즈는 화폐수요의 결정요인의 하나인 V가 화폐보유비용과 밀접히 관계되며 또 V가 상당히 불안정하기 때문에 통화량의 변화는 P(나아가서는 PY)에 영향을 미치지 못할 수도 있다고 본다.

2. 현금잔고방정식

현금잔고방정식(cash balance equation)은 마샬(A.Marshall)에 의해 정립된 이론으로서 교환방정식과 마찬가지로 통화량과 물가간의 관계를 정식화한 것이기 때문에 화폐수량설의 한 형태로 본다.

화폐경제란 화폐를 이용한 간접교환경제이므로 교환 또는 거래를 하기 위해서는 화폐를 보유하고 있어야 한다. 앞의 교환방정식에서는 교환수단으로서의 화폐의 기능만이 반영되어 있었다. 그래서 V나 T에 관심의 초점이 주

20) 통화량의 크기를 나타낼 때는 그냥 M이라고 표시하여도 무방하다.

어져 있었다. 그러나 현금잔고방정식에서는 보다 넓은 의미의 화폐의 기능을 인정하고 있다. 즉 화폐는 교환의 매개체만이 아니라 여러 가지 부의 보장수단중의 하나이며, 화폐가 제공하는 서비스 때문에 부의 일부로 소지되며 교환을 촉진시키는 것은 화폐의 여러 서비스 중의 하나에 불과하다고 보는 것이다. 따라서 현금잔고방정식에서는 화폐가 갖는 가치보장동기(즉, 저축수단으로서의 기능)가 어느 정도는 부각되고 있다고 볼 수 있다.

그러면 현금잔고방정식은 어떻게 정식화되어 있으며 어떤 의미를 갖고 있는가? 교환방정식과는 달리 화폐수요를 명시적으로 나타내고 있는 현금잔고방정식은 캠브리지학파의 화폐수요함수로서 $M^d = kPY$와 같이 표현되며 화폐시장의 균형조건은 $\overline{M} = (M^s = M^d =)kPY$과 같이 된다. 즉

$$M^d = kPY$$
$$\overline{M} = (M^s = M^d =)kPY$$

여기서 k는 명목산출량(PY)에 대하여 사람들이 보유하고자 하는 화폐량의 비율을 나타내는 것으로 흔히 마샬의 k(Marshallian k)라고 한다. $M^d = kPY$를 $M^d = \frac{PY}{V}$과 비교해 보면 k는 교환방정식에서의 $1/V$에 해당된다. 즉, k가 크다는 것은 V(화폐의 소득유통속도)가 작다는 것을 의미하며 k가 작다는 것은 V가 크다는 것을 나타내며 따라서 V가 갖는 의미를 그대로 k가 갖고 있다고 볼 수 있다.

따라서 $M^d(=kPY)$, $\overline{M}(=(M^e = M^d =)kPY)$ 는 사람들이 거래에 필요한 구매력의 확보를 위하여 화폐를 소득(PY)의 일부(k)만큼 보유한다는 것을 의미한다. 이 식에서 화폐수요에 영향을 미치는 요인은 P(물가수준), Y(실질산출량 또는 소득), 그리고 k이다. 이 k는 화폐수요에 영향을 미치는 기타의 여러 요인(거래관습, 화폐보유비용 등)을 나타내는 것으로 해석할 수 있다. 따라서 화폐수요이론으로서 교환방정식과 현금잔고방정식은 외형적으로는 k=1/V이라는 변형 외에는 아무런 차이가 없다고 할 수 있다. 그러나

실질적으로는 이론형성의 관점, 화폐의 기능, 그리고 화폐수요요인으로서의 k의 포괄적 의미 등에서 현금잔고방정식은 보다 발전한 이론으로 볼 수 있다.

그런데 사람들의 화폐수요는 화폐의 실질구매력에 대한 수요이므로 실질통화잔고(real money balance) 또는 실질통화량에 대한 수요로 볼 수 있다. 실질통화잔고란 화폐의 실질적인 구매력을 말하며 이것은 명목통화량(M)을 물가수준으로 나눈 것(=M/P)이므로 $M^d = \frac{PY}{V}$는 다음과 같이 변형하여 나타낼 수도 있다.

$$\left(\frac{M}{P}\right)^d = kY$$

이 식이 의미하는 것은 실질통화잔고에 대한 수요는 실질산출량의 크기에 비례한다는 것이다.

그러면 현금잔고방정식이 제시하는 통화량변화의 효과는 무엇인가? 왜 이것을 화폐수량설이라고 하는가? 이것은 통화량의 변화가 물가에만 영향을 미치며 실질산출량에는 아무 영향도 미치지 않는다는 결론(화폐의 중립성) 때문이다. 어떻게 해서 이런 결론이 나오느냐 하는 것은 교환방정식의 경우와 마찬가지로 설명할 수 있다. $\left(\frac{M}{P}\right)^d = kY$에서 화폐수량설론자들은 k는 V와 마찬가지로 거래관습을 포함한 경제적, 사회적 관행 및 제도에 의하여 정해지는 상수로 보며 또 Y도 공급측 요인에 의하여 결정되며 완전고용수준에서 일정하다고 보기 때문에 통화량의 변화는 물가의 변화, 그리고 그에 따른 명목산출량(PY)의 변화만을 초래할 뿐이다. 요컨대, 화폐수량설에서의 화폐수요는 화폐공급과 작용하여 물가의 결정에 영향을 미친다는 점에서는 어느 형태든 차이가 없다. 그러나 앞에서도 언급했듯이 이러한 k나 V의 변화가능성, 특히 화폐보유비용의 변화에 따른 이들의 변화가능성이 고전적인 화폐수량설의 결론을 변화시킬 수 있는 핵심이 된다.

연습문제

01 유동성 함정에 대한 설명 중 옳지 않은 것은?

① 중앙은행이 통화량을 늘려도 이자율이 하락하지 않아 통화정책의 효과가 나타나지 않는 상태이다.
② 정부 지출이 증가해도 이자율이 상승하지 않기 때문에 재정정책의 효과가 극대화된다.
③ 화폐수요가 이자율에 대해 무한탄력적인 상태이다.
④ 물가상승에 대한 압력이 크게 나타난다.
⑤ 대표적인 사례로 2008년 글로벌 금융위기를 꼽을 수 있다.

02 화폐의 중립성에 대해 설명하시오.

03 화폐수량설에 따르면 화폐수량방정식은 MV=PY이다. 이데 대한 설명으로 옳은 것은?
(단, M은 통화량, V는 화폐유통속도, P는 가격, Y는 산출량이다.)

① 중앙은행이 통화량을 증가시키면 산출량의 명목가치는 통화량과는 독립적으로 변화한다.
② 중앙은행이 통화량을 급격히 감소시키면 인플레이션이 발생한다.
③ 산출량은 통화량이 아니라 생산요소의 공급량과 생산기술에 의해 결정된다.
④ 화폐유통속도는 오랜 기간에 걸쳐 일반적으로 불안정하다고 가정한다.

04 다음 중 화폐시장에 초과수요가 나타날 때 발생하는 현상이 아닌 것은?

① 이자율 상승
② 채권 가격 하락
③ 채권 수익률 상승
④ 채권시장에 초과공급이 존재
⑤ 채권과 같은 금융자산에 대한 수요 증가

05 중앙은행이 국공채를 매각하고 국내에 체류하는 외국인 노동자의 수가 크게 늘었을 때 균형국민소득과 균형물가수준에 대한 설명으로 옳은 것은?

① 균형국민소득은 증가하고, 균형물가수준은 하락한다.
② 균형국민소득은 증가하고, 균형물가수준의 변화는 알 수 없다.
③ 균형국민소득은 감소하고, 균형물가수준은 상승한다.
④ 균형국민소득은 감소하고, 균형물가수준은 하락한다.
⑤ 균형국민소득의 변화는 알 수 없고, 균형물가수준은 하락한다.

06 화폐수요 $L=0.2y-5r$ 이고 명목 화폐 공급량이 150, 가격 수준 $P=1$일 경우 화폐의 수요와 공급의 균형을 이루는 소득과 이자율의 관계를 구하여라.

제 5 장

화폐 공급

5.1 화폐의 기능

화폐는 교환의 매개수단, 회계의 단위, 그리고 가치의 저장수단 및 유동성이라는 네 가지 기능을 가지고 있다. 따라서 이러한 네 가지 기능이 다른 자산들과 화폐를 구분시키는 주요 요소가 된다.

1. 교환의 매개수단(medium of exchange)

교환의 매개수단이란 어떤 재화나 서비스를 사는 사람이 파는 사람에게 주는 지불수단이다. 예를 들어 옷가게에 가서 티셔츠를 사고 돈을 내는 것처럼 물건을 사는 사람이 파는 사람에게 돈을 지불함으로써 거래가 성사된다. 화폐가 보편적으로 받아들여지는 교환의 매개수단이기 때문이다.

2. 회계의 단위(unit of account)

회계의 단위란 물건가격을 정하고 채무를 기록할 때 사용되는 기준이다.

티셔츠 한 벌의 가격이 2만원이고 햄버거 한 개 값은 2천원이라고 하자. 이 경우 티셔츠 한 장의 가격은 햄버거 10개이고 햄버거 한 개의 값은 티셔츠의 1/10벌이라고 말해도 물건 값을 이런 식으로 표시하지는 않는다. 마찬가지로 은행에서 융자를 얻을 경우 원리금 상환액도 화폐단위로 표시되지 재화나 서비스의 수량으로 표시되지 않는다. 이와 같이 경제적 가치를 측정하고 표기할 때에는 화폐를 회계의 단위로 사용한다.

3. 가치의 저장수단(store of value)

가치의 저장수단이란 현재의 구매력을 미래로 이전시키는데 이용되는 수단이다. 어떤 사람이 지금 물건을 팔고 돈을 받으면 그 돈을 가지고 있다가 나중에 다른 물건을 사는데 사용할 수 있으므로 화폐는 가치의 저장수단이다. 물론 화폐가 유일한 가치저장수단은 아니다. 주식, 채권, 부동산, 미술품 등 다른 자산도 있다. '재산(wealth)'이란 단어는 화폐와 여타 자산을 포함한 모든 가치저장수단을 일컫는 말이다.

5.2 화폐의 정의

통화(money)란 현금이나 당좌수표 등과 같이 이자를 낳지 않는 금융자산이다. 이자는 어떤 금융자산이 가지는 유동성을 포기한 대가로서 획득되는 하나의 자산소득이다.

유동성은 어떤 금융자산(혹은 실물자산)을 그 가치(소득)의 변동없이 현금이나 당좌수표 등으로 바꿀 수 있는 능력이다. 그런데 현금이나 당좌수표 등 통화는 일상생활을 영위하는데 있어서 매우 편리한 금융자산이기는 하지만 이자수익을 가져오는 금융자산은 아니다. 그러므로 당좌수표나 현금을 보유하고 있을 때에는 전혀 이자를 획득할 수 없다. 따라서 사람들이 어떤 수준의 이자수익을 추구하려한다면 화폐가 일상생활에서 편리하기는 하지만 유동성을 포기해야만 한다. 이와 같이 사람들이 이자율이 높은 금융자산을 보유할 때 그만큼 그 자산의 유동성은 낮아진다. 그러므로 어떠한 금융자산이든 유동성이 크면 클수록 그 수익성이 낮지 않을 수 없다. 예를 들어 주식 및 채권, 정기예금자산 등과 같은 금융자산은 현금이나 당좌수표보다 수익성이 높겠지만 유동성이 상대적으로 낮다. 반면에 현금이나 당좌수표는 정기예금자산이나 주식 및 채권에 비해 큰 유동성을 가지지만 이자수익을 전혀 낳지 못한다.

이와 같이 이자를 낳지 않는 자산으로서의 통화는 흔히 좁은 의미와 넓은 의미로 나누어 정의된다. 일반적으로 좁은 의미에서의 통화를 M_1이라 표시하고 넓은 의미에서의 통화를 M_2라 표시한다.

1. 통화(M_1)

통화란 가장 좁은 의미의 화폐로서 지불수단으로서의 기능을 중시하여 민간이 보유하고 있는 현금에다 은행의 요구불 예금을 합한 것으로 정의된다. 현금은 지폐와 동전이다. 여기서 민간이란 은행이 아닌 민간을 의미한다. 은행이 보유한 현금은 금고에 보관되어 있어서 시중에서 직접 일상적인 거래에 지불수단으로 사용되는 것이 아니기 때문에 통화에서 제외된다. 은행을 제외한 민간이 보유한 현금을 현금통화라고도 한다.

요구불예금(demand deposit)이란 고객이 요구할 때 은행이 즉시 지불해 주어야 하는 예금을 말한다. 요구불 예금이 가장 좁은 의미의 통화량 개념인 M_1에 포함되는 이유는, 사람들이 요구불 예금을 기초로 수표를 발행하고 이 수표가 현금 대신 지불수단으로 광범위하게 사용되기 때문이다. 요구불 예금을 예금통화라고도 한다. 우리나라에서는 당좌예금·보통예금·별단예금·가계종합예금 등이 요구불 예금에 속한다. 즉 통화는 아래의 관계식으로 설명할 수 있다.

통화(M_1) = 민간보유 현금(현금통화) + 은행의 요구불예금(예금통화)

2. 총통화(M_2)

총통화는 통화는 물론이고 은행의 저축성 예금과 거주자외화예금까지도 화폐로 보는 통화지표이다. 저축성예금과 거주자외화예금을 통화(M_1)와 구분하여 준통화(near money 또는 quasi-money)라고 한다.

총통화(M_2) = 통화(M_1) + 준통화
= 통화(M_1) + 저축성예금 + 거주자외화예금

3. 총유동성(M_3)

가장 넓은 의미의 통화지표로서

총유동성(M_3) = 총통화(M_2) + 비통화금융기관 예수금
+ 금융채권 발행액 + 상업어음 매출액
+ 양도성 예금증서 발행액
+ 환매체 매도액

한편 정책지표로서의 통화지표는 물가나 경제성장 등과 밀접한 관계가 유지되어야 하며 동시에 통화당국에 의해 조정·통제가 가능해야 한다. 따라서 통화당국은 이러한 조건을 가장 잘 충족시키는 통화지표를 선정하여 그것을 중심으로 통화정책을 실시하게 된다. 이와 같은 지표를 중심통화지표라고 한다.

우리나라에서는 1978년 통화(M_1)를 그리고 1979부터 1996년까지는 총통화(M_2)를 중심통화지표로 활용하였다. 1997년에는 복수지표체제가 도입되어 M_2와 $MCT(=M_2+CD+$금전신탁$)$에 대해 목표증가율이 설정되었다. 그러나 1997년 11월 IMF관리체제로 전환된 후 M_3가 중심통화지표가 되었다.

5.3 통화량 결정

한 나라에서 유통되는 화폐의 총량을 화폐공급량(money supply)라고 한다. 화폐의 공급량은 중앙은행에서 공급되는 본원통화와 이것을 바탕으로 일반 시중은행이 창출하는 예금통화에 의해 결정된다.

중앙은행이 직접 조절할 수 있는 화폐의 양은 경제전체에서 유통되고 있는 총화폐량(M_1, M_2, L_f, L 중 어떤 것이든)의 일부에 지나지 않는다.

1. 본원통화

본원통화(reserve money)는 중앙은행이 공급한 통화로서 통화 공급의 기초가 되는 중앙은행의 통화성 부채를 의미한다. 본원통화는 화폐발행액과 대한은지준예치금의 합계로 구성되는데 화폐발행액은 화폐민간보유액과 금융기관의 시재금의 합계이며 금융기관의 시재금과 대한은지준예치금의 합계가 금융기관의 지불준비금이므로 본원통화는 결국 화폐민간보유액(현금통화)과 금융기관의 지불준비금을 합한 것과 같다.

본원통화 = 현금통화 + 지불준비금
= 현금통화 + 중앙은행의 지불준비예치금 + 민간은행보유현금

그런데 현금통화와 민간은행의 보유현금을 합한 것이 화폐발행액이므로, 본원통화는 화폐발행액과 중앙은행에의 지불준비예치금의 합계로 나타난다.

본원통화 = 화폐발행액 + 중앙은행에의 지불준비예치금

즉, 본원통화는 민간부문 보유의 현금통화와 민간금융기관이 보유하는 지불준비금의 합계인 것이다. 이는 본원통화가 중앙은행의 민간부문에 대한 부채총액과 같게 된다는 것을 나타낸다. 그러므로 중앙은행에 의한 본원통

화의 공급은 은행의 대차대조표의 부채의 증감을 통해 나타나게 된다. 따라서 본원통화의 공급은 중앙은행의 대차대조표를 통해서 파악할 수 있다. 중앙은행의 대차대조표는 대변에 본원통화가 차변에 본원통화가 어떠한 자산(대정부여신, 대예금은행여신, 해외자산 및 기타자산)으로 운용되고 있는가가 기입되어 있다. 이는 자산항목의 변화에 의해서 그 부채항목인 본원통화의 공급이 변하게 된다는 것을 나타낸다.

2. 통화량과 통화승수

통화량은 본원적 예금과 파생적 예금을 합한 것과 같다. 본원적 예금은 중앙은행의 본원통화공급에 기인하며, 중앙은행이 정부나 은행에 대출을 행하거나 또는 외화자산이나 유가증권을 매입하는 행위가 민간부문의 본원적 예금의 원천이 된다.

파생적 통화는 신용창조를 통하여 발생하므로 결국 본원통화와 유기적인 관계를 갖는다.

이제 본원통화와 통화량간의 관계를 보다 명확히 살펴보도록 하자. 우선 식 (1)에서 본 바와 같이 본원통화를 B, 화폐발행액을 N, 그리고 일반은행의 중앙은행예치금을 D_b라고 하자. 본원통화는 화폐발행액과 민간은행예치금의 합과 같다.

$$B = N + D_b$$

화폐발행액을 (N)은 민간보유량(C)과 은행이 보유하고 있는 은행시재금(N_b)으로 구성되므로 식(4)는 다음과 같이 고쳐 쓸 수 있다.

$$B = C + N_b + D_b$$

한편, 은행시재금(N_b)과 중앙은행예치금(D_b)은 바로 일반은행의 지불준비금(R)을 의미한다. 따라서 다음과 같이 본원통화는 민간보유현금과 민간은행의 지불준비금의 합과 같다.

$$B = C + R$$

한편, 통화량(M)은 민간화폐보유량(C)과 요구불예금(D)으로 구성되어 있다.

$$M = C + D$$

따라서 파생적 통화량은 다음과 같이 구할 수 있다.

$$M - B = D - R$$

본원통화를 기초로 하여 어느 정도의 파생적 통화의 창조가 가능한가에 따라 본원통화와 전체의 통화량 사이에는 함수관계가 성립한다.

$$M = mB$$

한편 본원통화와 통화량간의 비율을 통화승수(money multiplier)라고 하는데, 그 크기는 신용창조의 규모에 따라 결정된다.

$$m = \frac{1}{c + r(1 - c)}$$

c는 통화량에서 현금이 차지하는 비율을, 그리고 r은 법정지불준비율을 의미한다.

위의 식을 토대로 통화량에 대해 정리하여 보면, 통화량은 본원통화공급이 클수록, 법정지불준비율이 낮을수록, 현금통화율이 낮을수록, 또한 초과지급준비율이 낮을수록 증가한다고 볼 수 있다.

3. 예금통화의 창조

은행은 하나의 공공적 성격을 띠는 경영체로서 보통의 기업과 마찬가지로 이윤극대화를 추구하는 사적기업이다. 그러나 은행이 타기업과 다른 점은 자기자본의 비율이 아주 낮다는 점과 예금화폐를 창조한다는 점이다. 즉,

은행은 자기자금을 재원으로 한 대출업무를 주요 업무로 하는 것이 아니라 타인자금의 대차를 중개하는 업무를 주로 한다는 것이다.

은행의 업무는 대체로 수신업무와 여신업무로 크게 분류할 수 있다. 우선 은행의 주요 수신업무로는 예금의 유치와 중앙은행이나 다른 은행으로부터 차입에 의한 자금조달업무를 들 수 있다. 은행의 주요 여신업무로는 어음할인, 대부, 유가증권투자 등을 들 수 있다.

이와 같이 수신과 여신업무를 행하는 은행이 이윤을 추구하는 과정에서 발생하는 부산물이 바로 신용창조(credit creation)이다. 은행은 예금 중 일부만을 지불준비를 위하여 남겨두고 나머지는 대출한다. 이러한 대출은 흔히 은행에 대한 예금을 증가시키는 형태를 취하게 된다. 요구불예금의 창조는 은행의 가장 중요 기능 중의 하나이다.

일반은행의 신용창조는 은행에 예금된 금액 중 일부를 대출함으로써 이루어진다. 은행에 대한 예금을 기초로 하여 대출이 이루어지고, 이러한 대출금이 다시 은행에 예금된다고 보면 새로운 화폐가 창출되었다고 볼 수 있다. 최초의 예금을 본원적 예금이라 하며, 이를 기초한 대출을 통하여 발생한 예금을 파생적 예금이라고 한다. 따라서 통화량은 민간보유의 본원적 예금과 파생적 예금을 더한 것과 같다.

5.4 통화정책

1. 통화정책의 개념

통화정책 또는 화폐정책은 정부와 중앙은행 등이 한 국가의 화폐 공급, 유용성, 화폐가치, 금리 등을 경제 성장이나 안정성을 유지토록 하기 위해 수행하는 일련의 조치를 의미한다.

통화정책의 목표는 시대에 따라 조금씩 바뀐다. 일반적으로 물가수준의 안정, 완전고용의 달성, 고용의 확대, 경제성장, 국제수지 균형, 환율 안정 등이 통화정책의 목표가 될 수 있다. 우리나라도 마찬가지지만 대부분의 국가에서 물가안정을 가장 중요한 통화정책의 목표로 삼고 있다.

2. 통화정책의 수단

1) 재할인율 정책

중앙은행은 은행의 은행이다. 따라서 금융기관, 증권회사 등의 금융기관을 대상으로 예금 수취나 대출을 수행한다. 중앙은행의 대출은 민간금융기관이 할인한 상업 어음의 재할인, 민간은행이 발행한 어음의 할인이나 어음 대부 등의 형태를 취한다. 중앙은행이 민간은행에 대해 대출할 때의 이자율이나 어음의 재할인에 적용되는 기준금리가 재할인율(discount rate)이다. 중앙은행이 민간은행 등의 금융기관에 대해, 재할인율[21]의 변경이나 대출의 담보물이 될 수 있는 적격어음의 범위 조정 및 민간은행 조직에 대한 대출의 기준 또는 한도의 변경 등을 통해서, 민간금융기관의 지급준비, 시장이자율 및 통화량을 조절하는 정책수단이 재할인율정책(공금리조작)이다.

중앙은행이 재할인율을 인하하면 민간은행은 자금차입비용이 낮아지므로 중앙은행으로부터의 차입증가가 유리하게 된다. 따라서 민간은행은 중앙은행으로부터 차입을 증가하고, 민간은행의 차입증가에 의해 민간은행의 중앙은행에의 예금이 증가된다. 중앙은행의 예금은 본원통화로 되므로, 그 결과 본원통화가 증가되고 화폐공급량이 증가한다. 재할인율 인하로 인해 민간은행의 대출이자율이 하락되므로, 기업의 차입금리가 하락하고, 기업의 투자

---

21) 재할인율(再割引率)은 중앙은행(대한민국의 경우 한국은행.)이 대출할 경우에 적용되는 금리를 가리킨다. 재할인율은 통화가치를 안정시키기 위해 취하는 금융 정책에 있어 가장 중요한 무기이다. 즉, 경기가 과열하고 인플레이션 우려가 있을 때 재할인율을 올리면 시중 금융기관의 금리는 상승하고 기업은 자금에 대한 수요를 감소시킨다. 경기가 침체하고 디플레이션 경향이 될 때에는 재할인율을 낮춤으로써 자금 수요를 환기시켜 이에 따라 경제활동이 활발하게 된다. 결국 시중의 통화량을 재할인율로 조절하고, 경기를 안정시키는 역할을 재할인율의 변경으로 할 수 있는 것이다.

가 증대된다. 따라서 총수요가 증가되고 GDP가 상승하게 된다. 재할인율 상승의 경우 반대로 나타난다.

물론 공금리의 변동이 총수요 미치는 효과는 경제상태에 따라 달라진다. 투자가 이자에 대해 비탄력적인 경우 이자율(금리)의 저하에 의해서 민간부문의 투자수요가 늘어나지 않게 되므로, 자금수요가 증가되지 않는다. 따라서 중앙은행이 재할인율을 인하해도 민간은행의 중앙은행으로부터의 차입은 크게 증가하지 않는다. 그렇지만 재할인율 인하가 기업의 기대형성에 영향을 주게 된다. 중앙은행의 재할인율은 중앙은행이 경기판단 및 정책방침을 공식적으로 표명한 것이기 때문에 이는 시중금융기관이나 기업 등의 민간부문의 경기동향에 관한 예측을 변화시킨다. 예를 들어 재할인율을 인하하면 기업은 경기상승을 기대하고 설비투자를 증가시키고 생산을 확대한다. 이처럼 중앙은행의 재할인율 정책의 변경이 기업 또는 가계에 주는 이러한 효과를 공시효과(announcement effect)라고 한다.

2. 공개시장조작

공개시장조작은 공개시장정책(open market policy)으로 중앙은행의 입장에서 보아 매입조작(매입 오퍼레이션)과 매각조작(매각 오퍼레이션)이 있다. 매입조작은 중앙은행이 증권을 사들여 매입대금을 치르는 일로서(중앙은행이 지불하는 돈은 모두 현금임), 그 대금은 증권 판매자의 거래은행에 예금되어 그 은행의 현금 준비가 그만큼 증가한다. 매각조작은 중앙은행이 증권을 팔아 매각대금을 받는 일로서(중앙은행이 받는 돈은 모두 현금임), 그 대금은 증권을 사들인 자의 거래은행 예금에서 지불되어, 그만큼 그 은행의 현금 준비가 감소한다. 이처럼 중앙은행이 직접 또는 중매인을 통하여 증권을 매매하면, 시중은행의 현금 준비가 증감하여 은행의 대출 능력과 의욕이 변동되며, 이를 통하여 금융조절이 이루어진다.

공개시장 조작은 금융당국은 금융시장에서 교란요인의 발생으로 민간은행의 지불준비가 바람직하지 못하다고 판단될 때 실시하게 된다. 금융당국이 일반적으로 수동적, 방어적 목적에서 공개시장조작을 실시하므로 시간이 길면 그 효과가 상쇄될 수도 있다. 따라서 중앙은행과 민간금융기관 간에는 일정한 기간을 정해서 채권을 다시 매매하는 환매조건부 매매를 행하는 경우가 많다. 즉, 공개시장조작은 단기에는 효과가 나타난다고 할지라도 장기적인 금융시장구조를 변경하기에는 무리가 있다.

3. 지불준비제도

예금화폐는 은행에 대한 예금을 기초로 발행되는 수표를 말하는데 이러한 수표발행기능은 많은 금융기관에서 하고 있지만 이러한 기능을 하는 가장 중요한 금융기관은 역시 은행이다.

은행도 근본적으로는 다른 어느 사업체와 별로 다를 바 없는 일종의 영리기업체이다. 따라서 은행은 민간으로부터 예금을 받아 그것을 대출하거나 유가증권에 투자함으로써 수익을 얻는다. 그러나 은행은 예금받은 돈을 모두 수익자산에 투자할 수는 없다. 왜냐하면 그런 경우에는 갑자기 예금자가 예금을 찾으러 오게 되면 예금을 내줄 수 없게 되고 그렇게 되면 실용을 바탕으로 하는 금융이 성립될 수 없기 때문이다. 그렇다고 창고업이나 수화물 보관소처럼 예금된 돈을 그대로 금고에 보관해 두고 있다가 예금을 찾으러 오면 내주는 것도 아니다. 물론 은행의 초기에는 그와 같이 100% 준비금을 보유하던 시절도 있었으나 모든 예금주들이 모두 동시에 예금을 인출해 가는 경우는 거의 없으며 매일같이 누군가가 예금을 인출하면 다른 누군가가 예금하는 것이 일반적이므로 예금액의 일부분만을 지불준비금으로 보유하여도 충분하게 되었다. 이러한 제도를 부분지불준비제도라고 하며 이 제도에 의하여 비로소 은행은 예금화폐를 창조할 수 있게 되었다.[22)]

22) 이 제도에 의해 은행은 자기자본을 아주 적게 갖고도 영업을 할 수 있게 되며 따라서 이윤을 극대화하기 위하여 위험을 무릅쓰려는 경향을 갖게 된다. 이러한 현상을 도덕적 해이라고 한다는 것을 이미 보았다. 그러나 은행은 영리기업이면서 또 공공기관으

이와 같은 제도아래서 법에 의하여 은행이 반드시 보유하고 있어야 하는 예금액의 부분을 법정(필요)지불준비금(legal reserves, required reserves)이라고 하며 예금 1단위당의 비율을 법정(필요)지불준비율(legal reserve ratio, required reserve ratio) 또는 줄여서 법정지준율이라고 한다. 현재 우리나라의 경우 법정지불준비율은 저축성예금에 대하여 2.0%, 요구불 예금에 대해 5.0%이다.[23] 준비금의 상당부분은 이러한 법정지불준비금으로 구성된다. 그러나 오늘날 법정준비금의 주된 기능은 예금인출요구에 대한 지불능력의 보장기능이 아니라 예금은행이 창조할 수 있는 요구불예금의 크기를 중앙은행이 통제하고 따라서 통화량의 크기를 통제하려는 정책수단으로서의 기능이라는 점을 지적할 필요가 있다.

그러나 은행은 꼭 법정지불준비금만큼만 준비금을 보유하는 것이 아니라 보다 여유 있게 준비금을 갖고 있다. 준비금은 아무런 수익을 가져오지 못하므로 가급적 준비금을 꼭 필요한 만큼만 갖고 있는 것이 바람직함에도 불구하고 그 이상을 갖는 데는 여러 이유가 있을 수 있다. 예를 들면 앞으로 좋은 투자기회가 있을 것으로 예상되기 때문에 준비금을 아껴두는 경우도 있고 중요한 고객이 갑자기 찾아와 대출을 원할 때를 대비하는 경우도 있다. 이와 같이 은행은 예비적 동기로 일부의 여유자금을 갖고 있는데 이와 같이 법정준비금일 초과하는 준비금을 초과지불준비금이라 한다. 따라서 준

로서의 기능도 한다. 예컨대 예금화폐라는 지불수단을 공급하며 경제전체의 지급결제제도를 관리한다. 그러므로 은행이 도산의 위기에 처하게 되면 다른 은행에 까지 영향을 미쳐 경제전체의 거래가 마비가 된다. 즉, 한 은행의 도산이 예상되면 예금자들이 모두 한꺼번에 예금인출을 요구하게 되고 이에 따라 모든 은행이 도산하게 된다. 이러한 문제를 해결하기 위하여 선진제국에서는 예금보험제도를 도입하여 예금자들의 집단적인 예금인출사태를 예방하고 있다. 우리나라도 1996년 7월부터 예금자보호제도를 도입하고 있으며 예금자보호를 담당하는 기구는 예금보험공사이다.

23) 1997년 2월 23일 이후 저축성예금에 2.0%, 요구불예금에 5.0%, 외화예금에 대해서는 1%(그러나 거주자외화예금에 대해서는 7%)의 지준율이 부과되고 있다. 그러나 목돈마련저축, 근로자장기저축, 가계장기저축, 근로자주택마련저축, 장기주택마련저축, 근로자우대저축에 대해서는 1%의 법정지불준비율이 적용되고 있으며 양도성예금증서(CD)에 대해서는 2%의 지준율이 적용되고 있다.

비금은 법정준비금과 초과준비금의 합계이다. 그리고 이 초과준비금을 예금총액으로 나눈 값을 초과지불준비율이라 한다. 따라서 준비금의 예금총액에 대한 비율을 지불준비율이라 하며 이것은 법정지불준비율과 초과지불준비율의 합과 같다.

코로나19는 종이 화폐의 종말을 불러올까?

신종 코로나 바이러스 감염증(코로나19) 사태가 장기화하면서 디지털 화폐 도입에 불을 지폈다. 스웨덴 중앙은행은 연내 디지털 화폐 상용화 테스트를 완료하기로 했다. 최근 중국과 일본을 비롯해 디지털 화폐 도입에 속도를 내는 국가가 늘고 있다. 특히 주요 20개국(G20)까지 디지털 화폐에 포용적인 입장을 취할 것으로 알려지면서 '현금 없는 사회'가 곧 도래할 것이라는 전망에 힘이 실리고 있다. 오는 10월 G20 중앙은행 총재 회의에서 현금을 대신하는 결제 수단으로 디지털 화폐를 사실상 수용하는 방향으로 논의를 시작할 것이라는 관측이 나온다.

감염 우려 탓에 지폐나 동전 등 실물 화폐는 뒷전으로 밀린 것처럼 보인다. 지폐를 주고받는 문화 자체가 사라질 수 있다는 전망까지 나왔다. 하지만 영국 금융감독청(FSA) 청장을 지낸 금융감독 전문가 하워드 데이비스는 실물 화폐의 '종말'을 말하는 것은 시기상조라고 본다. 그는 이번 칼럼에서 코로나19 사태 속 현금과 디지털 화폐 관련 사례와 논란을 나열하면서 현금의 존재 가치를 피력한다.

결과적으로 여러 가지 지불 수단이 공존하는 "혼합경제식 지불 시스템 속에서 살아가게 될 것"이라고 전망했다. 국제통화기금(IMF) 수석 이코노미스트를 지낸 케네스 로고프 하버드대 경제학과 교수가 지금으로부터 4년 전 종이 화폐의 단계적 축소에 대한 당위성을 피력했다. 그는 저서 '화폐의 종말'에서 특히 고액권 지폐가 탈세와 마약 거래를 부추긴다고 주장했다. 1999년 영국에서 나온 한 연구 결과에 따르면, 런던에서 수거한 500장의 지폐 중 단 4장에서만 코카인의 흔적을 발견할 수 없었다. 게다가 현금의 존재는 통화 정책을 제약하기도 한다. 금고를 100달러 지폐로 가득 채우는 투자자가 많다면 각국 중앙은행이 마이너스 금리 정책을 펼치기 어렵다. 로고프 교수의 주장은 당시에는 난해하게 보였지만, 신종 코로나 바이러스 감염증(코로나19) 위기는 미국을 제외한 몇몇 국가에 지폐에 대한 부정적 인식을 퍼뜨렸다. 로고프 교수의 책이 나온 뒤로 현금은 지불 수단으로서 후퇴하고 있다. 가령, 스웨덴에서 크로나 지폐의 종말은 가시권에 들어온 것처럼 보인다.

소액 결제 대부분은 모바일 송금 애플리케이션인 스위시(Swish)를 통해 이뤄지고 있다. 최근 스톡홀름에서 맥주를 사본 사람이라면 알겠지만, 현금 두둑한 지갑만으로 맥주를 살 수 없다. 코로나19 위기는 사람들에게 지폐를 멀리할 또 다른 이유를 만들어줬다.

코로나 바이러스가 지폐를 통해 전염될 수 있다는 말이 퍼졌고 많은 상점에서 '현금 받지 않음(no cash)'이라는 안내문을 내걸었다. 사실, 지폐가 바이러스를 옮길 수 있다는 괴담에는 근거가 없다. 코로나 바이러스는 플라스틱 카드 표면에 더 오래 남아 있으며, '누군가 재채기를 할 때 지폐를 사용하는 것이 아니라면' 지폐는 바이러스 전파의 매개체가 될 수 없다고 영국 에든버러대의 감염 및 면역 전문가 크리스틴 테이트 버커드는 영국 가디언과 인터뷰에서 말했다. 그러나 이미 지폐를 기피하는 현상이 퍼지고 있다.

코로나19 팬데믹(pandemic·감염병 대유행)이 선언된 3월 영국에서 현금 사용량은 60% 이상 줄었다. 거래액도 반 토막 났다. 한 조사에서는 응답자의 75% 정도가 앞으로 현금을 덜 사용할 것이라고 대답했다. 이러한 현상은 선진국을 중심으로 확산했고 디지털 은행과 비은행권 결제 시스템 사업자에게 힘을 실어줬다. 애플페이와 페이팔은 성업 중이다. 지속적인 수익 창출 가능성에 대한 의구심이 커지고 있지만 많은 네오뱅크(neobank)가 이용자 저변을 확대하고 있다. 페이스북의 디지털 화폐인 리브라 지지자들은 리브라 발행을 기다리면서, 규제 당국을 대상으로 리브라가 안정적이며 자금 세탁 방지 규정에도 적합하다고 설득하고 있다. 현금의 입지가 좁아지면서 각국 중앙은행은 디지털 화폐 도입 작업에 속도를 내고 있다. 개인과 기업은 수 세기 동안 지폐를 매개로 중앙은행에 직접적인 권리를 주장할 수 있었다. 현금은 사라지고 디지털 화폐는 논란 없이 도입될 수 있을까.

국제결제은행(BIS)에 따르면 몇몇 중앙은행이 적극적으로 디지털 화폐 도입을 검토하고 있는 가운데 스웨덴 중앙은행인 릭스방크(Riksbank)가 세계 최초로 디지털 화폐인 e-크로나(e-krona)를 상용화할 것으로 보인다.

스웨덴 중앙은행과 민간은행이 합작해 출시한 모바일 송금 애플리케이션 '스위시'. 스웨덴 중앙은행과 민간은행이 합작해 출시한 모바일 송금 애플리케이션 '스위시'. 그렇다면 현금과의 작별이 코앞으로 다가온 것일까. 녹색 지폐는 미래에 자취를 감추게 될까. 쉽사리 답을 내놓기는 어렵다. 이미 현금을 이용한 거래 건수는 감소하고 있지만, 많은 나라에서 유통되는 현금 규모는 증가하고 있는 것으로 나타났다.

BIS에 따르면 지난해 말 이후 유통 중인 화폐 가치는 이탈리아의 경우 8%, 미국은 7% 각각 증가했다. 현금을 가치의 저장소로 보는 사람은 마약상이나 탈세자만이 아니다. 최대 경제 대국으로 성장한 중국만 국내총생산(GDP) 대비 실물 화폐 비중이 감소하기 시작했다. 현금을 취급하는 시설이 사라지는 데 대한 반발 조짐도 일고 있다. 캐나다 중앙은행(Bank of Canada)은 금융 배제 문제를 지적하며 은행 계좌와 카드를 사용할 수 없는 고객의 현금을 받아달라고 소매업자에게 요청했다. 미국 뉴욕·샌프란시스코·뉴저지주는 소매업자가 현금을 거부하지 못하도록 했다. 스웨덴에서조차 스위시 이용자가 마음대로 할 수 있는 것은 아니다. 스웨덴의 행동주의 단체 '현금 반항(Cash Rebellion)'은 가난한 사람들의 종이 화폐 사용 보장 운동을 펼치고 있다. 영국에서는 이용률이 빠르게 떨어지고 있지만, 현금자동입출금기(ATM)의 유지 및 보수를 의무화하는 내용의 '현금 접근성(access to cash)' 대책이 마련됐다. 요약하자면 지폐의 부고를 쓰는 일은 시기상조다. 여전히 현금을 통해 이용할 수 있는 서비스 수요가 강하기 때문이다. 각국 중앙은행이 디지털 화폐를 발행한다면, 한편으로는 페이스북를 배불리는 대신 정부의 화폐주조세를 보장할 수 있다. 그러나 중앙은행이 신용할당 사업을 하려는 것이 아니라면, 전격적인 탈중개화를 피하고 싶을 것이다. 우리는 머지않아 일종의 혼합경제식 지불 시스템 속에서 살게 될 것이다. 현금은 비록 과거보다 중요성이 떨어지더라도 다양한 종류의 카드 및 결제 시스템과 공존하며 제 역할을 하게 될 것이다.

'탈(脫)화폐론자'로 유명한 로고프 교수는 2016년 펴낸 이 책에서 "100달러 이상 고액권을 순차적으로 없애 궁극적으로 동전만 남겨야 한다"라고 주장했다. 지폐를 중심으로 한 실물 화폐는 추적이 어렵기 때문에 마약 거래나 인신매매 등 범죄 집단 자금 유통이나 탈세 수단으로 악용되며, 마이너스 금리의 정책 효과를 반감시키기 때문이다. 금리가 마이너스로 내려가면 사람들은 은행에 화폐를 맡기느니 집에 쌓아놓는데, 이러면 실물경제에 자금을 흐르게 해 경기를 부양시킨다는 애당초 정책 취지가 퇴색된다.

2012년 스웨덴 중앙은행과 민간은행이 합작해 출시한 모바일 송금 애플리케이션이다. 휴대전화 번호와 은행 아이디만 있으면 수수료 없이 송금할 수 있다. 2018년 출시 7년 만에 거래액 4400억크로나(약 60조원) 규모로 성장했다. 반면, 스웨덴에서 최근 오프라인 상점에서 현금으로 결제했다고 응답한 사람의 비중은 약 13%에 그쳤다. 스위시가 현금의 경쟁력 하락에 일조했다는 평가가 나온다. 오프라인 지점 없이 모바일이나 인터넷만으로 금융 서비스를 제공하는 은행을 의미한다. 디지털이나 소셜네트워크서비스(SNS) 등을 기반으로 고객과의 접근 방식을 넓힌 인터넷 은행이라고 볼 수 있다.

미국 컨설팅업체인 액센추어는 올해 네오뱅크가 기존 은행 점유율의 35% 이상을 빼앗을 것으로 전망했다. 또한, 네오뱅크의 확산으로 기존 은행이 25% 이상 사라지게 될 것이라고 봤다. 페이스북은 2019년 6월 미국 달러화나 유로화, 미 재무부 채권 같은 다양한 통화로 구성된 통화 바스켓에 연동되는 단일 디지털 화폐 리브라 출시 계획을 발표했다. 그러자 각국 정치인이나 규제 당국은 리브라가 통화 정책을 통해 시장에 관여하고 시장을 보호하는 중앙은행의 권한을 약화할 수 있다며 우려했다. 또 리브라가 돈세탁 같은 불법 거래에 이용될 수 있다는 우려도 나왔다. 리브라에 대한 전 세계 금융 당국의 반발이 커지자 페이스북은 리브라 사업 계획을 수정한 것으로 보인다. 리브라를 주관할 리브라 협회는 올해 4월 미국 달러화 같은 국가별 현행 화폐의 디지털 버전처럼 작동하는 다양한 리브라 스테이블 코인을 지원할 계획이라고 밝혔다. 스테이블 코인은 가격 변동성을 최소화하도록 설계된 가상화폐로 '1달러=1코인' 등 기존 화폐에 고정된 가치로 발행된다.

〈이코노미조선, 359호 2020년 08월 03일〉

美 돈 풀기 정책에 세계는 '디지털 화폐' 발행 속도

신종 코로나바이러스 감염증(코로나19) 여파로 미국 경제가 코로나19 쇼크에서 쉽사리 벗어나지 못한다. 여기에 미국 연방준비제도(연준)는 천문학적인 돈 풀기 정책을 펼친다. 미국 투자은행 사이에서는 달러화가 기축통화 지위를 잃을 위기에 처했다는 경고가 속속 나온다. 이 같은 우려에 세계 각국은 중앙은행 디지털 화폐(CBDC, 중앙은행이 전자적 형태로 발행하는 디지털 화폐)에 눈을 돌린다.

중국, 유럽, 필리핀에 이어 최근에는 디지털 화폐에 미적지근한 반응을 보였던 일본까지 가세했다. 설계만 제대로 하면 달러 패권에 도전할 수 있는 유일한 도구가 될 수 있기 때문이다. 4일 관련 업계에 따르면 일본중앙은행(BOJ)은 최근 디지털 엔화 시범운용에 본격 나섰다. 기무라 다케시 일본은행 부국장은 최근 아사히신문과 인터뷰에서 "CBDC는 일본은행 내에서 최우선 이슈 중 하나로 다뤄질 것이다"라며 "준비 단계를 넘어 논의를 본격화하겠다"고 밝혔다.

지난달 일본은 '경제정책운영·개혁 기본방침 2020'을 통해 디지털 엔화 도입 방침을 확정하면서 디지털 자산 패권전쟁에 가세했다. 안건에는 디지털 엔화를 관련 있는 국가와 연계하겠다는 내용까지 포함했다. 주요 외신에 따르면 일본중앙은행 CBDC 시범운용은 언제 어디서나 활용할 수 있는 '접근성'뿐 아니라 천재지변과 같은 비상 상황에서도 사용 가능한 '복원력'에 중점을 뒀다.

일본중앙은행은 디지털 엔화가 발행돼도 기존 현금 수요가 있는 한 공급할 계획이다. 현재 일본은 국내총생산(GDP)의 20%에 달하는 높은 현금 유통량을 보인다. 향후 디지털 엔화는 현재 이용할 수 있는 다양한 현금 없는 결제 시스템의 통합을 촉진하게 될 전망이다. 일본 정부의 이 같은 방침은 "디지털 통화 발행은 검토하지 않는다"는 입장을 고수했던 과거와 완전히 다른 양상이다. 앞서 일본 중앙은행은 CBDC가 기존 상업은행에 어떤 부정적인 영향을 끼칠 지 알 수 없다는 이유에서 발행을 꺼려왔다. 업계 일각에선 미국 달러화의 기축통화 지위가 흔들리는 가운데 중국이 디지털 위안화 발행에 속도를 낸 것이 배경이 됐다고 분석한다.

일본이 엔화의 기축통화 체계가 무너질 것을 고려해 입장을 선회했다는 것이다. 국제결제은행(BIS)에 따르면 2019년 기준 국가간 통화거래에서 달러화 비중은 88%를 기록했다. 유로화(32%)와 엔화(17%)가 그 뒤를 이었다. 위안화 비중은 4% 정도로 세계 8위에 해당한다. 일본 디지털 엔화의 구체적인 개발 일정은 아직 공개되지 않았다. 다만 일본은행에서 최근 '디지털통화그룹'이라는 부서를 출범한 만큼, 디지털 엔화 개발 및 도입에 속도가 붙을 것으로 전망되고 있다. 중국은 주요국 가운데 가장 먼저 CBDC 개발에 나섰다.

달러패권 도전 최전방에 서있는 국가인 셈이다. 2008년 글로벌 금융위기 이후 40여개 중앙은행과 위안화 스와프 계약을 맺는 등 위안화의 국제화에 노력해 왔다. 하지만 중국의 도전은 빛을 보지 못했다.

최근 미국 달러 약세에 위안화의 국제화를 서두르는 모습이다.중국은 4월부터 일부 도시를 상대로 CBDC 시범운영을 시작했다. 맥도날드와 스타벅스 등 글로벌 기업 19곳이 참여해 화제를 모았다.

최근에는 디지털 위안화 출시를 앞당기기 위해 4대 국유은행과 차이나텔레콤, 차이나모바일, 화웨이, 메이퇀뎬핑(중국 최대 음식배달업체), 디디추싱 등 다양한 분야의 기업과 협력해 테스트 작업에 돌입했다. 인민은행은 2022년 베이징 동계올림픽까지 디지털 위안화를 발행한다는 목표다. 조만간 올림픽 경기장에서 실증 실험을 진행할 전망이다.

외신에 따르면 중국은 와이파이가 연결되지 않은 상태에서 스마트폰 앱을 통해 송금·결제를 진행할 수 있는 모델을 고려한다. 올림픽을 통해 자국 통화의 국제화 가능 여부를 시험해보고 이를 현실화한다는 목표다.한국은행도 디지털 화폐 연구개발에 속도를 내고 있다.

세계 각국 중앙은행이 디지털 화폐 설계를 마치고 발행하는 단계에 접어들면서 관련 변화의 흐름에 궤를 함께 할 전망이다. 이주열 한은 총재는 한은 창립 70주년 기념사에서 CBDC 연구·개발을 향후 주력 과제로 꼽았다. 그는 "디지털 혁신은 중앙은행 고유 지급결제 영역까지 파급될 수 있다"며 "중앙은행으로서 변화 흐름에 능동적으로 대처해 나갈 필요가 있다"고 말했다. 이 같은 변화에 대응하기 위해 현재 진행 중인 CBDC 연구·개발을 계획대로 추진하겠다는 설명이다. 한은은 올해 9월까지 CBDC를 설계하고 기술 구현을 검토한다. 이후 CBDC 발행 권한과 한은-시중 금융기관-민간과의 법률 관계 등을 모두 따져볼 예정이다. 내년 1월부터 12월까지는 파일럿 시스템을 구축해 시범 운영을 진행한다.

특정 환경에서 CBDC가 지급결제 수단으로 정상적으로 활용될 수 있을 지를 테스트한다. 일각에선 한국은행이 디지털 원화를 발행할 가능성이 미미하다고 본다. 디지털 달러화와 위안화, 엔화, 유로화 등과 겨루기에는 디지털 원화가 갖는 힘이 절대적으로 부족할 가능성이 높다는 이유다.

한국은행 디지털화폐 연구팀과 밀접한 한 금융권 관계자는 “한은은 디지털 원화를 무작정 발행하기 보다는 우선 시범적으로 운영을 해보겠다는데 의미를 부여하고 있다”며 “디지털 달러화와 위안화에 연동되는 환전 모델을 염두에 둘 것으로 보인다”고 말했다.

〈조선비즈, 2020.08.04.〉

점점 더 치열해지는 디지털 화폐 경쟁

화폐의 변화 속도가 빠르다. 화폐는 거래를 매개하는 수단이다. 과거 동전이나 지폐가 거래의 주된 수단이었다면, 이미 신용카드로 전환된 지 오래다. 2019년 신용카드 이용 비중은 43.7%로 현금 이용 비중(26.4%)을 압도하기 시작했다. 모바일 쇼핑이 급격히 증가하면서, 신용카드에서 핀테크 기반의 간편결제로의 전환도 가속화되고 있다. 2021년에는 중앙은행이 발행하는 화폐마저 아날로그에서 디지털로 전환되기 시작하는 분기점이 될 것으로 전망된다.

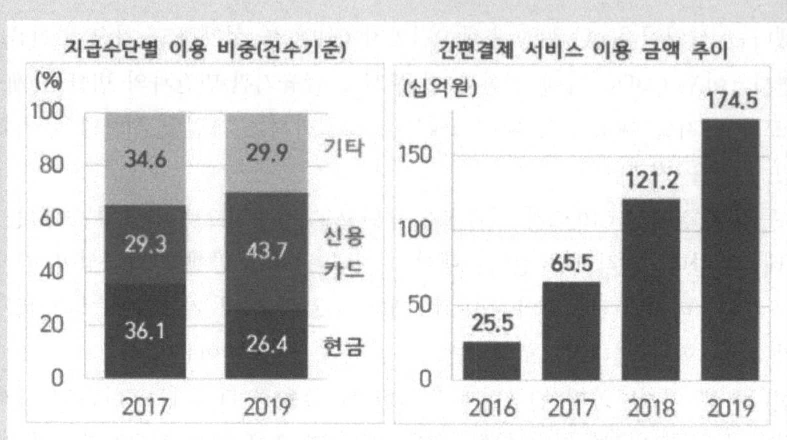

※ 기타에는 체크/직불카드, 계좌이체, 모바일카드, 선불카드/전자화폐가 포함됨 (자료: 한국은행)

① 디지털 화폐란 무엇인가?

디지털 화폐(Digital Currency)란 금전적 가치가 전자적 형태로 저장, 이전 또는 거래될 수 있는 통화를 의미한다. 최근 블록체인, 빅데이터 등의 기술들이 발전하고 다양한 영역에 걸쳐 적용되는 과정에서 다양한 디지털 화폐가 발행되고 있다. 아날로그식 현금에서 디지털 기반의 화폐로의 전환이 일어나고 있는 것이다.

디지털 화폐는 크게 암호화폐(Cryptocurrency), 스테이블 코인(Stable coin), 중앙은행 디지털 화폐(CBDC: Central Bank Digital Currency)로 구분된다. 암호화폐는 블록체인을 기반으로 분산 환경에서 암호화 기술을 사용해 만든 일종의 디지털 화폐다. 암호화폐는 가격변동성이 매우 커 화폐를 대체하기 어렵다는 등의 단점이 있다. 스테이블 코인은 암호화폐의 단점을 보완해 민간 기업들이 가격 변동성을 최소화하고 통화와의 일정한 교환비율을 설정한 화폐다. 보통 1코인이 1달러의 가치를 갖도록 설계되었다. 다만 그 정보의 주체가 민간이 된다는 점에서 정책적으로 통제가 어렵다든가 하는 단점이 있다.

중앙은행 디지털 화폐는 중앙은행 내 지준예치금이나 결제성 예금과는 별도로 중앙은행이 전자적 형태로 발행하는 새로운 화폐를 가리킨다. 중앙은행에서 발행하고 정부가 직접 관리감독 한다는 면에서 안정성이 높다. 암호화폐는 익명성이 보장되어 있어, 자금세탁, 탈세 등과 같은 불법적 용도로 악용될 수 있으나, 중앙은행 디지털 화폐는 통제가 가능하다. 즉 거래의 익명성을 보장할 수도 있고 필요에 따라 익명성을 제한하는 것도 가능하다. 특히 기존의 화폐를 대신할 수 있어 '현금 없는 사회'로의 이행을 가속화 할 수 있고 물가 안정 등과 같은 통화정책의 수단으로 활용될 수 있다.

디지털 화폐의 분류와 특징

	암호화폐	스테이블 코인	중앙은행 디지털 화폐
발행주체	없음(탈중앙화)	민간 기업	중앙은행
감독방식	명확한 감독관리 기관 없음	여러 국가가 감독관리에 관여	정부 직접 감독관리
특징	익명성		익명성 제어 가능
가치	불안정 - 수요공급에 의해 정해짐	안정 - 통화가치와 연동	안정 - 통화가치와 연동
사례	비트코인(bitcoin)	리브라(Libra), 테더(Tether), JPM Coin	중국 CBDC

② 중국은 왜 '디지털 위안화'를 추진하는가?

최초의 중앙은행 디지털 통화는 중국으로부터 발행될 것으로 보인다. 중국 인민은행은 2014년 세계 최초로 중앙은행 디지털 통화 연구팀을 구성했고 2017년에는 디지털 화폐 연구소를 설립했으며 2020년 2월 84건의 특허를 출원했다. 2022년 2월 베이징 동계올림픽이 개최 예정 시기에 맞춰 중국은 디지털 위안화를 전면 도입할 계획이었다. 중국 인민은행은 광둥성 선전, 장쑤성 쑤저우, 허베이성 슝안 신구, 쓰촨성 청두 등의 도시에 걸쳐 디지털 위안화 실증 시험에 들어간 상황이다. 2020년 5월부터 공무원 급여 지급이나 교통 보조금, 식음료·유통업 등의 다양한 영역에 걸쳐 활용하면서 스마트 시티의 모습을 구현하고 있다.

중국 인민은행은 현금 없는 사회로의 이행을 앞당겨 화폐 관리비용을 절감할 뿐만 아니라 위조 및 자금세탁 방지 등과 같은 지하경제 양성화를 이룰 계획이다. 특히 중국 내 주요 민간기업(텐센트, 알리바바 등) 등에 대한 금융시스템 의존도를 축소하는데도 의미가 있다고 판단하고 있다. 현금은 오프라인 환경에서 활용되고 카드/전자결제/핀테크는 각 회사가 지급결제 및 송금 등의 정보를 보유하고 있어 중앙은행이 통제하기 어려운 영역이지만 중앙은행 디지털 화폐는 관리·감독이 가능하다는 특징이 있기 때문이다.

미중 무역전쟁이 코로나19 이후 재점화 됨에 따라 중국은 대응책을 마련하는 과정에서도 디지털 위안화를 활용할 것으로 보인다. 미국이 이란 등과 같은 나라들에 경제 제재를 가해 주변국들과의 경제교류를 차단하는 것처럼 중국 입장에서는 미중 무역전쟁이 가장 격화된 상황을 고려해 대응책을 마련하는 모습이다. 즉 위안화 기반의 대외거래를 확대하려는 움직임의 일환인 것이다. 중국은 수년 간 위안화의 국제화를 추진해 왔지만 사실 뚜렷한 성과가 나타나지는 않았다. 세계 외환시장에서 중국 위안화의 비중은 2.2%에 불과하다. 유로화, 엔화, 파운드화 등의 주요 통화들의 영향력도 쇠퇴하고 있는 과정에서 미국 달러화는 44.2% 수준의 외환시장 거래 비중을 유지함으로써 기축통화로서의 영향력이 흔들리지 않고 있다.

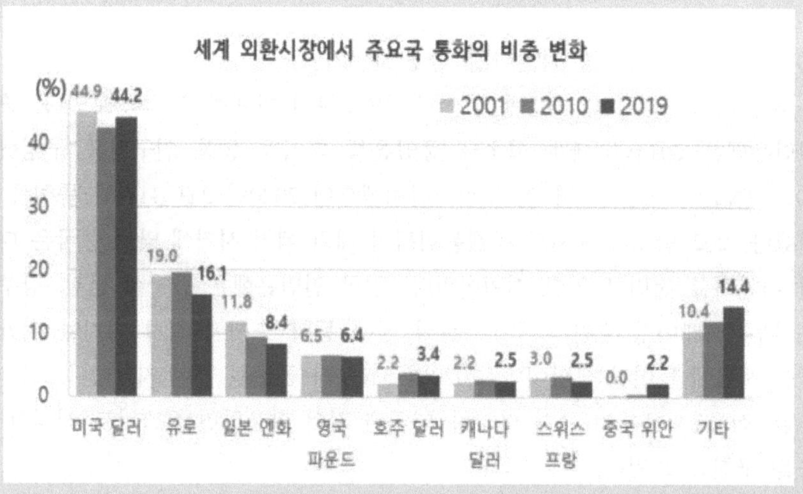

※ 일평균 장외외환거래량, 역내외간 쌍방 거래로 거래량의 합이 200%이나, 이를 100% 기준으로 환산함(자료: BIS Triennial Central Bank Survey, 2019.12.)

미국 달러 중심의 국제금융 질서에서 중국 위안화의 영향력을 확대하고자 중앙은행 디지털 화폐가 유용하게 활용될 것으로 보인다. 특히, 중국은 일대일로 사업 등에 참여하는 국가와 기업들이 디지털 위안화를 사용하도록 환경을 조성해 위안화 국제화를 추진할 것으로 분석된다. 실제 중국 인민은행은 페이스북이 디지털 화폐 '리브라' 프로젝트를 발표하면서 미국의 금융지배력이 확장될 것을 우려하면서 디지털 위안화 사업을 더욱 앞당기는 모습이다.

③ 중국만이 아니다 - 주요국 디지털 화폐 경쟁

사실 중앙은행 디지털 화폐는 민간기업의 움직임에 대응하기 위해 시작되었다고 해도 과언이 아니다. 페이스북은 2019년 6월 리브라 백서를 통해 2020년 상반기 디지털 화폐 서비스를 시작할 계획을 발표했다. 페이스북은 월간 활성화 사용자가 약 30억 명에 달해 세계 인구의 1/3 이상이 송금, 결제 등 매우 저렴하고 편리한 금융서비스를 이용하도록 할 계획이었다. 미국 달러뿐만 아니라 유로, 엔화, 영국 파운드화 등으로 구성된 바스켓에 단일통화를 연동시킨 페이스북의 '글로벌 통화' 구상은 우선 유보되었다. 국제 통화 질서와도 맞물리는 이슈였기 때문에 세계 각국이 반대했고 무엇보다도 미국의 규제 당국이 허락하지 않았다. 페이스북은 2020년 4월 수정백서를 발간했고 '리브라 페이'라는 간편결제 서비스로 전략을 전환했다.

유럽의 경우 발행계획을 발표하지는 않았으나 각국이 직면한 상황에 따라 연구를 진행하고 있다. 스웨덴, 아이슬란드, 터키는 중앙은행 디지털 화폐의 시범 운영을 준비하고 있다. 특히 스웨덴은 현금 사용량이 줄어들면서 중앙은행 차원에서 안전한 결제시스템을 정착시키기 위해 e-krona(스웨덴 중앙은행 디지털 화폐)를 시범사업으로 실험하며 미비점을 보완해 나가고 있다. 최근 스웨덴은 국제기구 활동에 자금지원을 가능하게 하는 등 국내법 개정을 국회에 요청해, 국제결제은행(BIS, Bank for International Settlements)의 디지털 화폐 혁신 허브(BIS Innovation Hub)를 유치하기 위해 시도하고 있다. 유럽중앙은행(ECB)도 유럽의 18개 중앙은행 전문가 네트워크인 EURO Chain을 중심으로 중앙은행 디지털 화폐를 연구하고 있다.

미국과 일본은 최근 태세를 전환한 모습이다. 중국이 중앙은행 디지털 화폐에 적극적인 움직임을 취하고, 유럽 주요국들이 대응하고 있으며 그 밖에도 우루과이, 바하마, 캄보디아 등의 국가들도 시범운영을 시작했기 때문이다. 그동안 소극적이었던 일본은행은 2020년 7월 3일 실증 및 시범 운영 사업을 진행하겠다고 발표했다.

미국도 당초 매우 소극적인 입장이었으나 최근 제롬 파월 연준(Fed) 의장은 "중앙은행 디지털 화폐에 앞장서는 것이 Fed의 책임"이라고 표현하는 등 기조의 변화가 시작되었다. 미국은 싱크탱크 기관인 '디지털 달러 재단(Digital Dollar Foundation)'을 설립해 미국 달러의 디지털화를 연구하기 시작했고, 2020년 5월에는 디지털 달러 백서를 발표했다. 최근 중국의 디지털 화폐 주도를 막기 위해서라도 리브라가 필요하고, 사법당국이 관리감독이 가능할 수 있도록 투명성을 강화하는 새로운 규제를 제시해 대응에 나설 가능성이 제기되고 있다.

④ 디지털 화폐 경쟁 시대의 대응

첫째, '현금 없는 사회'로의 전환에 대응해야 한다. 오프라인 쇼핑에서 온라인쇼핑으로의 전환, 비대면 서비스의 보편화, 생체인식기술과 핀테크의 고도화 등의 배경 아래에서 현금 없는 사회로의 전환이 일어나고 있었지만, 디지털 화폐가 이 전환을 앞당겨 놓을 것으로 예측된다. 금융 산업과 유통 산업은 물론이고 산업 전반에 걸쳐 변화하는 결제환경에 맞게 비즈니스 모델을 개편해야 한다. 중앙은행 디지털 통화가 사용되기 시작할 경우 송금서비스나 직불카드 등의 기존산업이 구조조정 될 수 있기 때문이다. 정부는 전통시장을 비롯한 지역 소상공인들이 변화에 느리게 대응해 소비자들로부터 외면 받지 않도록 하는 인프라 지원과 교육 프로그램을 마련해야 한다.

둘째, 세계 통화 패권의 움직임에 대응할 필요가 있다. 각국의 중앙은행 디지털 통화가 발행되기 시작하고, 리브라, 테더(Tether), JPM Coin과 같은 민간기업 중심의 스테이블 코인이 글로벌 통화로 등장하게 될 미래가 머지않다. 디지털 화폐가 수출입 거래의 회계단위가 되고 결제대금의 청구 기준이 되면 환율이 국제 무역에 주는 영향력이 약화 될 것으로 판단된다. 미국은 패권을 유지하려 노력하고 중국은 패권을 빼앗으려 노력할 것이다. 경제적으로 중요한 양국의 전쟁 속에서 한국은 어떠한 통화에 기초해 대외거래를 지속할지 등에 대한 중장기적 과제를 풀어나가야 한다.

셋째, 디지털 통화 개발 및 정책적 활용을 본격적으로 논의해야 한다. 국내 여건에 맞는 디지털 통화를 개발하고 기존에 이행했던 한국은행의 '동전 없는 사회' 시범 사업과 연계해 테스트를 시도해야 한다. 각종 지원금을 제공하거나 공적 서비스 이용에 활용하는 정책도 고려할 수 있다. 불법 자금을 추적하는 등 지하경제 양성화를 위한 정책으로서도 제 역할을 수행할 것이다. 한편 물가안정 및 경기부양을 위해 통화정책의 수단으로서도 활용될 수 있다는 점에서 중앙은행 디지털 통화의 개발이 필요하겠다. 만약 글로벌 디지털 통화가 도입될 경우 바스켓에 포함된 화폐에 대한 수요는 증대되고, 포함되지 않은 국가로부터의 자본 유출이 일어날 수 있다. 이러한 다양한 시나리오의 전개를 먼저 예상하고 상황에 걸맞은 범국가적 대응전략들이 모색되어야 하겠다.

〈김광석, 중앙일보, 2020.07.14.〉

연습문제

01 어떤 나라의 법정 지급준비율이 10%일 때 중앙은행이 1억 원을 공급하면 신용창조 과정을 거쳐 창조되는 통화량은?
(단, 중앙은행이 공급하는 1억 원을 포함한다.)

02 어떤 나라의 은행 지급준비율이 20%이고 현금통화비율은 0%이며 본원통화는 100억 원이다. 이 나라의 통화승수와 통화량을 구하여라.

03 다음과 같은 경제에서 경제 구성원들이 모든 화폐를 요구불예금의 형태로 보유하고 있는 상태에서 지급준비율이 연 4%에서 5%로 1% 인상되면 통화량M2는 얼마만큼 감소하는지 구하여라.

- 1만원짜리 지폐 300장이 있다. - 은행은 법정지급준비금만 보유하고 나머지를 전액 대출하며 대출금 전액은 다른 은행에 예금된다.

04 다음 중 은행의 지급준비율이 인상될 경우 나타나는 경제 현상이 아닌 것은?

① 통화량이 감소한다.
② 시중금리가 낮아진다.
③ 은행들이 유동성 문제에 직면할 수 있다.
④ 은행들의 대출이 줄어든다.
⑤ 은행들의 수익이 감소할 수 있다.

05 다음 중 경제가 불안해질 경우 은행의 지급준비금과 본원통화의 변화에 대해 올바르게 설명한 것은?

① 지급준비금과 본원통화는 모두 감소한다.
② 지급준비금은 감소하고 본원통화는 증가한다.
③ 지급준비금은 감소하고 본원통화는 변화가 없다.
④ 지급준비금은 변화가 없고 본원통화는 감소한다.
⑤ 지급준비금은 변화가 없고 본원통화는 증가한다.

06 다음 중 통화량에 미치는 효과가 다른 것은?

① 미국 중앙은행이 본원통화의 규모를 증가시켰다.
② 저축은행에서 돈을 빌려 대출하는 대부업체들의 조달금리가 올랐다.
③ 한국은행이 은행들의 지급준비율을 인상했다.
④ 한국은행이 기준금리를 인상했다.
⑤ 경기불황으로 은행 파산이 이어지면서 사람들이 은행예금보다 현금을 더 선호하게 되었다.

제 6 장

IS-LM 분석

6.1 IS-LM 분석의 개념

IS-LM 모형은 거시경제에서의 이자율과 국민소득과의 관계를 분석하는 경제모형이다. 현재 물가(P)가 고정되어 있다는 가정 하에 한 경제 주체의 국민소득(Y)를 구하는 데 목적이 있다. IS-LM 모형은 정부의 재정정책과 통화정책의 효과와 그 영향을 살펴보는데 의의가 있다. IS곡선은 시장에서 모든 재화와 서비스를, 그리고 LM곡선은 화폐시장에서의 수요와 공급이 총생산(Y)와 이자율(r)에 따라 어떻게 변화하는가를 나타내는 곡선이다.

6.2 생산물시장의 균형과 IS곡선

1. 생산물시장의 균형

IS-LM분석에서는 투자의 결정요인 중 이자율에 주목하여 투자를 이자율의 함수로 규정하고 있다. 케인즈와 신고전학파의 투자결정이론에 따르면, 기업은 이자율이 상승하면 투자비용이 증가하므로 투자를 줄이고, 이자율이 하락하면 투자비용이 감소하므로 투자를 늘린다. 즉, 투자는 이자율의 감소함수이다. 이에 따라 IS·LM 분석에서 투자함수는 다음과 같다.

$$I = I(r),\quad \frac{dI}{dr} = I' < 0$$

따라서 투자를 이자율의 감소함수로 규정하고, 정부부분과 해외부분을 제외하면 생산물시장은 총수요 $C(Y) + I(r)$와 총공급 Y가 일치하는데서, 또는 저축 $S(Y)$와 투자 $I(r)$이 일치하는데서 균형이 달성된다. 즉 생산물시장의 균형조건은 다음과 같다.

$$Y = C(Y) + I(r)$$

2. IS 곡선의 이해

IS곡선은 우하향 한다. 우하향의 함수는 부(-)의 관계, 하나가 증가하면 하나가 감소하는 관계를 나타낸다. 그렇다면, Y가 감소한다면 i(이자율)가 증가한다는 뜻인가? i가 감소한다면 Y가 증가한다는 뜻인가? 아니다. IS 곡선을 인과관계를 나타내는 함수로 파악해서는 안 된다. IS곡선은 경제가 균형에 이르는 조건을 이야기하고 있다. 이것은 IS곡선의 역할이 단지 어느 영역이 초과수요이고 어느 영역이 초과공급인지를 나타내주는 역할만을 한다는 것이다.

따라서 Y가 어떤 이유로 감소하여 불균형상태가 되었다면, 균형상태를 회복하기 위해서는 Y가 증가하거나, i가 증가해야 한다. 혹은 i가 어떤 이유로 증가하여 불균형상태가 되었다면 균형상태를 회복하기 위해서는 i가 감소하거나 Y가 감소해야 한다.

IS 곡선은 실물경제가 도달해야할 '좋은 경제상태'들을 뜻한다. 실물시장의 균형, GDP와 이자율을 말하는 것이다. 그러나 좋은 상태보단 안 좋은 상태가 훨씬 많다. 그래프에서 보듯이 IS의 좌하방, 우상방의 영역들은 경제의 불균형 상태를 말하며 각각 좌하방은 초과수요(Y〈Z) 우상방은 초과공급(Y〉Z)라고 말한다.(Y, 즉 GDP는 국내총생산=공급을 말하며 그자체로 국민소득의 의미로도 쓰인다. 결국에 가서는 만든 만큼 벌은 거고, 또 그만큼 쓸 것이므로, 생산=소득=지출이 성립한다고 한다)

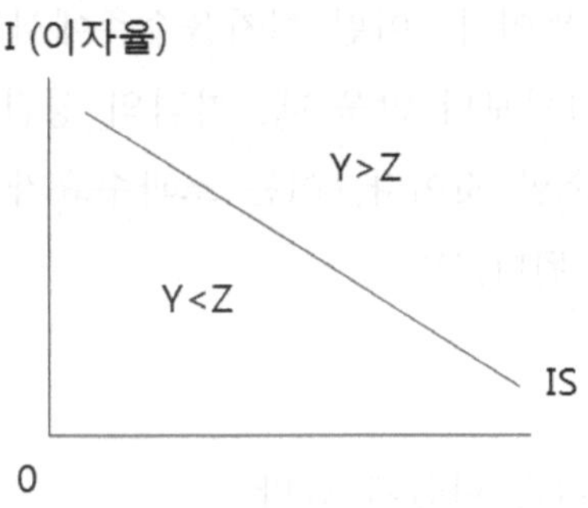

[그림 6-1] 초과수요와 초과공급

초과수요의 경제에서는 생산이 증가한다. 밀려드는 주문량이 많아서 철야 작업을 하는 것이다. 혹은 창고에 쌓아놓은 재고가 마구 줄어드는 게 눈에 보여 생산에 박차를 가할 수도 있을 것이다. 이러한 힘에 의해 경제가 초과수요일 때에는 오른쪽으로 움직여 IS에 도달하고 초과공급일 때에는 왼쪽으로 움직여 IS에 도달한다.

고전학파의 경제학에서 초과수요, 초과공급 상태에서 경제를 균형으로 되돌리는 힘은 가격이다. 따라서 IS곡선에서, '가격'은 바로 이자율 i이다. 이자율이란 것은 '돈을 빌리고자 할 때 지불해야 할 가격'의 성질을 갖기 때문이다. 초과수요의 경제, Y〈Z의 경제라 함은 Y〈C(Y−T)+I(i)+G'이고, 이것을 바꿔서 표현하면, IS곡선의 이름이 어디서 왔는지를 다시 확인할 수 있다.

$$Y-T-C(Y-T)+T-G < I(i)$$

세금내고 남은 소득에서 소비를 뺀 것 + 세금 쓰고 남은 것 〈 투자지출

민간의 저축 + 정부의 저축 〈 투자지출

저축 〈 투자지출

$$S(Y) < I(i)$$

초과수요의 경제(Y〈Z)란 기업이 빌리고자 하는 액수가 은행 예금 수준을 넘어서는 경제(S〈I)란 뜻이다. 어떤 이자율수준에서 빌리고자 하는 사람들이, 빌려주고자 하는 사람보다 많을 때, 가격의 성질상 이자율이 오르게 된다. 그러면 투자가 감소할 것이다. 이는 초과수요가 사라질 때까지 지속적으로 조정이 일어나게 된다.[24]

3) IS곡선의 이동

IS곡선을 구성하는 식은 다음과 같다.

$$Y=C(Y-T)+I(i)+G$$

IS곡선은 소득(GDP), 소비 C, 투자 I, 정부지출 G의 균형으로 구성되어 있고, 이중 소비는 소득(Y)과 세금(T)에, 투자는 이자율(i)에 영향을 받는다.

IS는 Y, i, T, G에 영향을 받는다. T와 G가 아닌 어떤 요인으로 인해 Y, i가 움직이는 경우, IS곡선 위에서, IS곡선을 따라 경제가 움직인다. T나 G가 변동할 경우, IS곡선이 다른 곳으로 이동해 버려서 초과수요영역이나 초과공급영역이 줄어들거나 넓어져 버린다. 평행이동을 했다고 보는 것이 편하다.

---

24) 우리의 모형에서 저축은 소득의 함수이고, 이자율에는 영향을 받지 않는 것으로 되어 있다. 만일 저축이 이자율에 영향을 받는다면 곧 소비가 소득뿐만 아니라 이자율에도 영향을 받는다는 것이다. 저축은 이자율에 영향을 받을 것 같다. 그렇다면 이런 성질을 고려해서 소비함수를 설계할 때 더 완벽한 소비함수가 나오겠지만 지금은 간단하게, 저축은 이자율에 영향을 받지 않는다고 하자.

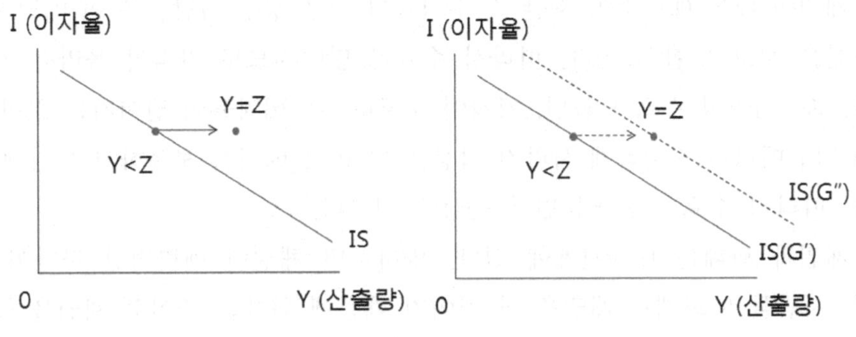

[그림 6-2] IS곡선의 이동

6.3 화폐시장[25)]

1. 채권

채권은 액면가와 만기로 이루어진 '내가 언제 얼마를 갚겠소'라는 증서이다. 이때 갚을 시기를 만기라고 하고 갚겠다는 금액을 액면가라고 한다. 이러한 상품을 시장에 내놓으면 하나의 상품이 되어 가격이 붙는다. 이것을 채권가격이라고 한다. 바로 이것이 빌리는 돈이 된다.

내가 '1년후 100만원을 갚겠소'라는 상품을 시장에 내 놓았다고 하자. 사람들이 얼마에 살 것인가? 연이자율인 5% 가량을 떼고서 95만원쯤(정확하게는 100 ÷ 1.05 만원)에 사 줄 것이다. 그럼 내가 빌리는 돈은 95만원, 이자율은 연 5%, 갚을 돈은 100만원이 되는 것이다. 따라서 채권가격이 떨어지면(액면가가 일정한 이상) 이자율이 올랐다는 소리와 정확히 똑같은 이야기로 채권가격과 이자율은 완전히 동전의 양면이며 그 움직임이 반대이다.

---

25) 제6장에서 화폐의 수요와 공급, 그리고 금융시장에 대해 살펴보았다. IS-LM 모형을 이해하기 위해서는 화폐시장에 대한 내용을 이해할 필요가 있다. 따라서 여기서는 앞의 내용 가운데 화폐시장을 이해하기에 필요한 핵심내용을 정리하여 소개하도록 한다.

채권이 매우 매력적인 자산 즉 수익률이 높은 경우 사람들은 이 매력적인 자산을 사고자 할 것이다. 따라서 수요가 많아지므로 가격이 올라갈 것이다. 즉, 채권의 수요가 늘면, 가격이 오른다. 즉 이자율이 떨어지는 것이다. 채권의 매력이 적절하게 사라져 시장은 더 이상 매력을 보유하지 못하게 된다. 따라서 수요가 줄어들면서 균형에 이른다.

채권과 화폐는 대체관계에 있다. 말하자면 채권이 매력적인 자산이 될 때, 사람들은 화폐로 채권을 살 것이기 때문에 화폐는 줄이고 채권을 늘이게 될 것이다. 반대로 화폐가 늘면 채권을 줄인다는 소리가 될 것이다. 기본적으로 경제에는 화폐 채권 말고도 주식, 양도성예금증서(CD), 환매조건부채권 등 많은 자산들이 있지만 화폐와 채권만을 고려한다.

2. 화폐시장

화폐시장은 사람들이 화폐를 거래하는 시장이다. 이는 화폐는 나름의 가치를 지니고 있기 때문이다. 화폐의 가치는 다른 상품과 순식간에 교환할 수 있다는 "편리함"이다. 이를 유동성(liquidity)이라고 한다. 즉 유동성이란 가지고 있는 자산을 얼마나 빨리, 그리고 비용의 부담 없이 "해당 자산의 시장가치"를 실현할 수 있는가를 말한다. 한국은행이 발행한 동전과 지폐는 높은 유동성을 가진 반면 채권은 그러하지 못하다.

그렇다면 화폐가 아닌 다른 자산들은 왜 소유하는가? 채권은 이자를 얻을 수 있고, 증권은 자본수익을 노릴 수 있기 때문이다. 화폐는 수익이 없더라도 유동성으로 인해 가치를 갖는다.

또한 화폐는 그 가치가 시장이자율에 따라 변동하거나 하지 않는다. 그러나 채권이나 증권, 집문서 땅문서는 시장이자율에 따라 그 가격이 변한다. 예로 들면 이자율이 떨어질 경우 채권가격이 올라가 채권을 가지고 있으면 돈을 잃을 위험이 있다. 반면에 화폐는 안전자산이다. 다만 인플레이션이 있으면 이야기가 약간 복잡해진다. 유동성이 높다는 성질, 위험이 낮다는 성질은 화폐 고유의 가치가 된다. 이 화폐 고유의 가치라는 것이 화폐시장을 이해하는 핵심이다.

화폐라는 것은 수익률이 0이지만 유동성이 매우 높고 위험이 엄청 낮으며 만기를 따질 필요가 없는 자산이다. 이것이 바로 다른 수익률 높은 자산들을 제쳐두고 사람들이 화폐를 보유하고자 하는 이유이다.

3. 화폐시장의 균형식

화폐시장의 균형은 화폐수요와 화폐공급이 일치하는 곳에서 이루어진다.

$$ms = md$$

(실질)화폐공급 = (실질)화폐수요

우리가 화폐를 보유하는 것은 화폐의 가치 때문이다. 물가(P)는 화폐가 얼마나 가치가 없는 가를 나타내는 지표이다. 물가가 2배가 되면 화폐는 반으로 그 가치가 감소된다.

$$ms \equiv (Ms/P)$$

실질화폐공급 ≡ 명목화폐공급 / 물가

$$md \equiv (Md/P)$$

실질화폐수요 ≡ 명목화폐수요 / 물가

실질가치는 물가가 오르든 말든 영향을 받지 않는다. 실질가치가 일정할 때 물가가 오르내리면 명목가치가 요동치게 된다. 우리가 슈퍼에 가서 볼 수 있는 것은 명목가치들이기 때문에 '아! 물가가 많이 올랐어' 이야기가 나오는 것이다. 다시 말하면, 사람들이 돈을 가지는 이유는 돈이 가진 힘 때문이다. 그리고 그 돈이 가진 힘은 명목가치보다는 실질가치와 관련된다.

3. LM 곡선

1) 화폐공급

중앙은행이 돈을 찍어내어 은행의 통화창조과정을 행할 경우 중앙은행이 경제 전체의 화폐량을 조정할 수 있다.

$$Ms / P = Ms' / P$$

실질화폐공급량 = 중앙은행 마음에 있는 실질화폐 공급량

중앙은행이 결정하는 것은 명목화폐공급(Ms)이다. 그렇다면 이것이 물가(P)와 상호작용하여 실질 화폐공급(Ms/P)을 만들어낼 것이다. 다른 조건이 일정할 때, 물가가 오르면 실질화폐공급은 줄어든다.

2) 화폐수요

우리는 왜 화폐를 보유하는가? 화폐를 보유한다는 것은 돈을 장롱 속에, 금고에 넣어둔다는 의미이다(은행에다가 맡기는 것은 화폐 보유가 아니다. 은행에 맡기면 그것이 대출되어 다른 사람들이 쓸 수 있기 때문이다). 왜 사람들은 수익률 높은 증권이 아니고, 채권이 아니고 화폐를 가지고 있게 되는가? 왜 돈을 돌게 하지 않고 꽁꽁 묶어서 자기 손에 두려고 하는가?

화폐의 유동성 때문이다. 우리는 손쉽게 재화와 교환하기 위해 우리의 재산의 일부를 화폐의 형태로 보유한다. 그렇다면 많은 재화와 교환하기 위해서는 많은 화폐가 필요할 것이다. 소득이 많아질수록 많은 재화를 소비한다고 가정하면, 소득이 늘어날수록 '재화와 교환하기 위한 화폐'를 많이 보유하고자 할 것이다. 이를 거래적 화폐수요라고 한다.

또한 화폐시장에는 위험이라는 것이 있다. 사람들은 재산을 안전한 형태로 보관하기 원한다. 채권의 수익률이 위험을 감수할만하다고 생각될 정도로 높지 않다면 채권보다는 화폐로 재산을 손에 들고 있을 것이다. 시장의 이자율이 낮을수록 차라리 화폐를 가지고 있는 것이 편하다. 이는 투기적 화폐수요라고 한다.

그리고 사람들은 이자율이 곧 오를 것이라고, 즉 채권가격이 떨어질 것이라고 예상될 경우 한시라도 빨리 채권을 다른 자산으로 바꿀 것이다. 그리고 채권가격이 충분히 떨어지면 그때 다시 채권을 구입할 것이다. 그럼 앉아서 이익을 보는 것이다. 따라서 누구보다 빨리 채권을 구입하려면 유동성이 필요한 만큼 화폐를 가지고 있어야 할 것이다. 반대로 이자율이 곧 떨어질 것이라고, 즉 채권가격이 오를 것이라고 예상한다면 빨리 화폐로 채권을 사야 할 것이다. 이런 식으로 변동하는 화폐수요를 투기적 화폐수요라 한다. 케인즈가 말하는 유동성 선호설에서 나온 것이다.

이러한 투기적 화폐수요는 '예상 이자율 변동'에 영향을 받는다. 시장의 이자율이 너무 낮은 경우 사람들은 누구나 '아 이제 오를 때가 되었어'라고 생각할 것이다. 그러면 채권가격이 떨어질 것이므로 채권을 팔아서 화폐를 소유할 것이다. 즉 화폐수요는 커진다. 이처럼 매우 낮은 이자율에서는 화폐수요가 매우 커진다.

예를 들어 일본 경제의 슬럼프를 생각해보자. 부동산 거품이 빠지고 은행이 부도나면서 사람들은 오로지 안전이 최선이라는 생각에 화폐를 은행에도 넣지 않고 집안에 싸들고 있었거나 대출이 없는 우체국에다가 저축을 했다. 일본 중앙은행을 열심히 금리를 내리며 총수요를 늘리기 위해 노력했지만 이자율이 0에 가까워져도 경제는 제대로 굴러가질 않았다. 금리가 내려가려면 시중에 돈을 많이 풀어야 하는데 이미 화폐수요가 무지하게 큰 상태로 돈을 아무리 풀어봤자 다 금고 속으로 사라져서 시중에 도는 돈은 극히 적었던 것이다. 일본 중앙은행이 아무리 돈을 많이 풀어도 금리는 더 떨어지지 않았다. 중앙은행의 정책은 완전히 그 힘을 잃었고 일본 경제는 잃어버린 10년을 겪었다.

이처럼 화폐수요는 소득이 늘수록 증가한다(거래적 화폐수요). 그리고 이자율이 떨어지는 경우 다른 자산들의 매력이 떨어지므로, 화폐수요가 증가한다(투자적 화폐수요). 그러다 매우 낮은 수준까지 떨어진 경우 사람들의 미래 예상 때문에 화폐수요가 증가한다(투기적 화폐수요). 이상의 논의를 종합하면 화폐수요는 소득과 정(+)의 관계를, 이자율과 역(-)의 관계를 가진다.

$$M_d/P = L(+Y, -i)$$

3) LM 곡선

화폐수요는 소득의 증가함수이고 이자율의 감소함수이다. LM곡선은 화폐의 총공급이 중앙은행에 의해 고정되어 있다고 가정할 때 화폐시장을 균형시켜 주는 모든 이자율과 실질국민소득의 조합을 연결한 곡선이다. 따라서 실질국민소득이 증가하면 화폐수요가 증가하므로 화폐수요곡선이 오른쪽으로 이동한다. 그리고 화폐수요곡선이 오른쪽으로 이동하면 이자율이 상승하므로 LM곡선은 우하향 한다. 아래의 화폐시장의 균형조건에서 화폐시장은 화폐공급(Ms), 물가(P), 소득(Y), 이자율(i)의 변화에 의해 균형이

$$Ms / P = Md / P$$
$$Ms / P = L(Y, i)$$

깨지기도 하고 달성되기도 한다. 즉 LM곡선은 Y와 i의 관계식이며, Ms와 P에 의해 이동하는 곡선임을 알 수 있다.

고전학파 경제학자들이 재화와 서비스의 실물효용이므로 화폐시장은 실물시장의 그림자일 뿐이라고 생각 한 것과 달리, 케인즈는 화폐가 새로운 '상품'이 되어 사람들은 화폐의 고유한 특성을 누리고자 노력할 것이라고 보았다.

화폐의 초과수요라는 것은 당장 쓸 돈이 부족하다 뜻이므로, 이럴 경우 사람들은 가지고 있던 채권을 팔 것이다. 채권을 팔 사람이 많으면 채권가격이 떨어진다. 채권가격이 떨어지면 이자율이 상승하고, 이자율 상승은 화폐초과수요를 감소시킨다. 이러한 과정을 반복하며 균형은 달성된다.

LM곡선은 우상향하므로 통화량이 증가하면 LM곡선은 오른쪽으로 이동하고 물가수준이 상승하면 실질 통화량의 감소로 왼쪽으로 이동할 것이다.

또한 거래적 동기에 위한 화폐수요의 증가는 이자율의 상승으로 LM곡선은 왼쪽으로 이동할 것이다. 그밖에 정보통신기술 및 금융제도의 변화에 의해 신용카드의 보급이 활성화되거나 거래비용을 낮아질 경우 화폐수요의 감소로 LM곡선은 오른쪽으로 이동할 것이며, 반대로 불완전한 금융제도로 금융기관에 대한 신뢰성이 떨어질 경우 화폐수요의 증가로 LM곡선은 왼쪽으로 이동하게 된다.

특수형태의 LM곡선

LM곡선은 이자율이 매우 낮은 수준에서는 수평형태이다. 이자율이 매우 낮은 경우, 사람들은 이자율의 상승을 예상할 것이다. 따라서 사람들은 채권가격이 떨어질 것이라고 예상함으로 채권을 보유하게 되면 손해를 본다. 그러므로 사람들은 보다 안전한 화폐를 보유하려고 할 것이므로 화폐수요는 증가할 것이다.

중앙은행이 돈을 푸는 경우 사람들은 풀린 돈 중 일부를 가지고 채권을 사려고 하므로 이자율이 떨어진다. 그러나 화폐수요가 매우 큰 경우 사람들은 중앙은행이 푼돈을 그대로 들고 있으려하지, 채권을 사고자 하지 않는다. 이자율은 떨어지지 않는다. 바로 이것이 '이자율의 바닥'이 생기는 이유이다. 이자율이 음수가 될 수는 없다. 누가 '내 돈 좀 제발 빌려가시오. 이자까지 쳐서 빌려드리리라' 하겠는가? 그렇기 때문에 이자율이 0에 가까운 경우 사람들은 '이제 당연히 더 떨어질 수는 없다'라고 생각하게 되며, 이것이 이자율의 바닥이 된다. 즉 유동성 함정의 경우 즉 화폐수요의 이자율탄력성이 ∞인 경우 국민소득이 증가하여 화폐수요가 증가하더라도 이자율은 불변인 경우 LM곡선은 수평 형태이며, 화폐수요의 이자율 탄력성이 0인 경우 이자율이 변하더라도 국민소득은 불변이므로 LM곡선은 수직 형태이다.

6.4 IS-LM 곡선

1. 일반균형

정부 지출의 증가로 즉 G가 G'에서 G''로 증가할 경우 IS 곡선이 오른쪽으로 움직인다. 이를 식으로 표현하면 다음과 같다.

$$Y=C+I+G' \rightarrow Y \langle C+I+G''$$

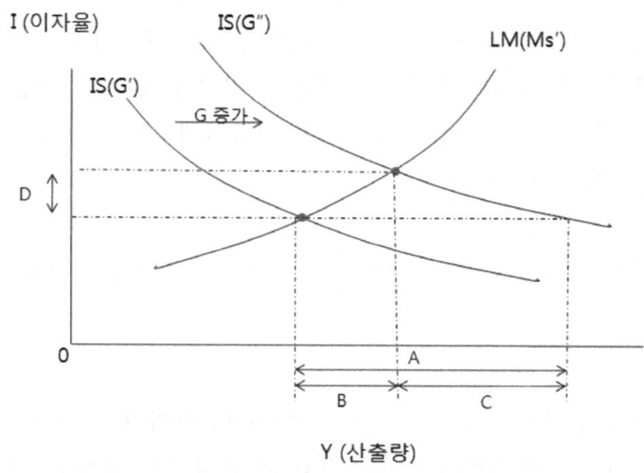

[그림 6-3] IS곡선의 이동과 구축효과

그림을 보면, 정부지출 증가로 소득은 B만큼 늘고 이자율이 D만큼 상승하였다. 이자율이 올랐다면 그만큼 투자가 줄었어야 할 것이다. 그림에서 C만큼이 투자가 줄어들었다. G가 늘어서 초과수요가 있을 때, 이자율이 변화하지 않는다면, 소득이 증가하고, 소비가 증가하고의 과정을 반복하면서 소득은 A만큼 늘어날 수 있었다. 그러나 금리가 오르는 바람에 그 만큼 민간의 투자가 포기되고, 이것이 정부지출에 의해 늘어난 총수요를 C만큼 깎아먹는 것이다.

정부가 지출을 증가하여 경기 부양을 꾀할 경우 정부는 늘어난 지출에 충당하기 위해 돈을 많이 빌려갈 것이며, 민간이 쓸 자금이 부족해질 것이다. 금리가 오르고, 그나마 자금을 구하지 못한 사람들은 투자를 포기할 것이다. 이를 정부지출의 구축효과(crowding out effect)라고 한다. 이는 정부가 나서서 효과를 반감시킬 뿐만 아니라, 민간이 정부보다 뭐라도 좀 효율적이라고 한다면 비효율의 정부부문이 효율의 민간부문을 쫓아낸다는 것은 장기적인 성장관점에서도 바람직하지 않은 것이다.

3. 화폐시장의 조정

시장이 너무 호황이라든지 해서 인플레이션의 압력이 있을 때 중앙은행은 돈, 유동성을 줄여서 경기에 약간의 브레이크를 건다. 주로 콜금리를 올리는 방식이다. 이러한 행동은 모형에서 Ms를 줄이는 것으로 나타날 것이다.

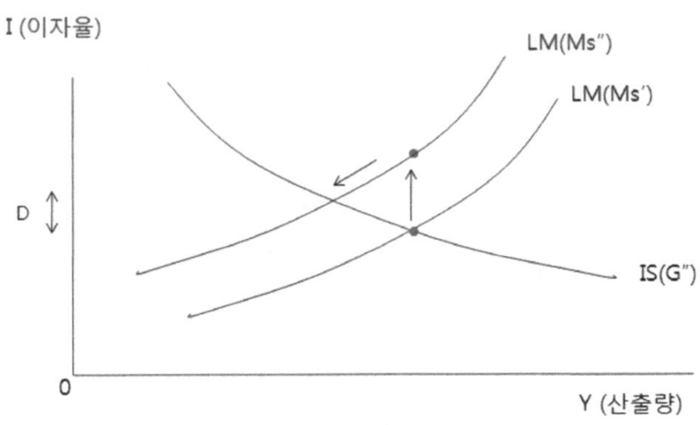

[그림 6-4] 화폐시장의 조정

중앙은행이 통화량(Ms)을 줄이면 화폐공급이 줄어든다. LM곡선이 왼쪽 위로 이동해 갔다고 짐작할 수 있다.

화폐시장은 빠르게 균형을 회복한다. 화폐의 초과수요가 있으므로 사람들은 채권을 팔고 화폐를 얻고자 한다. 채권 매물이 쌓이면서 가격이 떨어진다. 이자율이 오른다. 화폐시장은 균형에 이르렀으나 보다시피 실물시장은 초과공급에 놓인다. 이자율이 높아서 투자 수요가 줄어들기 때문이다. 초과공급에 반응하여 기업은 운영을 줄이고 고용과 생산이 줄어 소득이 감소한다.

실물시장 조정 중에 화폐초과공급으로 다시 화폐시장은 불균형에 처하는데 이는 소득이 줄어서 거래적화폐수요가 줄어든 때문이다. 이 경우 사람들은 남는 화폐로 이자수익을 얻고자 채권을 구입한다. 채권수요가 증가하면서 가격이 오르며, 이자율이 떨어진다. 이러한 과정이 반복되면서 일반균형으로 수렴해간다. 이 과정은 물가가 상승해서 실질화폐공급이 줄어든 경우에도 적용할 수 있다.

연습문제

※ (1~2) 홍삼나라의 소비함수와 투자함수는 다음과 같다.

$C=20+0.6(Y-T)$

$I=20-2r$

01 홍삼나라의 경제는 장기균형이자율이 4%이고, 정부지출이 10인 경우에 장기균형상태에 있다. 이 때 균형국민소득을 구하여라. (단, 정부지출은 균형재정을 유지하는 것으로 가정한다.)

02 홍삼나라는 관광산업에 의존하는 경제인데 향후 2년간 팬데믹으로 인해 관광수입의 감소가 예상된다는 전망이 발표되었다. 이에 신규 관광산업에 대한 투자가 위축되어 투자함수가 $I=12-2r$ 로 변경되었다. 중앙은행은 장기균형이자율을 기존과 같은 4%로 유지하기로 하였다. IS-LM 모델을 사용하여 이러한 변화를 설명하고 균형국민소득을 구하여라.

03 IS-LM 모형에 관한 설명으로 옳지 않은 것은?

① 이자율과 국민소득의 관계를 설명한다.

② 총수요를 나타내는 모형이다.

③ 안정적인 물가수준과 완전고용을 가정한다.

④ IS-LM 곡선의 교차점은 생산물시장과 화폐시장의 동시균형을 나타낸다.

04 소비함수 $C=100+0.75Y$, 투자함수 $I=20-4.5r$, 명목화폐함수 $Md=0.5Y-r$, 명목화폐공급함수: $Ms=200$, 물가수준이 2일 때 균형이자율은?
(단, Y는 국민소득, C는 소비, I는 투자, r은 균형이자율)

05 다음 중 IS곡선이나 LM곡선의 기울기를 가파르게 하는 것이 아닌 것은?

① 화폐수요의 소득에 대한 탄력성이 커졌다.
② 화폐수요의 이자율에 대한 탄력성이 작아졌다.
③ 투자의 이자율에 대한 탄력성이 커졌다.
④ 한계저축성향이 커졌다.

06 폐쇄경제하에서 C=200+0.8(Y−T), I=1600−100r, G=T=1000, M=K, L=0.5Y−250r+500 일 때 균형이자율이 6이 되는 화폐공급을 구하여라. (단, Y는 국민소득, C는 소비지출, T는 세금, I는 투자지출, r은 이자율, G는 정부지출, M은 화폐공급, L은 화폐수요이다.)

제 7 장

IS-LM 곡선과 재정·금융정책

7.1 실물시장과 금융시장의 균형

실물시장에서의 IS곡선과 금융시장에서의 LM곡선 모두 다 각각의 시장에서 균형이자율과 균형국민소득수준의 결합점들을 연결하여 얻은 선들이다. 그러나 한나라의 국민경제가 균형에 이르기 위해서는 현실적으로 두 시장이 독립적으로 균형에 도달해야 하는 것이다.

[그림 7-1]은 (-)기울기의 IS곡선과 (+)기울기의 LM곡선을 보여주고 있다. 두 곡선으로 말미암아 나누어진 네 영역이 가지는 특성을 기억해야 할 것이다. 영역 I에서는 실물시장에서 국민소득이 총수요를 초과하지만 금융시장에서는 통화의 공급이 그 수요를 초과하는 상태가 이루어진다. 그러나 영역 II에서는 실물시장에서의 재화의 초과수요와 금융시장에서의 통화의 초과공급이 이루어진다. 반면에 영역 III에서는 총수요가 국민소득을 그리고 통화의 수요가 실질화폐공급을 각각 초과한다. 그리고 영역 IV에서는 국민소득이 총수요를 그리고 통화의 수요가 실질잔고공급을 각각 초과하는 조

건이 성립된다. 균형점 E의 서북쪽에 놓이는 IS 곡선의 어떠한 점에서도 총수요와 국민소득이 일치하는 실물시장의 균형은 이루어지지만 금융시장에서는 통화의 초과공급이 발생한다. 그러나 균형점 E의 동남쪽에 놓이는 IS 곡선의 모든 점에서는 비록 재화시장에서 균형이 이루어질지라도 금융시장에서는 통화의 초과수요가 이루어지는 상태이다.

한편 균형점 E의 서남쪽으로 향하는 LM곡선 위의 모든 점에서는 금융시장에서의 균형은 이루어지나 실물시장에서는 총수요가 국민소득을 초과한다. 그렇지만 점 E로부터 동북쪽으로 한 LM 곡선위에서는 금융시장의 균형을 나타내 주나 실물시장에서는 국민소득이 총수요를 초과함을 나타내 준다. 이와 같은 네 영역과 그 경계의 특성에 비추어 균형점 *E*에서야말로 재화시장의 균형과 금융시장의 균형이 동시에 이루어진다.

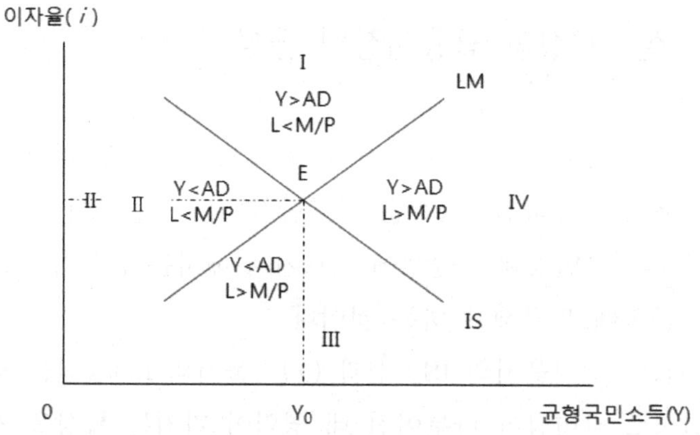

[그림 7-1] 실물시장과 금융시장의 균형

7.2 IS-LM 곡선과 재정·금융정책

1. 단순한 재정·금융정책의 효과

재정정책은 총수요의 규모를 조정하기 위하여 정부예산을 관리하는 하나의 정책수단이다. 한편 금융정책은 총수요의 조정을 위해서 통화당국에 의하여 통화공급을 변동시키는 다른 하나의 정책수단이다. 이와 같은 재정저책 및 금융정책은 총수요의 조정을 통하여 물가안정과 고용증대 및 국제수지의 균형, 그리고 경제성장을 이룩하는데 그 목표를 두고 있다. 이제 이와 같은 재정금융정책의 수행으로 기대할 수 있는 여러 가지 효과와 역효과를 IS-LM 모형으로 살펴보자.

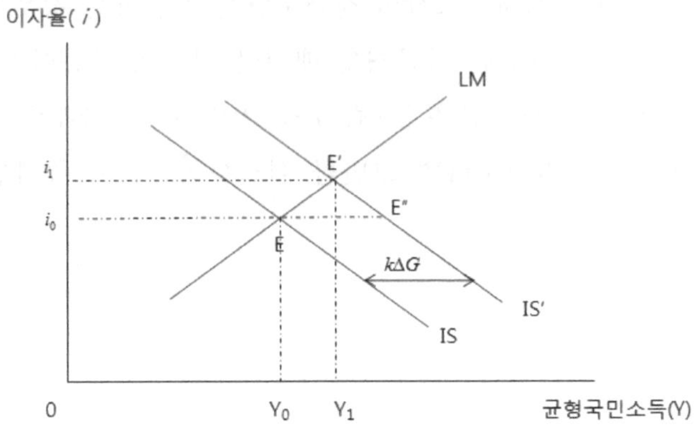

[그림 7-2] 정부지출의 증대효과

[그림 7-2]에서 보는 바와 같이 당초의 총체적 균형은 점 E에서 이루어지고 이때 이자율과 균형국민소득은 각각 i_0와 Y_0이었다. 이 상태에서 정부지출을 증대시키면 유효수요의 창출과 더불어 IS곡선이 동북쪽으로 이동하게 되는 것이다. 만일 이자율이 i_0 수준을 유지한다면 점 E로부터 점 E''까

지의 거리는 정부지출의 증가분 ΔG에 정부지출승수 k를 곱한 값을 나타낼 것이다. 그러나 새로운 총체적 균형 E'에서는 이자율이 i_1으로 상승되고 균형국민소득은 Y_1으로 증가될 것이다. 여기에서 균형국민소득의 증가분 Y_0Y_1의 거리는 $k\Delta G$보다 적은 값이 된다. 왜냐하면 정부지출의 증대에 따라 국민소득이 증가하지만 이로 인한 소득향상이 거래적 동기에 의한 통화수요를 증대시켜 실질통화공급이 일정한 상태를 유지하는 한 이자율을 상승시킬 것이다. 이렇게 하여 이자율이 상승하면 투자의 구축을 가져오게 된다. 결국 실질통화공급이 일정한 상태 하에서 정부지출을 증가시키면 이자율과 균형국민소득이 상승하는 균형에로의 조정이 E로부터 E'으로의 경로를 통해 이루어질 것이다.

한편 금융정책의 수행으로 기대할 수 있는 정책효과를 IS-LM모형으로 논의해 보자. 통화당국이 총수요정책의 일환으로 통화공급을 늘려 고용증대와 경제성장을 위해 공개시장조작의 정책수단을 동원하는 경우를 생각해 보자. 만일 정부가 이미 발행한 국공채를 매입할 경우 명목통화공급이 늘어날 것이며 정책에 따라 LM곡선은 [그림 7-3]처럼 우측 아래로 이동할 것이다. 이때 물가수준이 일정하다면 그만큼 실질통화공급이 증가될 것이다.

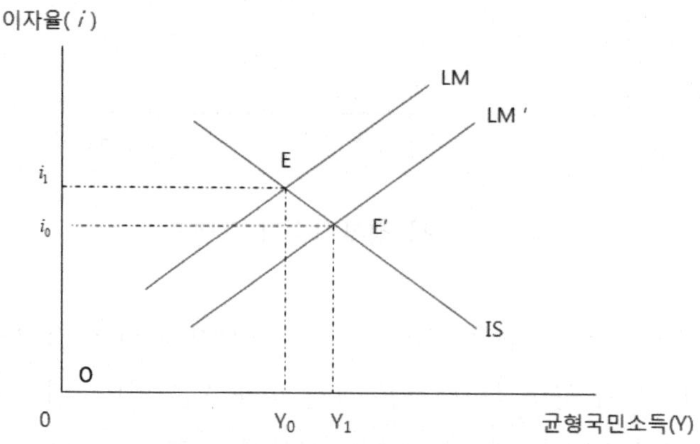

[그림 7-3] 통화공급증가의 효과

실질통화공급의 증가는 통화의 수요가 일정하다면 이자율을 하락시키는 결과를 초래할 것이다. 이자율이 떨어지면 결과적으로 투자가 증대되어 균형국민소득이 증가될 것이다. 따라서 총체적 균형은 점 E로부터 E'로 이동하면서 이자율은 i_0에서 i_1로 하락하고 반대로 균형국민소득은 Y_0에서 Y_1로 증가한다.

2. IS-LM 곡선의 기울기와 정책효과

재정금융정책의 효과는 IS 곡선과 LM곡선의 기울기에 따라 영향을 받게 된다. 정부지출이 조세수입을 초과할 때 적자재정이 이루어진다. 이와 같은 상황 속에서 정부는 적자재정에 따르는 예산의 부족분을 보전하기 위하여 비은행금융기관에게 국공채를 매각하거나 통화공급을 증가시킬 것이다. 이와는 반대로 조세수입이 정부지출을 초과하는 흑자재정하에서 정부는 국공채를 매입하거나 통화공급을 감소시킬 것이다.

통화공급이 일정할 경우 정부예산의 변동에 따르는 순재정정책의 효과를 분석해 보자. $IS-LM$모형에서 LM곡선이 일정한 상태 하에서 정부예산을 변동시키면 IS 곡선이 이동하게 된다. 예컨대 한 나라 정부가 조세의 증가없이 정부지출을 증가시키면 그 경제에는 화폐의 유입이 이루어질 것이다. 동시에 정부지출의 증가만틈 국공채를 비은행기관에게 매각하면 비은행기관의 현금잔고(cash balance)는 일정한 수준에 머물러 있게 된다. 이때 재정정책의 순효과는 명목통화공급이 일정하다는데서 가치를 측정할 수 있다.

예를 들어 IS 곡선을 동북쪽으로 이동시키는 확장적 순재정정책은 이자율을 상승시킬 것이다. 즉 정부지출의 증가와 함께 실질산출이 증가하고 나아가서 거래적 통화수요가 증가함에 따라 이자율이 상승하게 되는 것이다.

3. 케인즈와 통화주의자들의 논쟁

케인즈 학파는 정부지출의 증대가 유효수요를 창출하는 가운데 실업을 감소시키고 나아가서 경제불황을 회복하는데 직접적인 효과를 가져 온다는 생각을 가지고 있다. 그들은 통화공급의 조정이야말로 투자에 영향을 미치는 이자율의 변동을 가져오는 간접적인 효과를 가진다는 견지에서 극단적으로는 통화는 문제가 되지 않는다고 하였다. 이에 대하여 통화주의자들은 통화공급이 화폐수량설의 논리에 따라 중요한 정책수단이라고 보고 재정정책은 통화공급의 변동을 가져오지 않는 한 중요하지 않다고 주장하고 있다. 이러한 논쟁은 IS-LM 모형을 살펴보자.

IS-LM 모형에서 두 학파는 IS곡선과 LM곡선의 상대적 기울기를 다르게 보고 있다. 우리는 통화의 수요가 이자율에 대하여 보다 비탄력적일 때 LM곡선이 급경사를 이룬다는 것을 알고 있다. 따라서 통화의 수요가 이자율 탄력적이면 LM곡선은 보다 완만한 형태가 될 것이다. 한편 투자수요가 보다 이자율 탄력적이면 IS곡선은 급경사를 이루고 투자가 이자율에 대하여 보다 탄력적이면 IS 곡선의 기울기는 완만하다는 것도 알고 있다.

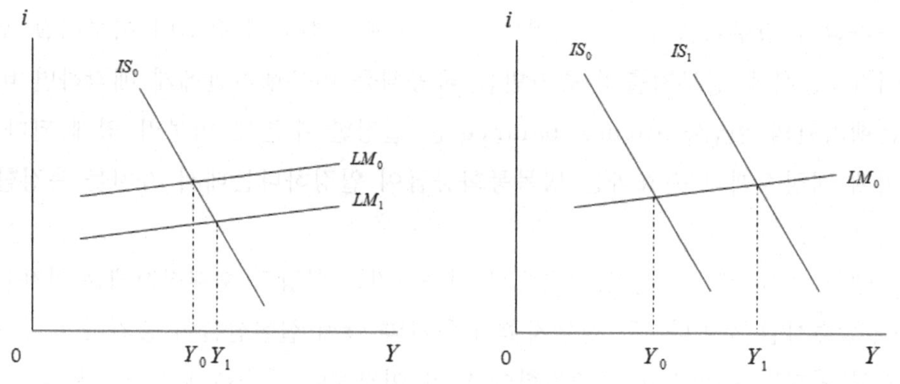

[그림 7-4] 케인즈 학파의 정책효과

케이즈 학파는 [그림 7-4]과 같이 LM곡선이 상대적으로 완만한데 비해 IS곡선은 급경사를 이룬다고 생각한다. 그들이 통화의 수요가 이자율 탄력적이지만 투자수요는 이자율 비탄력적이라는 생각을 갖는데서 비롯된 것이다. 이와 같은 명제에 따라 재정정책을 시행하면 IS곡선의 이동 폭이 커서 균형국민소득이 급격하게 증대된다는 논리가 성립되는 것이다. 그렇지만 금융정책을 실시할 경우 LM곡선의 이동 폭이 작아 정책효과가 과소하다.

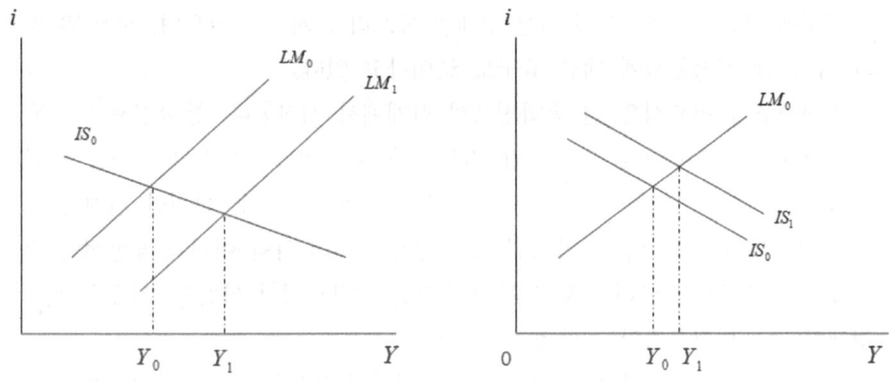

[그림 7-5] 통화주의자들의 정책효과

[그림 7-5]은 통화주의자들의 명제에 따라 LM곡선이 상대적으로 급경사를 이루는데 비하여 IS곡선은 상대적으로 완만하다. 그것은 그들이 통화의 수요는 이자율 비탄력적이지만 투자수요는 이자율 탄력적이라는 생각에서 연유된다. 그러므로 확장적 금융정책을 시행할 경우 LM 곡선의 변동 폭이 상대적으로 크기 때문에 그 정책효과가 크지만 확장적 재정정책의 효과는 상대적으로 과소하다는 것이다.

통화 기반 재정정책의 제도화

"추가 재정지출은 비용이 많이 들지만 장기적인 경제적 손실을 막고 더 강력한 회복을 가져올 수 있다면 그럴 만한 가치가 있다." 얼마 전 미국 연방준비제도의 파월 의장이 한 얘기다. 코로나19 사태로 촉발된 1차 충격에서 특히 금융시장은 각국의 선제적인 대응과 정책공조로 일단 진정 국면이다. 하지만 팬데믹의 향방에 대한 불확실성은 여전하고 실물경제와 금융시장 간의 괴리, 디커플링 현상은 오히려 더 심화되는 양상이다.

국내에서도 디플레이션에 대한 경계의 목소리가 커지고 있으며, 재정 및 통화 당국 간 정책공조에 대한 요구도 늘어나고 있다.

정책공조의 필요성은 현 통화정책의 한계에서 시작된다. 통화정책은 전통적이든 비전통적이든 금리를 통해 작동한다. 즉 장단기에 걸쳐 금리를 낮춰 소비와 투자의 조달비용을 낮춤으로써 수요를 진작시킨다. 하지만 현재와 같이 정책금리가 실효하한에 가까워지고, 장기 금리의 하락 여지가 제한적인 경우에는 통화정책이 금리 경로를 통해 수요를 진작시키기 어렵다. 지금은 재정정책이 좀 더 적극적인 역할을 해야 한다.

많은 연구 결과에 따르면, 재정정책은 경기침체기에 더욱 효과가 크다. 특히 감세나 이전지출보다 재정투자의 승수효과가 가장 큰 것으로 알려져 있다. 인프라, 재생에너지 및 차세대 기술 등 우리 경제의 총요소생산성을 높이기 위한 재정 확대가 중요한 이유이다.

초저금리 환경은 부채 기반 재정지출(Debt-Financed Fiscal Program)을 위한 조달비용을 낮추고, 부채 확대의 부담을 덜어준다. 무위험금리가 자본수익 및 추세적 성장률보다 낮게 유지된다면, 재정적자가 확대되더라도 국내총생산(GDP) 대비 부채율은 하락할 수 있다. 우리 모두가 바라는 긍정적인 시나리오일 터이다.

그러나 여기에는 몇 가지 우려가 존재한다. 우선, 대규모 확장재정에도 금리와 추세적 경제성장 간 우호적인 관계가 계속 유지될 수 있을지 보장이 없다. 국가부채 수준이 높아지면 부채의 지속 가능성에 대한 우려도 발생한다. 게다가 적자재정을 메우기 위해 추후 세금이 인상될 것이라는 기대가 형성된다면 재정지출의 효과는 줄어들 수밖에 없다. 정치적으로도 재정건전화 논쟁을 초래할 수 있다. 적정국가채무비율을 둘러싼 찬반론이 아니더라도, 재정의 부채조달만으로는 분명 한계가 있다.

그러나 다른 대안이 존재한다. 대표적인 게 통화 기반 재정정책(Money-Financed Fiscal Program)이다. 전통적인 세수 증대나 국채 발행 대신에 통화량의 항구적 증발을 통해 재원이 조달되는 확대재정정책을 의미한다. 소위 헬리콥터머니다. 발권력을 동원한 재정지출은 공공부채의 증가도, 추가적인 조세부담도 초래하지 않는다. 물론 부작용에 대한 우려도 존재한다. 중장기적으로 지속적인 물가 앙등 또는 하이퍼인플레이션을 막기 어렵다는 견해이다. 우리와 같은 개방경제에서는 외환시장의 불안정성도 커질 수 있다.

근본적으로는 중앙은행에 대한 신뢰 붕괴와 무분별한 재정 확대의 위험이 커질 수 있다. 그럼에도 현재와 같은 비상상황에서 이 정책의 장점을 살릴 수 있는 방안을 검토할 필요가 있다.

예컨대 한국은행 내에 긴급재정지원기구나 기재부 특별계정을 설치하여 재정지출을 위해 사용하도록 할 수 있다. 이 제도는 통화정책이 한계에 봉착하고, 물가상승률(또는 실업률이나 GDP가 될 수도 있을 것이다)이 정책목표를 체계적으로 하회하는 상황에서만 작동하도록 규정한다.

통화당국과 재정당국이 명시적인 정책목표에 대해 공동으로 책임을 진다. 또 사전에 정의된 명확한 출구전략이 존재해야 하고, 재정지원의 규모는 중앙은행이 결정한다. 이 제도는 중앙은행의 신뢰성을 유지하고, 무분별한 재정 확대의 위험을 줄이는 데 도움이 될 것이다. 통화당국과 정부의 정책공조가 절실한 경제 상황에서 신뢰할 만한 정책공조 프레임워크를 제도화하려는 노력이 필요한 시점이다.

〈정중호, 경향신문, 2020.05.27.〉

한은, 코로나19 불확실 여전 통화·재정정책 경기회복에 중점 둬야

신종 코로나바이러스 감염증(코로나19) 팬데믹(세계적 확산) 상황이 계속되고 있다는 점에서 향후 통화와 재정정책은 경기회복 촉진에 중점을 둬야할 것이라는 진단이 나왔다.

22일 한국은행 거시경제연구실 김태경·장희창 차장과 정선영 과장이 발표한 'BOK이슈노트, 코로나19 관련 거시경제 주요 이슈에 대한 논의 및 시사점' 자료에 따르면 향후 통화정책은 경기회복 촉진 및 물가안정목표 달성에, 재정정책은 경기회복 촉진 및 성장잠재력 제고에 중점을 둘 필요가 있다고 밝혔다. 또, 보건 및 경제상황에 대한 불확실성이 여전히 높은 만큼 유동성 및 지급능력 관련 정책을 추가하거나 연장 필요 여부도 점검할 필요가 있다고 전했다. 특히 우리 경제는 국내 보건 상황뿐 아니라 주요국 보건·경제 상황에도 큰 영향을 받을 수밖에 없는 만큼 정책국면 판단시 더욱 신중할 필요가 있다고 봤다.

이는 코로나19 발생 초기만 해도 경기회복 속도가 V자형이 될 것이라는 예측이 지배적이었던 반면, 최근엔 U자형 내지 L자형이 될 것이라는 견해가 확산하고 있기 때문이다.

또, 봉쇄조치 완화 내지 재도입과 관련해서는 의학적 편익과 경제적 비용 사이에서 사회후생 손실을 최소화하는 수준에서 결정돼야 할 것으로 봤다. 즉, 전염병 확산과 경기 등 경제문제를 상호배타적(not mutually exclusive)으로 봐서는 안 된다는 것이다.

중장기적인 관점에서는 장기 성장잠재력을 확충할 필요가 있다고 봤다. 이를 위해 팬데믹 종료 이후 국내외 경제환경 및 구조 변화에 대한 모니터링 및 연구를 강화하고, 이를 통해 통화정책 여건 변화를 조기에 파악해야 한다고 전했다.

이는 포스트코로나 시대 글로벌밸류체인(GVC)과 소득계층간 불평등, 생산성 하락에 따른 잠재성장률 저하 등 경제구조 전환과 관련한 예측들이 엇갈리고 있어서다.

앞선 한은 관계자들은 "코로나19 충격에 대응해 주요국이 전례없이 과감하고 다양한 조치를 시행했다. 반면, 향후 전염병 통제와 경제회복 시기 등에 대한 불확실성은 여전이 높다"며 "팬데믹 장기화와 경제회복 지연 등에 따라 지급능력 보전 차원의 추가 정책과 경기회복 촉진 등을 점검할 필요가 있다"고 전했다.

〈etoday.co.kr 자세히 보기 입력, 2020-07-22 06:00〉

연준 의장"현 경제상황 통화정책 한계…재정정책 중요"

미국 연방준비제도(Fed·연준)의 제롬 파월 의장이 15일(현지시간) 기준금리 인하 결정 직후 연 기자회견에서 최근 경제 상황에서 통화정책 대응의 한계를 거론하면서 재정정책의 중요성을 강조했다.

로이터 통신 등에 따르면 파월 의장은 이날 "연준은 실직자나 작은 기업체에 직접 도달할 (정책) 수단이 없다."면서 "이번 상황은 다면적인 문제이고 정부나 사회의 다양한 부분에서 답을 내놓을 필요가 있다."고 말했다.

최근 신종 코로나바이러스 감염증(코로나19) 확산 여파로 인한 경제 불안이 단순한 유효 수요 부진에 의한 게 아니라 이동제한이나 격리에 의한 경제 활동 위축, 공급망 붕괴 등 다양한 경로를 통해 발생하는 만큼 통화정책 대응으로는 한계가 있다는 의미다. 그러면서 파월 의장은 "재정정책이 특별한 계층을 직접 지원할 수 있는 방식"이라며 "연준은 재정정책 대응이 매우 중요하다고 생각한다."고 밝혔다.

그는 이날 기준금리 인하 결정에 대해선 "바이러스가 미국과 전 세계에 엄청난 영향을 주고 있다."며 "연준은 중요한 시장들이 적절한 시장 기능을 할 수 있도록 강력한 조치를 하는 게 매우 중요하다고 생각했다."고 설명했다.

연준은 지난 3일 기준금리를 0.5%포인트 인하한 데 이어 이날 기준금리를 기존 1.00~1.25%에서 0.00~0.25%로 1.0%포인트 전격 인하했다. 또 유동성 공급 확대를 위해 7천억 달러 규모의 국채와 주택저당증권(MBS)을 매입하기로 했다.

파월 의장은 코로나19발 경제 충격의 규모나 기간을 둘러싼 불확실성이 크다며 "미국 경제가 최근 사태를 견뎌내고 최대 고용과 물가 안정 목표를 달성할 수 있다고 확신할 때까진 기준금리를 이 수준에서 유지할 것"이라고 말했다.

그는 기준금리를 마이너스로 내릴 가능성이 있느냐는 질문에는 "마이너스 금리가 미국에서 적절한 정책 대응이 될 것으로 보지 않는다."고 선을 그었다.

그는 코로나19로 경제 상황이 급변하는 점을 고려해 내주 발표 예정이던 분기별 경제 전망 발표는 취소하기로 했다고 덧붙였다.

〈연합뉴스, 2020-03-16〉

통화정책과 재정정책의 새로운 조합

벤 버냉키는 미국 연방준비제도 의장 시절에 금융위기에 대응하기 위해 양적완화 정책을 과감하게 실시한 것으로 유명하다. 그는 지난 1월4일 미국 샌디에이고에서 열린 전미경제학회에서 '새로운 통화정책 수단'이라는 제목으로 특별 강연을 했다. 의장직에서 물러난 지 6년이나 흘렀지만 프린스턴대의 경제학 교수 출신답게 학구적인 면모를 유지하고 있었다. 여전히 책임감을 내려놓지 않고 구체적인 정책 수단을 모색하는 자세도 존경할 만했다.

버냉키가 한 그날 강연의 주요 내용은 양적완화와 아울러 중앙은행이 향후 금리 방향에 대해 가이드라인을 제시하는 선제적 안내(forward guidance)가 효과성이 입증된 정책수단으로 자리잡았다는 것이었지만, 통화정책의 한계에 대해 언급하는 것을 잊지 않았다. 특히 성장률이 낮고 인플레이션과 금리도 낮은 상황에서 통화정책의 대응 능력은 제한적일 수밖에 없다는 점을 환기시켰다. 단기금리는 물론 장기금리를 인하할 공간이 좁아지기 때문이다.

사실 한국의 경우에도 약간의 여력밖에는 남아 있지 않다. 현재 기준금리는 1.25%이고 장기국채 금리도 1% 중후반 수준이다. 미국, 일본, 유럽연합(EU)처럼 국제통화 지위를 갖춘 나라가 아니기 때문에 자본의 국외 유출 가능성을 고려할 때 기준금리를 제로까지 내리는 것은 모험에 가깝다. 설사 기준금리를 내릴 여지가 조금은 남아 있다고 하더라도, 만약 그러한 조처에도 불구하고 경기침체와 인플레이션 하락을 막지 못하면 그다음에는 무엇을 할 수 있을까?

주요국의 거의 모든 중앙은행 당국자들은 약간의 인플레이션, 가령 2%를 넘지 않으면서 그에 근접한 정도의 인플레이션이 별 부작용 없이 경제의 활력을 유지하는 데 도움을 준다고 믿는다. 그런데 문제는 경제주체들의 인플레이션에 대한 기대다. 기대가 실제 인플레이션에 영향을 주기 때문에 인플레이션 기대를 적절히 높은 수준에서 관리하는 것이 중요해진다.

여기서 중앙은행의 고민이 깊어질 수 있다. 금리 인하는 유동성 확대에 의한 물가 상승을 유발하므로 인플레이션에 대한 기대를 높이는 것으로 알려져 있다. 만약 정책금리가 4%인데 이를 2%로 낮추면 실물경기와 인플레이션 기대를 자극하는 효과가 분명히 있을 것이다. 그러나 정책금리가 1% 내외로 낮은 상황에서는 추가적으로 인하할 폭도 제한적인데다 자칫 금리 인하가 장기적 경기침체의 시그널로 읽힐 가능성도 배제할 수 없다. 그러면 금리를 내려도 인플레이션 하락 추세를 막을 수 없게 된다.

그런데 금리를 제로로 내리고 양적완화를 해도 문제가 없는 것은 아니다. 인플레이션에 대한 기대가 추락하는 것을 막을 수 있다 하더라도, 늘어난 유동성이 금융 부문에서만 돌아다니거나 이미 존재하는 실물자산인 부동산으로 쏠리는 허망한 결과를 낳을 수 있기 때문이다. 미국에서 양적완화 정책이 성공한 것은 오바마 정부의 확장 재정과 트럼프 정부의 감세 정책이 총동원된 결과로 보아야 한다. 특히 양적완화에 힘입은 큰 폭의 주가 상승이 소비 증가로 이어진 것이 주효했으며, 국제통화를 찍어내는 국가로서 자본 유출을 우려할 이유가 없는데다 대규모 재정적자를 감내할 수 있었기 때문이다.

한국의 경우 정부 부채 수준이 높지 않기 때문에 당분간은 확장적인 재정정책 기조를 유지할 수 있어서 당장 통화정책 대응이 급한 것은 아니다. 다만 우리의 경우 금리의 실효하한이 제로가 아니라는 점, 정부 부채를 미국이나 일본처럼 마냥 늘려나갈 수는 없다는 점에서 새로운 정책 조합을 미리 구상할 필요가 있다.

이번 전미경제학회의 강연에 담지는 않았지만 버냉키는 중앙은행이 공급하는 유동성의 일부를 재정지출이나 감세 재원으로 활용하여 실물경기를 직접 자극하는 것이 가능하다는 견해를 밝힌 바 있다. 연준 부의장을 지낸 바 있으며 매사추세츠공대(MIT) 재직 때 버냉키와 그레고리 맨큐 등 걸출한 제자를 다수 배출한 스탠리 피셔도 최근에는 중앙은행이 긴급재정지원을 할 수 있어야 한다는 주장을 펴고 있다.

통화정책을 직접 다루면서 중앙은행의 독립성을 누구보다 지지해온 탁월한 경제학자들도 다음번 위기에 어떻게 대응할지 걱정하면서 통화정책과 재정정책의 새로운 조합을 고민하고 있다. 중앙은행의 독립성을 훼손하지 않는 선에서 어떻게 정부와의 협력 모델을 만들지, 이제는 우리도 드러내놓고 지혜를 모아야 한다.

〈한겨레, 2020-02-07〉

연습문제

01 정부 지출이 늘어나면 이자율과 소득이 올라가지만 중앙은행이 통화 공급을 늘리면 소득은 증가하고 이자율은 낮아진다. 그 이유를 설명하시오.

02 통화정책의 단기효과에 대한 설명 중 옳은 것은?

① 투자의 이자율 탄력성이 클수록 통화정책의 효과가 크다.
② 화폐수요의 이자율 탄력성이 클수록 통화정책의 효과가 크다.
③ 임금조정의 신축성이 클수록 통화정책의 효과가 크다.
④ 한계소비성향이 작을수록 통화정책의 효과가 크다.

03 IS-LM 모형에서 재정정책과 통화정책에 대한 설명으로 옳은 것은?

① LM곡선이 수직이면 재정정책이 통화정책보다 더 효과적이다.
② IS곡선의 기울기가 가파를수록 재정정책으로 인한 국민소득의 증가폭이 작아진다.
③ LM곡선의 기울기가 가파를수록 재정정책으로 인한 국민소득의 증가폭이 작아진다.
④ 유동성함정에서는 통화정책이 재정정책보다 더 효과적이다.

04 정부가 재정지출을 A만큼 늘리는 동시에 조세를 A만큼 증가시키고 화폐공급량을 A만큼 줄일 경우, IS곡선과 LM곡선은 어떻게 이동하는지 설명하시오.

※ (5~6) Y=C+I+G, C=800+0.63Y, I=7500−20000r, L=0.1625Y−10000r, P=1, M=6000억 달러, G=7500억 달러 (단, Y는 국민소득, C는 소비지출, I는 투자지출, r은 이자율, G는 정부지출, P는 가격, M은 화폐공급, L은 화폐수요이다.)

05 GDP를 구하여라.

06 GDP가 소비지출, 투자지출, 정부지출을 합한 값과 같음을 보여라.

제 8 장

국민소득과 물가수준의 동시결정

8.1 총수요·총공급 분석의 개념

IS·LM 분석은 총수요결정 문제를 설명하는 것으로 공급측 요인에 대한 분석은 생략한 채 총공급은 항상 총수요와 같아지도록 조정된다고 생각하였기 때문에, *IS·LM* 분석은 수요측면만의 분석이고, 균형국민소득(균형 GDP)은 소비수요, 투자수요, 정부지출수요를 합한 총수요가 되는 것이다.

그리고 *IS·LM* 분석에서는 물가를 명시적으로 취급하지 않았다. 즉 물가수준은 일정하다고 가정하였는데, 이것은 생산물시장의 균형만을 분석할 경우는 물론이고, 생산물·화폐시장의 동시균형을 분석한다 하더라도 총생산함수나 생산요소(노동)시장과 같은 공급측 요인을 고려하지 않은 상태에서는 물가수준의 결정 문제를 설명할 수 없기 때문이다. 그리고 상당한 실업이 존재하는 과소고용경제 하에서는 생산물에 대한 수요가 증대하면, 물가에 대한 상승압력 없이도 생산물의 공급은 증대될 수 있다는 점을 생각하면, *IS·LM* 분석에서 물가수준 일정의 가정은 비현실적인 것도 아니다.

그렇지만 생산수준이 높아져 경제가 완전고용에 가까워지게 되면 각 기업은 생산요소의 투입증가로 인한 비용 상승에 직면하게 되고, 이에 따른 생산물 가격이 높아지게 됨으로써 물가수준은 상승하게 된다. 즉, 물가수준은 생산수준과 일정한 관계가 있다. 예를 들어 공급측면에 애로가 발생하면 물가는 상승하게 된다. *IS·LM* 분석에서는 이러한 공급측면에 대한 분석이 결여되어 있다. 따라서 수요와 공급 모두 고려하여 경제 전체의 균형을 고찰하기 위해서는 물가수준 일정의 가정을 완화하고, 수요측면과 공급측면을 동시에 분석할 수 있는 거시경제 전체의 분석 모델이 필요하다. 이 모델이 바로 총수요·총공급 모델(aggregate demand-aggregate supply model : AD·AS model) 이다.

총수요·총공급 모델은 *IS·LM* 모델에 거시생산함수와 생산요소(노동)시장을 도입하여 이들을 동시에 고려함으로써, 물가의 변동이 총수요에 미치는 영향 분석과 함께 물가의 변동이 총공급에 미치는 영향도 분석할 수 있다. 따라서 총수요·총공급 모델에서는 *IS·LM* 모델에서의 생산물시장과 화폐시장에 더하여 노동시장을 분석함으로써 세 시장이 분석대상이 된다. 이와 같이 총수요·총공급모델은 생산물시장과 화폐시장의 동시균형 분석이면서 경제 전체의 수요측면과, 거시생산함수와 노동시장의 균형분석인 공급측면을 함께 고려하는 분석이다.

8.2 총수요와 물가

총수요는 한 나라 경제에 있어서 여러 가지 재화와 서비스를 구매하고자 하는 모든 국민들의 집합적 욕구를 나타낸다. 그것은 국민 개개인의 개별적 수요의 총화인 것이다. 이 총수요는 통화량이 일정하고 재정정책이 안정적인 상태 하에서 물가와 마이너스 함수관계를 가지고 있다. 여기에서 물가란 개별상품의 가격이라기보다는 물가일반의 수준, 즉 총물가수준을 의미한다.

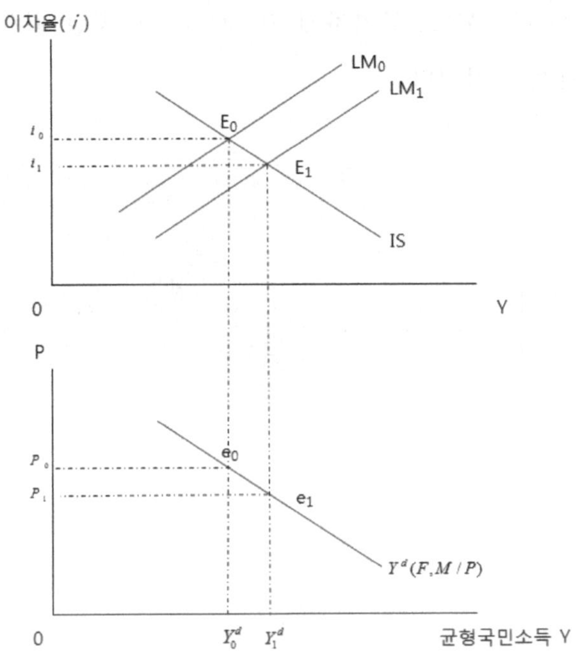

[그림 8-1] 총수요곡선의 유도

총수요함수는 [그림 8-1]과 같이 곡선의 형태를 취한다. 즉 정부지출이나 조세의 규모 등을 나타내는 재정정책의 변수 F와 통화공급의 실질가치(실질잔고) M/P이 일정한 상태에서 물가가 P_0일 때 총수요가 Y_0^d 이지만 물가가 P_1으로 하락하면 총수요가 증가되어 Y_1^d가 된다는 것이다. 이 그림에서 곡선 Y^d는 $IS \cdot LM$ 곡선으로부터 유도된 것이다. [그림 8-1]의 (a) 부분에 나타난 균형점 E_0은 물가시장과 금융시장이 연립적 균형을 이루고 있는 상태를 가리키고 있다. 이 상태는 물가수준이 P_0일 때의 실질가치 M/P_0이 통화의 수요와 같고 아울러 총투자와 총저축이 일치하는 경우이다. 반면에 물가가 P_1으로 하락하면 실질잔고가 M/P_1으로 증가되며 LM곡선을 동남쪽으로 이동시켜 이자율을 하락시키면서 점 E_1에서 새로운 균형을 이룰 것이다. 이때 총수요는 Y_1^d로 증가하게 될 것이다. 이처럼 총수요함수는 물가수준과 역의 관계를 가진다.

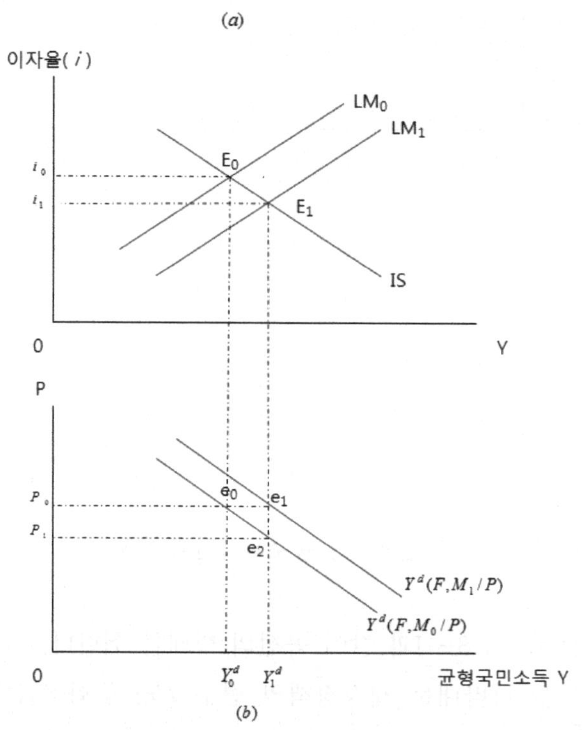

[그림 8-2] 총수요곡선의 이동(I)

그러면 한 나라가 통화공급이나 정부지출을 늘리는 소위 확장적 금융·재정정책을 추진할 경우 총수요는 어떠한 영향을 받을 것인가? [그림 8-2]에서 통화당국이 통화량을 M_0에서 M_1으로 증가시키면 통화공급의 실질가치가 M_0/P으로부터 M_1/P으로 증대될 것이다. 이때 LM곡선은 왼쪽으로 이동되고 이자율의 하락과 함께 실물시장과 금융시장의 새로운 균형이 점 E_1에서 이루어질 것이다. 그러므로 통화량의 증가는 물가가 P_0에서 안정된 상태 하에서 총수요를 Y_0^d로부터 Y_1^d로 증가시킬 것이다. 여기에서 우리가 염두에 두어야 할 것은 첫째, 정부지출이나 조세수준이 일정하다는 가정과 둘째, 실물시장과 금융시장의 균형이 E_0으로부터 E_1으로 이동함에 따라 균형국민소득이 증가되어 Y_1^d와 같다는 점이다. 이와 같이 통화공급의 명목가치가 증가되거나 감소함에 따라 총수요함수 Y^d는 왼쪽으로 혹은 오른쪽으로 이동하게 되는 것이다.

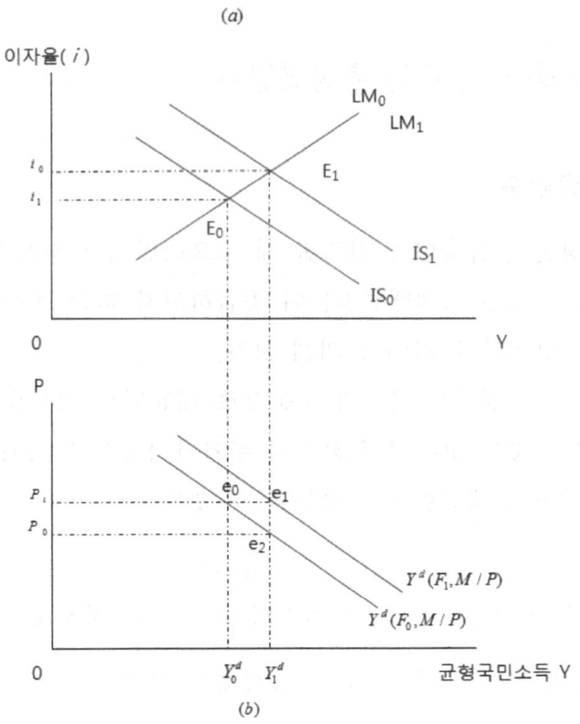

[그림 8-3] 총수요곡선의 이동(II)

한편 한 나라가 확장적 재정정책의 기조 하에서 통화의 실질잔고가 불변인 상태, 즉 통화량과 물가의 변화가 없는 상태에서 정부지출을 증가시키면 IS곡선이 동북쪽으로 이동하여 총수요는 비록 물가가 P_0을 유지하더라도 Y_0^d에서 Y_1^d로 증가할 것이다. 그러므로 통화의 실질가치가 일정한 가운데 정부지출을 증가시키면 총수요곡선은 오른쪽으로 이동한다. 이와 같은 확장적 재정정책에 따라 재화시장과 금융시장의 균형은 점 E_0에서 E_1으로 이동하고 이어서 물가의 변동이 일어나면 새로운 총수요곡선 $Y^d(F_1, M/P)$를 따라 총수요의 변화가 이루어지게 된다.

8.3 노동의 수급과 총공급함수

1. 노동의 수요함수

$IS \cdot LM$ 모형은 공급측면을 간과한 채 수요측면에서 경제의 행태를 분석한 것이다. 이제 모든 경제행위자들이 공급하고자 하는 총산출량, 즉 총공급을 결정하는 요인에 관하여 논의해 보자.

한 나라의 순국민생산은 자본과 노동으로 대표되는 생산요소의 투입량에 따라 달라지며 그것은 모든 투입요소의 부가가치로서 측정되는 것이다. 따라서 다음과 같이 총생산함수를 유도할 수 있다.

$$Y = f(N, K, T)$$

(단, Y : 실질총산출, N : 노동서비스의 흐름, K : 자본량, T : 기술상태)

그런데 단기에 있어서 자본량과 기술상태는 전혀 변동이 없는 값으로 가정되기 때문에 ($\overline{K}$, $\overline{T}$) 소위 단기생산함수는 다른 조건이 일정하다는 가정 위에서 다음과 같이 바꾸어 표현될 수 있다.

$$Y = f(N, \overline{K}, \overline{T}) \text{ (단, } \frac{dY}{dN} > 0, \frac{d^2Y}{dN_2} < 0)$$

여기에서 노동의 한계생산성은 0보다 크지만 그 값은 노동투입량이 증가함에 따라 점차 체감된다. 노동의 수요란 모든 고용주가 일정한 기간에 걸쳐 어떤 임금율로서 고용하고자 하는 노동자수 내지는 노동량이다. 하나의 생산요소로서의 노동에 대한 수요는 단순히 노동서비스를 구매하고자 하는 욕구라기보다는 여러 가지 재화나 용역의 생산에 따라 그 양이 결정되는 하나의 파생요소(derived demand)인 것이다. 따라서 노동의 수요는 요소시장으로서의 노동시장내부에서의 상황뿐만 아니라 재화시장에서의 상품수요나 그 시장의 경쟁조건에 따라서도 영향을 받는다.

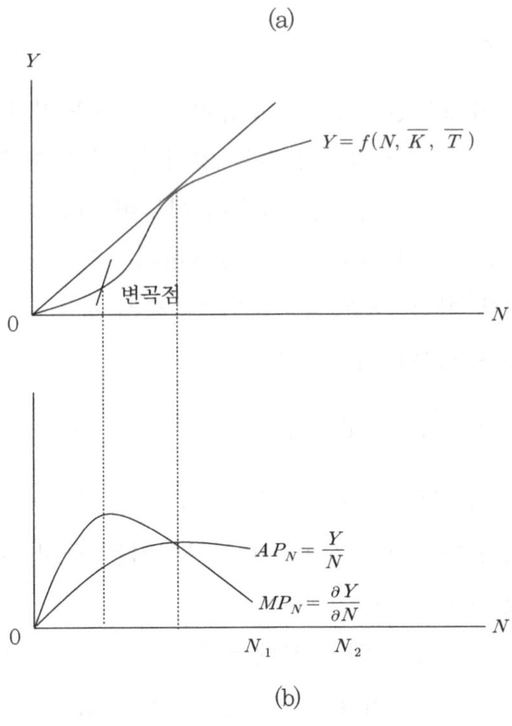

[그림 8-4] 생산함수

이와 같은 내용을 [그림 8-4]를 통해 쉽게 알 수 있다. 그림의 (a) 부분에서 노동의 한계생산물과 실질임금율이 같음을 보여주고 (b) 부분에서는 노동의 한계생산물가치가 명목임금율과 같음을 설명해 주고 있다. 두 경우 모두 기업의 노동수요량이 N_0이다. 그러므로 이윤극대화를 추구하는 생산자들은 실질임금이 하락할 때 부가적인 노동을 고용하여 산출량을 늘리려 할 것이다. 결국 노동의 수요는 실질임금율과 역의 함수관계를 가진다.

$$N^d = g\left(\frac{W}{P}\right),\ (\text{단},\ \frac{\partial N^d}{\partial (W/P)} < 0)$$

이와 같이 노동의 수요함수야말로 생산기술의 조건이 일정하고 재화 및 노동시장에서의 경쟁의 정도가 일정하다는 가정 하에서 성립된다.

2. 노동의 공급함수

노동의 공급은 경제활동인구로서의 노동자가 소득을 얻기 위해 일정한 기간에 걸쳐 노동서비스를 제공하고자 하는 양이다. 한 경제행위자의 생산 및 소비행위는 극대의 효용을 추구하는 가운데 이루어진다. 따라서 노동공급자로서의 한 행위자의 목적함수(objective function)은 여러 가지 재화의 소비수준과 여가시간에 따라 파생되는 효용함수로서 표시될 수 있다. 즉, 한 행위자의 목적함수를 다음과 같이 정의하자.

$$U = u(X_1, X_2, \cdots, X_n, R)\ (\text{단},\ u > 0)$$

여기서 U는 한 행위자의 효용수준이며 $X_1, \cdots, X_n$ 등은 여러 가지 재화의 자가소비수준과 시장으로부터 구매하여 이루어지는 소비수준, 그리고 R은 여가시간을 나타내 주고 있다.

일반적으로 사람들은 낮은 임금 하에서 그 소득이 증가함에 따라 노동의 공급을 증가시키지만 높은 임금 하에서는 노동의 공급곡선이 후방굴곡형(backward bending curve)의 특성을 가진다. 이와 같은 관계는 후방굴절형을 가지는 단순한 개인의 노동공급함수 $N=l(W)$로서 설명될 수 있다.

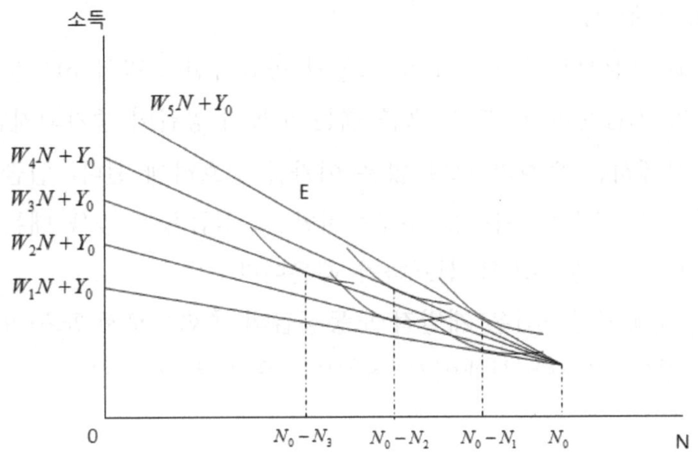

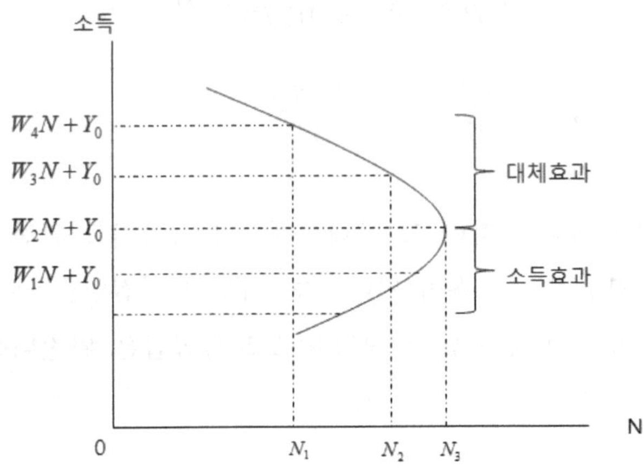

[그림 8-5] 임금율과 노동의 공급

[그림 8-5]에서 임금율이 W_1으로부터 W_3까지 상승하면 노동의 공급이 증가하지만 그 실질임금율이 W_4에 까지 상승하면 그 개인의 노동공급은 W_2에서와 같은 N_2가 될 것이다(이 경우 소득은 $W_4N+Y_0=W_2N+Y_0$이

다). 만일 임금율이 더욱 상승하여 W_5가 된다면 노동시간은 더욱 줄어들어 N_1이 될 것이다. 즉, 임금율이 W_4일 때 여가시간은 $N_0 - N_2$이지만 W_5에서 $N_0 - N_1$이 된다.

그림의 (a) 부분으로부터 유도한 노동의 공급곡선(그림의 b)부분에서 보는 바와 같이 임금율이 W_3까지 오를 때는 노동의 공급이 증가되지만 더 높은 임금율 하에서는 오히려 보다 많은 여가를 선호하게 된다. 임금율이 낮을 때 보다 많은 소득의 획득을 추구하지만 그 임금율이 높을 때는 생활의 여유가 생겨 더 많은 여가를 선호하기 때문이다.

따라서 총노동공급곡선은 개별적 노동공급의 총합으로서 노동의 총공급은 다른 조건이 일정한 상태에서 실질임금율과 플러스(+)의 함수관계가 있다.

$$N^s = h(\frac{W}{P}) \quad (\text{단, } \frac{dh}{d(W/P)} > 0)$$

$$\rho = \frac{dN^s}{d(W/P)} \cdot \frac{(W/P)}{N^s} = \infty$$

그러나 고용이 증가해감에 따라 그 탄력성계수가 작아지고 완전고용수준 N_f에 이르면 그 탄력성계수는 零이 된다. 즉, 아무리 실질임금율이 오르더라도 더 이상 고용이 늘어지지 않는 상황으로 노동공급은 완전비탄력적이 된다.

3. 노동시장의 균형과 총공급곡선

신고전학파 경제이론에 입각하여 실질임금은 [그림 8-6]의 (a)에서와 같이 노동의 수요와 공급이 일치하는 상태에서 결정된다. 노동의 수요가 그 공급과 일치하는 완전고용상태에서 실질임금율은 $(W/P)_f$이며 고용량은 N_f가 된다. 이 고용량에서 곧 완전고용상태가 이루어진다. 이와 같이 노동시장에서 균형이 이루어질 때 완전고용의 산출량은 그림 (b)에서와 같이 총생산함수로부터 결정된다. 노동의 수요와 공급의 실질조건으로서 정의되므로 실질균형임금율과 균형고용수준은 물가수준의 변동에 영향을 받지 않을 것이다.

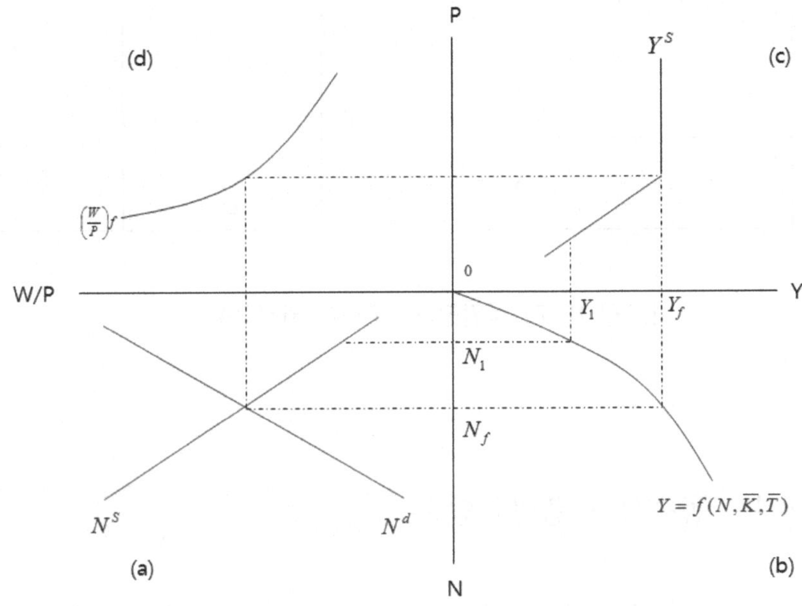

[그림 8-6] 노동시장의 균형과 총생산수준

만일 화폐임금율 W와 물가 P가 같은 비율로 인상되면 실질임금 $w = \frac{W}{P}$는 변동이 없다. 그러므로 실질지출의 완전고용수준은 물가수준에 따라 변동이 없는 것이다. 그러나 많은 개발도상국가가 직면하고 있는 과소고용상태 하에서의 노동의 공급곡선은 [그림 8-6]에서와 같이 임금에 대하여 완전탄력적이며 이때 노동시장의 균형은 고용수준 N_1에서 이루어진다. 그러나 완전고용에 도달한 가상적인 경제에서는 노동의 공급이 임금에 대하여 완전비탄력적이며 노동시장의 균형은 N_f에서 이루어진다. 단 기술혁신과 함께 노동의 생산성이 향상되면 노동수요곡선 N^d는 동북쪽으로 이동하고 노동시장의 균형도 아울러 조정된다.

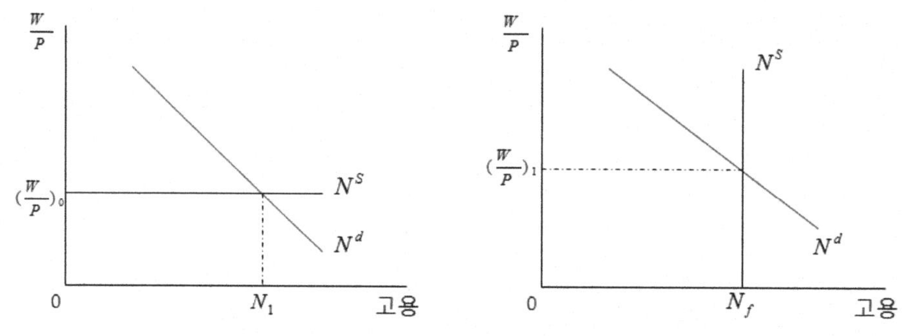

[그림 8-7] 불완전고용균형과 완전고용균형

8.4 총수요와 총공급함수

한 나라 경제는 물가의 함수인 총수요와 총공급이 일치하는 가운데 균형에 도달한다. [그림 8-8]은 지금까지 논의한 총수요곡선과 총공급곡선을 한 좌표에 그린 것이다. 수평축의 Y_1은 앞의 [그림 8-7]과 같이 과소고용으로 이루어진 국민소득 수준이며 이때 총수요와 총공급이 점 E_0에서 교차되어 균형을 이룬다. 한편 선 Y_f는 노동의 수요와 공급이 일치하는 가운데 완전고용이 이루어지는 국민소득수준을 나타내주고 있다.

원래의 균형점 E_0의 상황으로 되돌아가 보자. 이와 같은 과소고용균형 하에서는 비자발적 실업으로 말미암아 임금이 하락할 것이다. 임금의 하락은 다른 생산요소의 비용이 일정하다고 가정할 때 생산비가 절감될 것이므로 시간의 흐름과 함께 총공급을 증가시킬 것이다. [그림 8-8]에서와 같이 총공급곡선이 Y_0^S 에서 Y_1^S로 늘어난다는 뜻이다. 이 경우 총공급이 총수요를 초과하기 때문에 물가가 하락한다. 노동의 초과공급이 임금을 하락시키지만 완전고용 하에서 임금이 더 이상 하락하지 않고 총산출도 Y_f를 초과하지 않게 된다. 이렇게 하여 새로운 균형 E_1은 완전고용의 국민소득수준에서 결정되는 것이다. [그림 8-8]에서 보는 바와 같이 임금과 물가가 신축적이면 한 나라의 경제는 장기에 걸쳐 당초의 균형 E_0으로부터 새로운 균형 E_1으로 이행한다.

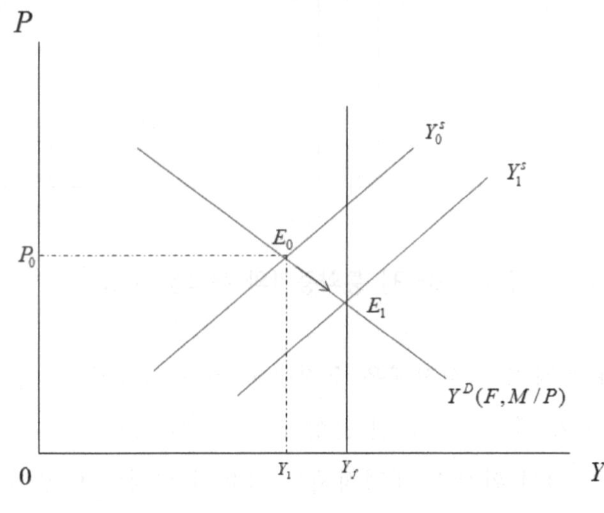

[그림 8-8] 총공급의 조정

이와 같은 상황은 확장적 내지는 긴축적인 금융재정정책의 수행에 따라 달라진다. [그림 8-9]에서와 같이 통화당국이 통화공급을 증가시키면 총수요곡선이 $Y^d(F, M_0/P)$로부터 $Y^d(F, M_1/P)$로 이동할 것이다. 당초 한 나라 경제가 점 E_0에서 완전고용균형이 이루어졌으나 일시적으로 통화의 공급이 증가하면 총수요곡선이 우측 상방으로 이동하여 점 E_1에서 가상적인 균형이 이루어졌다고 가정해 두자. 가상적인 점 E_1에서는 임금상승의 압력으로 총공급곡선이 좌측으로 이동되어 장기적으로는 점 E_2에서 새로운 균형에 도달하게 될 것이다.

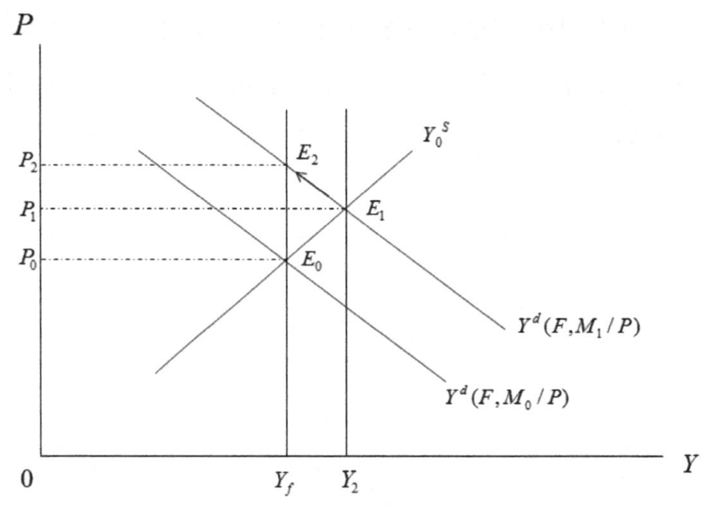

[그림 8-9] 통화증가와 새로운 균형

한편 정부가 확장적 재정정책을 추진할 때에도 경제상황은 [그림 8-10]와 같이 당초 균형 E_0에서 가상적인 균형 E_1을 거쳐 장기적으로 E_2에 이를 것이다. 단기에 있어서 확장적 재정정책은 금융의 확장이 이루어질 때와 같이 가상적이 균형 E_1에서 산출과 고용의 증대를 가져올 것이며 [그림 8-10]에 같이 총공급곡선이 $Y^d(F_0, M/P)$에서 $Y^d(F_1, M/P)$에로 이동될 것이다. 가상적인 균형 E_1에서 총공급곡선이 완만한 기울기를 가지면 산출의 증가에 따른 비용이 과소하게 증가될 것이지만 임금상승의 압력은 총공급곡선을 좌측 상방으로 이동시킬 것이다. 그 결과 물가가 상승되어 통화공급의 실질가치를 낮추는 가운데 총지출이 감소될 것이다. 이렇게 하여 한 나라 경제의 균형은 장기에 걸쳐 가상적인 균형 E_1으로부터 새로운 균형 E_2에 이르게 된다. 그러므로 장기적으로 총공급곡선은 Y_f로부터 수직으로 그어진 소위 완전비탄력적인 기울기를 가지게 될 것이다.

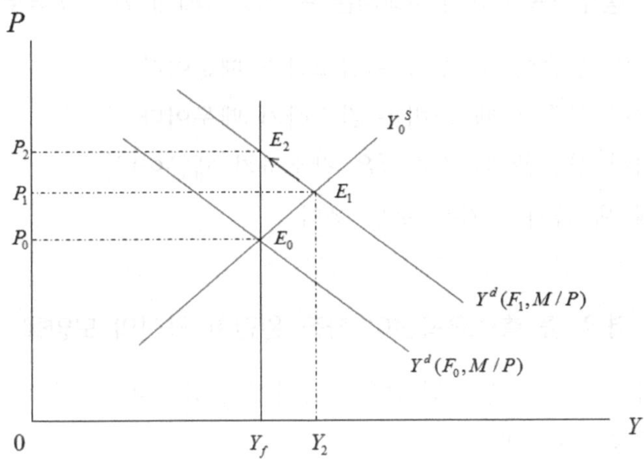

[그림 8-10] 재정지출의 확대와 새로운 균형

연습문제

01 다음 중 총수요곡선이 우하향하는 곡선을 그리게 되는 이유로 옳은 것은?

① 가격이 상승할 때 투자는 감소하기 때문이다.
② 가격이 상승할 때 소비는 감소하기 때문이다.
③ 가격이 상승할 때 순수출은 감소하기 때문이다.
④ 위의 세 가지 보기는 모두 옳다.

02 다음의 경우 중 총수요곡선이 가장 완만한 곡선의 모양을 갖는 것은?

① 투자지출이 이자율 변화에 민감하게 반응한다.
② 지출승수가 작다.
③ 화폐수요가 이자율 변화에 민감하게 반응한다.
④ 화폐 공급량이 많다.

03 다음의 경우 중 총수요 곡선이 가장 가파른 곡선의 모양을 갖는 것은?

① 화폐의 수요변동이 소득변동에 민감하게 반응하지 않는다.
② 민간부문 투자 변동이 이자율 변동에 민감하게 반응하지 않는다.
③ 지출승수가 작다.
④ 화폐의 수요변동이 소득변동에 민감하게 반응한다.

04 다음 중 총수요곡선에 대한 설명으로 옳은 것은?.

① 다른 조건이 변하지 않는 경우 정부 지출이 감소하면 총수요곡선은 오른쪽으로 이동한다.
② 다른 조건이 변하지 않는 경우 가격 수준이 올라하면 총수요곡선은

왼쪽으로 이동한다.

③ 다른 조건이 변하지 않는 경우 세금이 감소하면 총수요곡선은 왼쪽으로 이동한다.

④ 다른 조건이 변하지 않는 경우 명목 화폐 공급이 증가하면 총수요곡선은 오른쪽으로 이동한다.

05 한 나라의 경제가 총수요가 총공급을 초과하고 재고 감소와 활발한 생산활동이 이루어질 경우 정부의 적절한 대처로 옳은 것은?

① 적자예산을 편성하여 물가를 내린다.

② 지급준비율을 인상하여 대출을 쉽게 한다.

③ 이전지출을 늘려 저속득층에 대한 지원을 강화한다.

④ 긴축재정정책으로 총수요를 억제한다.

06 총수요–총공급 이론에 대한 다음 설명 중 옳은 것은?

① 국제유가 상승은 총공급곡선을 왼쪽으로 이동시킨다.

② 신기술 개발은 총공급곡선을 왼쪽으로 이동시킨다.

③ 정부지출 감소는 총수요곡선을 오른쪽으로 이동시킨다.

④ 정부조세 감소는 총수요곡선을 왼쪽으로 이동시킨다.

07 경제가 고용을 충분히 달성하고 총공급 곡선이 수직선이라고 가정하면 정부의 조세 감세 정책 효과로 옳은 것은?

① 가격 수준과 실제 생산량이 모두 높아진다.

② 가격 수준은 높아지지만 실제 생산량 변화에는 영향을 주지 않는다.

③ 실제 생산량은 높아지지만 가격 수준의 변화에는 영향을 주지 않는다.

④ 가격 수준과 생산량 모두에 미치는 영향이 없다.

제 9 장

국제수지와 환율

9.1 국제수지[26)]

1. 국제수지의 개념

한 국가의 국제수지(balance of payments or balance of international payments: BOP)란 '일정기간동안에 한 국가의 거주자들이 외국의 거주자들과 행한 모든 경제적 거래를 체계적으로 정리한 것'을 말한다.

첫째, '일정기간동안에'라는 말은 국민소득, 국내총생산 등의 경우와 마찬가지로 국제수지는 저량(stock)변수가 아니고 유량(flow)변수라는 것을 의미한다. 보통 1년을 대상으로 표시하나 분기, 월, 또는 다른 기간에 대해 나타내기도 한다.

둘째, '한 국가의 거주자들이 외국의 거주자들과 행한 거래'라는 것은 경제활동의 본거가 그 나라에 있는 사람(법인포함)들과 모든 여타의 세계의

43) 배기형, 세계경제 입문, 두남에서 재정리.

사람(법인포함)들의 사이에 전개되는 거래라는 것을 말한다.

셋째, '모든 경제적 거래'란 말 그대로 모든 형태의 거래를 포함한다는 것을 의미하는데 구체적으로는 재화 및 서비스, 자본, 외환의 거래 및 국제간의 증여등 일체의 대외거래를 망라한다.

넷째, '체계적으로 정리한 것'이란 모든 거래를 일목요연하게 어떤 객관적인 기준에 입각하여 질서 있게 기록한 것이란 의미이다. 어느 계정에서나 그 나름의 회계절차와 기준이 있다. 자세한 기준은 아래에서 살펴본다. 이러한 체계는 꼭 하나로 일률화 될 필요는 없고 편의에 따라 기록하는 항목이 세분 또는 통합될 수도 있다.

2. 국제수지의 균형과 불균형

1) 국제수지 균형의 개념

일국의 수취와 지급은 균형을 이루는 것이 바람직하다. 지급이 수취를 초과하는 상태가 지속된다면 그 나라가 갖고 있는 외국화폐(외화)는 점점 줄어들어 마침내는 매우 긴급한 물품조차도 수입을 할 수 없는 상태가 되어 파탄이 오기도 하고 경제발전에 많은 애로요인이 될 수도 있다. 또한 수취가 지급을 만성적으로 초과하는 상태도 결코 바람직스러운 것이 아니다. 왜냐하면 획득한 외화는 단순히 축적하는데 의의가 있는 것이 아니라 필요한 물건을 외국에서 수입하거나 외국의 증권을 구매함으로써 장단기적 국민생활향상이나 경제발전에 도움이 되도록 쓰는 것이 바람직하기 때문이다. 이와 같이 수취와 지급이 균형상태에 있는 것이 바람직하므로 거시경제정책의 목표의 하나로 국제수지의 균형이 중요시되며 정부당국도 이를 위하여 노력을 기울이고 있다.

그러면 국제수지의 균형은 무엇을 말하는가? 이미 본 바와 같이 모든 거래는 복식부기의 원리에 따라 기재되므로 국제수지표상의 수취와 지급의 양변은 항상 일치한다. 여기서 특이한 것은 준비자산의 증가는 지급항에 나타나고 준비자산의 감소는 수취항에 나타난다는 것이다. 이것은 대외준비자산이 감소하는 경우 우리나라에 외화가 들어오는 것이므로 대외준비자산의 감소는 외환의 수취에 대응되며 따라서 수취항에 나타난다. 반면 대외준비자산의 증가는 외화의 지급을 의미하므로 지급항에 나타난다. 그리고 오차 및 누락은 국제수지표상 실물거래와 금융기관을 통해 드나드는 돈의 흐름이 맞지 않는 것을 조정해 주는 항목으로 수취와 지급의 양변을 동일하게 만드는 조정항목이라고 볼 수 있다.[27)]

따라서 국제수지의 균형 또는 불균형을 말할 때는 국제수지표상의 모든 항목을 통틀어서 하는 말은 아니다. 국제수지의 균형(equilibrium), 흑자(surplus), 적자(deficit)라는 개념을 규정함에 있어서는 앞에서 본 국제수지표의 제 계정의 일부를 두고 하는 말이다. 계정의 일부를 대상으로 수취의 합이 지급의 합과 같으면 국제수지가 균형이라고 말하고 수취의 합이 지급의 합보다 크면 흑자이고 반대로 수취의 합이 지급의 합보다 작으면 적자이다.

그러면 국제수지표의 어떤 일부를 대상으로 국제수지상태를 판단하는가? 이에는 통상 경상계정수지의 개념이 판단기준으로 이용된다. 경상수지 또는 경상계정수지(current account balance)란 경상계정의 전체항목(상품, 서비스, 소득, 경상이전항목)의 합을 의미한다. 경상계정의 수취합이 지급합보다 크면 경상수지가 흑자이고 작으면 적자이다. 이 경상수지는 상품수지, 서비스수지, 소득수지, 그리고 경상이전수지로 구성된다. 각 계정별로 수취가 지급보다 크면 흑자이고 반대이면 적자가 된다. 예컨대, 상품수지에서 수취합이 지급합보다 크면 상품수지흑자라고 한다.

경상수지를 국제수지상태의 판단기준으로 보는 견해는 경상계정거래만이 상업적 이윤추구적 목적을 갖는 독자적 거래로 보는데 기인한다. 경상수지 적자가 있으면 그것이 어떤 형태로 보전되든 그 나라의 대외거래는 적자라

---

27) 국제통화기금(IMF)의 권장지침에서는 이 오차와 누락항목이 수출입합계액의 5% 이내면 대체로 국제수지통계가 정확한 것으로 인정해 준다.

고 볼 수 있다는 것이다. 한때는 상품의 수출입만을 대상으로 하는 상품수지(trade balance)가 중시되기도 하였으나 최근에 와서 서비스의 교역이 중요해지고 또 생산요소의 이동이 활발해지면서 서비스수지 및 소득수지가 중요해지고 따라서 이들을 포괄하는 경상수지가 중요한 개념으로 등장하고 있다.

국제수지불균형의 근본적인 원인이 경상수지의 불균형에 거의 근거하지만 경상수지가 유일한 판단기준이 되는 것은 아니다. 왜냐하면 경우에 따라서는 자본도입이나 자본수출이 자본의 수익성에 따라 이루어지는 독자적 거래의 성격을 띠게 되기 때문이다. 특히 자본의 수출입이 많은 나라의 경우에는 경상수지만으로 국제수지의 균형을 판단하게 되면 균형의 동태적 변화를 보지 못하게 된다. 그래서 경상수지와 자본수지를 합한 국제수지개념을 살펴볼 수 있을 것이다.[28] 그러나 발전도상국에서 흔히 보듯이 경상수지적자가 자본수지흑자로 주로 보전되는 경우에는 경상수지와 자본수지의 합이 균형이 되어 있다고 해도 그 나라의 국제수지가 균형상태라고 말하기는 어렵다.

이와 같이 보면 한 나라의 국제수지 상태를 판단할 때 가장 중요한 기준은 역시 경상계정수지이며 이에 대한 보조판단기준으로 경상수지와 자본수지를 합한 개념을 이용될 수 있다. 즉, 경상수지를 위주로 하고 목적에 따라 자본계정을 고려하여야 할 것이다.

2) 국제수지 균형의 중요성

국제수지가 지속적으로 적자를 나타낼 경우 외채가 늘어나 그 원금상환과

28) 국제수지의 구편제에서는 경상수지이외에 기초수지(basic balance)와 종합수지(overall balance)라는 개념이 사용되었었다. 기초수지는 경상수지에 장기자본수지를 합한 개념이고 종합수지는 경상계정과 자본계정, 그리고 오차와 누락항을 포함하여 살펴보는 수지개념이다. 그런데 신편제에서는 자본수지를 장단기로 구분하지 않기 때문에 기초수지를 볼 수 없다. 그리고 경상계정과 자본계정, 그리고 오차와 누락항을 포괄한 것이 결국 '준비자산증감'이므로 구체제에서의 종합수지의 적자는 준비자산감소이고 종합수지흑자는 준비자산증가가 된다.

이자지출 부담이 커지고 나중에는 신용이 떨어져 빚을 얻기조차 힘들게 된다. 이러한 예는 멕시코, 브라질, 아르헨티나 등 외채불이행 선언을 한 남미의 주요국에서 찾아볼 수가 있다. 그러나 국제수지 흑자가 반드시 좋다고만 할 수 없다. 왜냐하면 국제수지 흑자는 국내통화를 증가시켜 물가상승을 초래할 우려가 있기 때문이다. 1986년 이후 우리나라는 국제수지 흑자로 국내물가가 상승하는 예가 있었다. 따라서 국제수지 균형은 물가안정과 더불어 안정적인 경제성장의 두 기둥이며 국제수지의 균형은 경제정책의 주요 목표인 것이다.

3. 국제수지표

1) 국제수지표의 정의

가정에 있어서 가계부를 작성하여 가정살림에 대한 지침을 마련하듯이 정부도 다른 나라와의 거래내용을 기록·정리하여 향후 경제발전을 위하여 산업 및 외환정책 등의 기초자료를 마련한다. 이것이 바로 국제수지표이다. 국제수지표는 일정한 기간 동안에 발생한 국제거래를 복식부기의 원리에 따라 체계적으로 분류한 표이다. 오늘날 국제수지표는 대부분 IMF 방식에 의해 작성하고 있다.

2) 국제수지표의 내용과 기재방법

국제수지표의 체계는 모든 국제거래를 경상계정, 자본계정 및 외환보유의 변동 등 3부문으로 나눌 수 있는데, 경상계정에는 상품과 용역의 수출입 및 국제간의 증여 등 무역수지, 무역외수지 및 이전거래를, 자본계정에는 장기자본과 단기자본의 거래를, 외환보유의 변동에는 국제결제 수단으로 사용되는 금이나 외환 등의 증감이 기록된다. 특히, 상품수출입 차이가 (+)이면 무역수지 흑자, (-)이면 무역수지 적자라 한다. 또한 무역외수지는 운수, 보험, 관광, 해외건설 등과 관련된 거래액을 의미하며,[29] 이전거래는 이민이나 해외노동자의 송금, 해외원조 등 내국인과 외국인 사이에 무상으로 주고 받는 거래이다. 일반적으로 국제수지라고 할 때는 무역수지, 무역외수지 및 이전수지를 합계한 경상수지를 의미한다.

자본수지는 외국으로부터 빚을 들여오거나 갚는 과정에서 들여온 돈과 나간 돈의 차이를 말하며, 부동산, 주식, 채권 등의 자산의 구매와 매각을 기록된다. 이에는 장기자본 수지와 단기자본 수지가 있는데, 일반적으로 들여온 돈과 빌려준 돈의 상환기간이 1년을 초과하면 장기자본, 1년 이하이면 단기자본이라 한다.

그 밖에 경상수지와 장기자본 수지를 합한 기초수지는 장기적 대외결제 능력을, 그리고 기초수지에 단기자본수지를 합한 종합수지는 외국과의 거래에서 외화의 수지를 나타낸다. 또한 금융기관의 대외채무의 변화와 외화 보유액 등을 운영함으로써 나타난 대외자산의 변화를 기록한 금융계정이 있다.

4. 국제수지의 조정

국제수지의 불균형이 있게 되면 이를 조정하여야 하는데 우선 지적할 것은 이러한 국제수지의 불균형 중에서 가장 중요한 것이 경상수지불균형이며 이 경상수지의 불균형을 개선하는 것이 우선적으로 필요하다는 것이다. 왜냐하면 경상수지의 적자는 전체수지의 적자의 원인이 되며 또한 경상수지의 적자가 무한히 자본수지의 흑자로 보전될 수 없으며 또 보전된다하더라도 결코 바람직하지 않기 때문이다.

1) 변동환율제도하의 국제수지조정

그러면 국제수지의 조정은 어떻게 이루어지나? 자유변동환율제도하에서

---

29) 무역외수입은 외국인이 우리나라에 와서 각종 서비스를 구입하거나 우리나라의 선박 항공기를 이용하였을 때 지불하는 금액을 말하며, 무역외지급은 한국인이 외국의 서비스를 구입하고 이에 돈을 지불한 것으로 이자, 운임, 보험료 등의 지불을 말한다.

는 환율의 변동에 의하여 국제수지가 자동적으로 조정된다. 환율이 외환시장에서 수요와 공급에 의해 자동적으로 결정되는 경우를 생각해 보자. 예컨대 수입이 수출을 초과하여 경상수지적자가 일어나면 이것은 현재의 환율수준에서 외환에 대한 수요가 외환의 공급을 초과하고 있다는 것을 의미하며 이러한 외환에 대한 초과수요는 환율을 상승시킨다(1달러에 1,000원에서 1,300원으로 변화). 즉, 원화의 가치는 떨어지고 외화의 가치는 상승하는 것이다. 환율이 상승함에 따라 수입은 불리해지고 수출은 유리해지므로 수입은 줄고 수출은 늘어나며 이에 따라 경상수지적자가 축소된다. 경상수지의 적자가 지속되는 한 환율은 지속적으로 상승하며 결국 경상수지는 균형이 되고 환율도 균형상태에 도달할 것이다. 따라서 자유변동환율제도하에서는 환율(외환의 가격)이 신축적으로 변화함으로써 국제수지균형이 자동적으로 달성된다. 따라서 이 제도 하에서는 국제수지 균형의 달성을 위해 특별한 정책을 수행하여야 할 필요가 없다.

그러나 문제는 자유변동환율제도하에서는 환율이 경상수지의 변화에 의하여 결정되는 것이 아니라는 것이다. 자본수지의 적자가 있어도 경상수지의 적자와 마찬가지로 환율의 상승이 있게 되며 자본수지의 흑자가 있으면 경상수지의 흑자가 있는 경우와 마찬가지로 환율의 하락이 있게 된다. 자본수지의 흑자가 발생하려면 국내이자율이 외국이자율보다 높아야 한다. 외국자본이 국내로 들어오는 것은 국내에서 자금을 운용하는 것이 외국에서 운용하는 경우보다 더 유리하기 때문이다. 그러므로 국내이자율 또는 자산의 수익률이 더 높아야 자본수지가 개선이 된다. 그리고 자본수지의 흑자로 인해 환율이 하락하게 되면(1달러당 1,300원에서 1,200원으로 떨어지면) 외국자본에게는 더욱 유리해지므로 외국자본은 더욱 국내로 유입될 것이다.[30)]

---

30) 환율이 하락하면 외국자본에게는 더욱 유리해진다. 왜냐하면 같은 우리나라원화가 달러로는 더 많아지기 때문이다. 예를 들어 1달러에 1,300원에서 1,000원으로 환율이 하락하였다고 하자. 만약 외국자본이 주식투자를 하여 1,300,000원을 벌었다면 환율이

그런데 흔히 경상수지의 적자가 있는 나라들은 대개 자본수지의 흑자(자본유입)가 있게 되며 경우에 따라서는 경상수지는 적자임에도 불구하고 종합수지(경상수지+자본수지)가 흑자인 경우가 있다. 이 경우에는 경상수지의 적자에도 불구하고 환율이 하락하는 현상이 나타난다. 사실 우리나라가 1990년대 전반부에 경상수지의 적자에도 불구하고 자본수지의 흑자(따라서 종합수지의 흑자)로 인해 원화환율이 상승하지 않고 하락하는 경향을 보인 적이 있다.[31] 그러므로 자유변동환율제도하에서는 경상수지와 자본수지의 종합수지가 흑자인 경우에는 환율이 하락하고 종합수지가 적자인 경우에는 환율이 상승하게 된다. 종합수지가 흑자이어서 환율이 하락하는 경우 만약 경상수지가 적자라면 이러한 경상수지적자는 더욱 확대될 것이다. 그래야 종합수지가 균형이 될 것이기 때문이다. 그러므로 경상수지에 정책의 초점을 두는 경우에는 완전변동환율제도를 채택하는 것은 도움이 되지 않는다.[32]

그러나 현재의 기본적인 환율제도는 자유변동환율제도라기 보다는 관리변동환율제도이다. 이러한 관리변동환율제도하에서는 가격기구가 왜곡되어 환율의 자동조정기능이 제대로 발휘되지 못하고 있다.

2) 고정환율 제도에서의 자동조정메카니즘

그러나 자유변동환율제도가 아닌 고정환율제도하에서도 국제수지불균형은 다음과 같은 경제내의 자동적인 조정메카니즘에 의하여 상당부분 자동적

1,300원/달러인 경우에는 1,000달러이지만 환율이 1,000원/달러인 경우에는 1,300달러가 되기 때문에 달러로 표시하였을 때 더 많아진다. 이러한 환차익이 있기 때문에 외국자본은 더 유입이 될 것이다.

31) 우리나라의 경우 환율은 1980년대까지는 대체로 경상수지, 그리고 1990년 이후에는 종합수지와 밀접한 움직임을 보여 온 것으로 분석되고 있다는 것을 이미 23장에서 지적한 바 있다.

32) 1997년 말에 우리나라가 환율변동의 제한폭을 폐지하고 환율이 완전히 자류로이 시장에서 결정되도록 허용한 것은 경상수지가 문제가 아니라 종합수지 또는 자본수지가 문제였기 때문이다. 외국의 자본을 국내로 유치하고 끌어들이는 것이 중요하였기 때문에 제한폭을 폐지하고 高이자율정책을 채택한 것이다.

으로 균형이 회복될 수 있다.

(1) 금본위제도하에서의 금유출입 균형메카니즘

무역대금이 금으로 지급되고 금이 교환의 수단으로 이용되던 과거의 금본위제도하에서는 흄(D. Hume)의 금유출입에 의한 균형메카니즘이 작동하여 국제수지가 자동적으로 균형이 되는 경향이 있다.

(2) 현대의 관리통화제도하에서의 자동적 국제수지 조정메카니즘

첫째, 제한적인 환율변경을 통한 자동조정메카니즘이 있다. 자유변동환율제도하에서 처럼 완전하게 신축적이지는 못하다 하더라도 제한된 범위내에서의 환율조정도 국제수지불균형을 부분적으로 해결할 수 있다. 그런데 환율조정이 국제(경상)수지를 개선시키려면 환율상승으로 인한 교역조건의 악화가 야기한 외환수지의 감소효과보다 환율상승으로 인한 수출물량의 증대효과와 수입물량의 감소효과가 더 커야 한다.[33]

둘째, 국민소득의 변동을 통한 조정메카니즘이 있다. 이것은 케인지안(Keynesian)들이 강조하는 메카니즘인데 상품교역이 국민소득에 미치는 영향을 강조한 것이다. 만일 상품 및 서비스수지의 흑자(순수출)가 증대되면 그 만큼 그 나라의 상품 및 서비스에 대한 수요가 증대하는 것이며 이것은 산출량(소득)의 증대를 가져온다. 이는 다시 수입수요를 증대시키며 결국 상품 및 서비스수지의 흑자를 감소시킨다. 반면 상품 및 서비스수지의 적자(순수출의 감소)는 산출량의 감소를 가져오고 이는 수입수요를 감소시켜 상품 및 서비스수지의 적자를 감소시킨다.

셋째, 물가의 변동을 통한 조정메카니즘이 있다. 이것은 금본위제도하에서의 금유출입 균형메카니즘에 대응하는 현대판 균형메카니즘이다. 어떤 나라에 국제수지흑자가 발생하면 외환의 순수취가 있게 되며 이에 해당되는

33) 이러한 조건을 마샬-러너의 안정조건(Marshall-Lerner stability condition)이라고 한다. 그리고 환율상승이 있을 때 경상수지(상품 및 서비스수지)가 바로 개선되지 않고 일정한 시간이 경과한 후에 개선되는 것을 제이-커브효과(J-curve effect)라고 한다.

만큼 본원통화의 증가가 있게 된다. 만약 중앙은행이 이 본원통화의 증가를 상쇄시키기 위하여 국내부문에서의 본원통화를 감소시키지 않는다면 외환의 순수취만큼 중앙은행이 구매하고 원화로 바꾸어 주어야 하므로 본원통화가 증가한다. 본원통화의 증가가 있으면 통화승수 만큼 통화량이 증가하고 이에 따라 물가가 상승하며 이에 따라 국제경쟁력이 떨어지게 되고 수출은 줄고 수입은 늘어 경상수지가 악화된다. 국제수지가 적자인 경우에는 이와 반대의 효과들로 인해 경상수지가 개선된다.

넷째, 이자율의 변동을 통한 조정메카니즘이 있다. 이것은 자본이동, 그 중에서도 단기자본이동이 이자율에 민감함을 강조하는 조정경로이다. 위에서 본 바와 같이 국제수지흑자는 통화량을 증가시키고 이는 IS-LM모형에서 보듯이 국내이자율을 하락시킨다. 이에 따라 상대적으로 높아진 해외이자율을 쫓아서 단기자본의 해외유출이 초래되어 단기자본수지를 악화시키고 이로써 종합수지의 흑자폭이 감소하게 된다. 국제수지 적자국에서는 이와 반대의 과정이 일어나 종합수지가 개선된다(적자가 줄어들게 된다). 그런데 이러한 조정과정은 자본이동이 자유화된 경우에만 작용하며 자본이동에 제약이 있는 경우에는 당연히 작용하지 않는다.

5. 국제수지조정정책

자유변동환율제도가 아닌 경우에는 비록 위에서 본 자동적인 국제수지 조정메카니즘이 작용한다고 하더라도 이것만으로는 국제수지의 개선이 충분하지 않을 수 있으며 이런 경우에는 정부는 다음과 같은 여러 가지의 국제수지조정수단들을 동원하고 있다. 국제(경상)수지흑자는 대개의 경우 문제시되지 않으므로 다음의 정책수단들은 모두 국제(경상)수지의 적자가 심하게 누적될 때 이를 해소하기 위한 것들이다.

1) 외환통제정책

민간의 자유로운 외환보유를 금지하고 민간이 획득한 외환은 모두 외환당국에 매각하도록 하며 여행경비, 해외송금 등 외환의 사용은 외환당국의 승인을 얻도록 하는 제도를 외환관리제도라고 하는데 만성적인 적자국들은 대개 이 제도를 택하여 외환의 유출을 억제하고 있다. 이 제도는 경상수지(특히, 상품 및 서비스수지, 소득수지)의 개선에 특히 효과가 있다. 우리나라도 외환관리제도를 오랫동안 사용하여 왔다. 그러나 IMF관리체제이후 외환시장을 거의 자유화하였다.

2) 평가절하

고정환율제도하에서는 평가절하(devaluation: 자국통화의 대외가치의 인하)가 단기에서는 가장 강력한 국제수지개선책이다. 평가절하는 자유변동환율제도에서의 환율변동을 통한 국제수지의 균형화과정과 같이 수입을 줄이고 수출을 늘여 경상수지의 개선효과를 가져온다. 물론 마샬-러너의 안정조건이 충족되어야 개선효과가 있게 된다. 그런데 평가절하는 수입원자재 등 수입품의 가격을 상승시킴으로써 물가를 상승시키는 악영향이 있다.

3) 수입억제 및 수출지원정책

관세 및 비관세장벽을 이용하는 수입억제는 국제수지개선을 위한 중요한 정책수단이다. 또한 수출금융, 수출에 대한 세제상의 혜택, 수출업자에 대한 독점권 부여 등 수출을 진흥시키기 위한 정책들도 결국 국제수지개선을 위한 중요한 정책수단이다. 그러나 이러한 수단들은 자유무역을 이념으로 하는 WTO(국제무역기구)체제하에서는 특수한 나라나 경우에만 매우 예외적으로 인정되는 수단들이기 때문에 일반적인 수단으로서는 매우 제한적이다.

4) 외자정책

외자의 도입을 적극 유도하기 위하여 외자도입에 대하여 여러 가지의 혜택과 편의를 제공하는 한편 자본수출을 적극 억제하는 등의 외자정책도 자본수지의 개선에 큰 효과가 있다.

5) 긴축적 재정–금융정책

총수요를 억제하는 긴축정책은 수입수요를 억제하고 재화의 수입을 감소시켜 경상수지를 개선하는 효과가 있다. 이러한 정책은 국민소득의 변화를 통한 국제수지의 자동적인 조정을 정책적으로 강화시키는 것이고 국제수지의 균형(대외균형)을 위하여 실업의 증대나 산출량의 감소(대내불균형)를 야기시키는 정책이다.

9.2 환율[34)]

1. 환율이란?

환율은 하나의 화폐로 표시한 다른 화폐의 가격이다. 환율은 어느 나라 돈을 기준으로 허느냐에 따라 자국통화표시법과 외국통화표시법이 있다. 자국통화 표시법은 외국 돈 1단위가 자기 나라 돈 몇 단위와 교환되는가를 나타내는 방법이고 외국통화표시법은 자기 나라 돈 1단위가 외국 돈 몇 단위 교환되는 가를 나타내는 방법이다. 예를 들어 1달러=1000원으로 표시하면 자국통화표시법이고 1원=1/1000원으로 표시하면 외국통화표시법이다. 이때 앞에 나타나는 통화를 기준통화, 뒤에 나오는 통화를 표시통화라 한다. 일반적으로 외환시장에서는 미국의 달러화가 기준통화이나 예외적으로 영국의 파운드화가 기준통화가 되기도 한다.

34) 배기형, 세계경제 입문, 두남에서 재정리.

2. 환율의 종류

환율은 은행이 누구를 상대로, 어떤 방식으로 외국 돈(외환 또는 외국환)을 교환하느냐에 따라 여러 가지 종류로 나누어진다. 은행이 고객으로부터 외환을 살 때 적용하는 환율을 매입률이라 하고 고객에게 팔 때 적용하는 환율을 매도율이라고 한다.[35)]

외환거래는 은행이 누구를 상대로 하느냐에 따라 은행간 거래와 대고객거래로 나누어지는데 은행이 다른 은행과 거래(은행간 거래)를 할 때에는 은행간 환율을 적용하며 개인이나 기업 등 고객과 거래(대고객거래)를 할 때에는 대고객환율을 적용한다.

은행간 거래는 고객과의 거래 결과 부족한 외국 돈을 조달하거나 남은 외국 돈을 운용하기 위해 큰 규모로 매매가 이루어지는 도매거래로서 여기서 결정되는 은행간 환율은 소매가격이라 할 수 있는 대고객환율의 기준이 된다.

그리고 은행간 환율은 은행간 거래가 이루어질 때마다 수시로 바뀌지만 대고객환율은 아침에 정해 놓은 환율이 하루 종일 그대로 적용되는 경우가 대부분이다. 대고객환율은 은행이 고객으로부터 어떤 형태의 외환을 사고 파느냐에 따라 다시 여러 가지 환율로 나누어진다. 즉 은행이 현찰을 사고 팔 때에는 현찰매매율, 전신으로 자금을 주고받을 때에는 전신환매매율, 여행자수표를 사고 팔 때에는 여행자수표매매율을 적용하는데 이들 각각의 경우 은행이 외환을 조달하여 운용하는 데 드는 비용이 다른 만큼 적용하는 환율도 다르다. 예를 들어 현찰매도율은 은행이 외국으로부터 현찰을 운송하여 보관하는 데 비용이 소요되므로 여행자수표매도율이나 전신환매도율보다 높다. 따라서 해외여행을 하는 사람은 필요한 외국 돈을 현찰로 매입하는 것보다 여행자수표로 매입하는 것이 유리하다 하겠다.

---

35) 매도율이 매입률보다 높은 이유는 은행이 외환을 매매하는 데 드는 비용을 충당하고 수익을 남기기 위해 일정금액을 수수료로 부과하기 때문이다.

3. 환율의 결정

1) 외환시장

외환시장은 외환이 거래되는 시장으로 다수의 수요자와 공급자들 사이에서 서로 다른 통화간의 매매거래를 연결시켜 주는 시장이다.[36] 외환시장에서 외환의 수요나 공급을 결정하는 경제주체는 크게 은행, 정부, 개인과 일반기업 등으로 나눌 수 있다. 이들 경제주체들이 각각 어느 만큼 외환을 팔고, 구입하느냐에 따라서 환율이 결정된다.

환율은 외환의 거래가 이루어지는 외환시장에서 결정된다. 외환시장에서 은행, 기업, 개인, 중앙은행 등이 참가하며 이들은 각각 다양한 목적으로 외환시장에 참가한다. 은행은 외환시장에서 제일 중요한 역할을 담당하며 주로 고객이 필요로 하는 외국 돈을 사거나 고객으로부터 매입한 외국 돈을 팔기 위하여, 또는 외국 돈의 매매를 통하여 이익을 얻기 위해 외환시장에 참가한다. 기업, 개인 등 고객은 수출입거래, 해외여행 등을 위하여 외환시장에 참여하며, 중앙은행은 외환시장의 안정 등 정책적인 목적을 달성하기 위하여 외환시장에 참가한다. 외환시장은 시장참가자가 누구냐에 따라 은행간에 거래가 이루어지는 은행간 시장과 개인, 기업 등 고객과 은행 사이에 거래가 이루어지는 대고객시장으로 나누어지는데 보통 외환시장이라고 하

36) 세계의 주요 외환시장은 크게 극동 및 중동시장, 유럽시장, 북미시장으로 구분될 수 있는데 극동 및 중동시장은 동경, 싱가폴, 바레인이 중심이 되며, 유럽시장은 프랑크푸르트, 파리, 취리히가 중심이 된다. 북미시장은 뉴욕, 샌프란시스코 등이 중심이 된다. 이러한 외환시장은 24시간 시장이 개방되어 있으며 거래시간대가 중복되는 경우에는 양시장간의 거래가 활발하다. 예를 들어 런던시장은 런던어음교환소 가맹은행(clearing bank)인 6개 은행과 머천트뱅크, 외은지점 등 약 4백 개의 은행이 참가한 국제적으로 세계최대규모의 외환시장이며, 뉴욕시장은 미국의 상업은행, 외국은행지점 등 약 300개의 은행으로 형성되어 있으며, 제2차 세계대전이후 미국의 정치적·경제적 지위가 향상으로 미 달러화가 세계적인 기축통화로서 통용되기 시작하면서 세계적인 외환시장이 되었다. 동경시장은 1964년 4월 일본이 국제통화기금(IMF)협정 제8조국으로의 이행함께 본격화되어 세계외환시장에서 런던, 뉴욕에 이어 제3위를 점하기에 이르렀다. 동경시장은 대고객거래의 비중이 약 30%, 미달러대 엔화의 거래비중이 약 80%이다.

면 은행간 시장을 의미한다.

외환시장, 즉 은행간 시장의 거래는 대부분 은행이나 외환중개업자에 의해 이루어진다. 거래참가자들은 각자의 거래실에서 전화나 컴퓨터단말기로 사거나 팔려고 하는 외국 돈의 가격을 제시하여 제시가격이 서로 일치하는 상대와 거래를 하게 되는데 이렇게 거래가 이루어질 때 마다 환율은 시시각각 변동하는 것이다.

우리나라 원화와 외국 돈의 환율은 원화가 국제적으로 통용되지 않고 있어 국제외환시장에서 결정되지 않고 우리나라 외환시장(은행간 시장)에서 결정된다. 우리나라의 외환시장에는 국내은행, 외국은행 국내지점, 종합금융회사 등의 금융기관과 한국은행 등이 참가하고 있는데 이들 간의 거래는 대부분이 원화와 미국 달러화의 거래로서 주로 금융결제원(자금중개실)의 중개를 통하여 이루어지고 있다.[37)]

2) 외환의 수요와 공급

(1) 외환의 수요

환율은 외환시장에서 특정한 화폐를 사고팔려는 외환의 수요와 공급을 결정된다. 일반적으로 달러공급곡선은 우상향의 형태가 되고, 반대로 수요곡선은 우하향하게 된다. 달러에 대한 수요는 재화나 용역의 수입대가를 지불하기 위해서 또는 한국의 개인이나 기업이 외국에 투자하려고 할 때이다. 유학생의 학비송금, 해외지사 운영에 필요한 경비, 여행경비 등도 크게는 재화나 용역의 수입 또는 자본의 유출에 속한다.

모든 상품에 대한 총수입수요와 함께 외환의 수요가 유발된다. 이 외환의 수요는 외환의 국내가격이 하락함에 따라 그 수요가 증가되며 따라서 외환수요의 가격탄력성은 수입수요의 가격탄력성에 의존하게 된다.

---

37) 중개수수료를 받고 외국환은행간 거래나 외국환은행과 고객과의 거래를 중개하는 외환브로커가 있는데 세계외환시장의 은행간 거래의 약1/3이 이들을 통해서 이루어지고 있다.(김상경·최기억, 환율, 제대로 알면 진짜 돈된다, 거름, 199년, p.148)

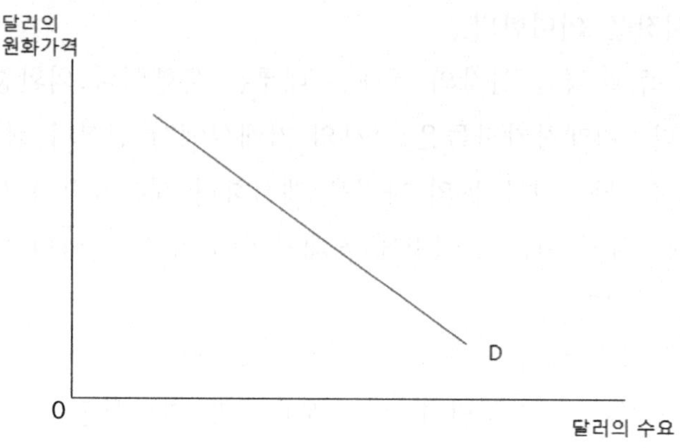

[그림 9-1] 외환에 대한 수요곡선

외환의 수요곡선을 보여주고 있는 [그림 9-1]에서는 외환으로서의 달러의 원화가격이 떨어지면 외환의 수요량이 늘어난다. 즉 환율의 인하(원화의 평가절상)가 이루어지면 달러의 수요가 늘어나지만 환율의 인상(원화의 평가절하)가 이루어지면 달러의 수요가 감소된다.

외환시장에서 달러의 공급은 한국상품을 수출하고 대금을 달러로 받았을 경우, 그리고 외국으로부터 차관도입이나 직접투자가 달러로 이루어졌을 경우 등이다. 이밖에 외국에 나가 일을 하고 달러로 임금을 받아 돌아온 경우, 외국 관광객들이 한국에 와서 달러를 사용하고 가는 경우, 한국의 해운회사가 외국에서 운송서비스를 제공하고 달러를 받는 경우 등이다.

따라서 달러의 공급곡선과 수요곡선이 교차하는 점에서 균형환율이 결정되며 만약 외환시장에 정부가 개입하여 균형환율보다 높은 수준의환율을 원한다면 정부는 높은 수준의 환율을 유지하기 위해서 일정양의 달러를 사들여야 한다. 그래야만 달러의 수요와 공급이 새로운 환율수준에서 균형을 이루게 된다.[38)]

38) 예를 들면 시장세력에 의하여 환율이 1달러=1,000원(E_0)이나 정부가 1,100원(E_1)선을 유지하려면, 외환시장에서는 달러의 초과공급상태가 발생하고, 이러한 초과공급을 없

(2) 외환의 공급

외환으로서의 달러의 공급은 미국 외의 여러 나라 상품에 대한 미국인의 수요에 따라 의존된다. 만일 미국시장에서의 우리나라 상품에 대한 수요가 단위탄력적이면 달러의 원화가격이 변동할지라도 달러의 공급은 [그림 9-2]의 S_1과 같이 변동하지 않을 것이다. 그러나 우리나 상품에 대한 미국의 수요탄력성이 1보다 크면 달러의 원화가격에 대한 그 공급곡선 [그림 9-2]의 S_2와 같이)은 플러스의 기울기를 가질 것이다. 다른 한편으로 한국 상품에 대한 미국인 수요의 가격탄력성이 1보다 작으면 달러의 원화가격에 대하여 그 공급곡선(그림의 S_3와 같이)은 마이너스의 기울기를 가지게 된다.

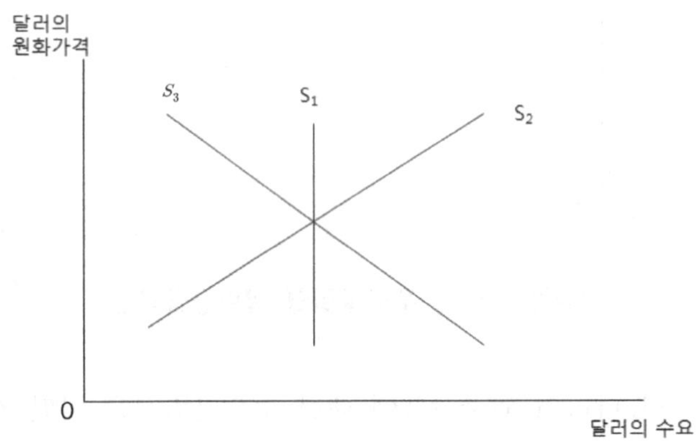

[그림 9-2] 자국상품에 대한 수요의 탄력성과 달러 공급곡선

여기에서 달러의 원화가격이 변동한다는 것이 무엇을 의미하는가에 대해서 재음미해보자. 달러의 원화가격이 상승하면 원화는 평가절하 되지만 달

애기 위해서는 정부가 이들 여분의 달러를 사들여야 한다. 따라서 중앙은행의 보유외환은 증가하게 되는 반면 국내의 통화공급은 증가하게 된다.

러는 평가절상 된다. 이때 여러 가지 상품의 원화가격이 불변인 한 미국시장에서의 우리나라 상품의 달러 가격이 하락할 것이다. 만일 한국 상품에 대한 수요가 그 상품의 달러가격의 하락과 비례하여 증대되면 달러의 공급은 곡선 S_1과 같이 불변을 유지할 것이다. 곡선 S_2에 따라 한국 상품의 수요가 상품의 달러가격 하락보다 큰 비율로 증가되면 달러의 공급이 증가될 것이다. 그리고 S_3을 따라 한국 상품의 수요가 상품의 달러가격 하락보다 작은 비율로 증가되면 달러의 공급은 감소될 것이다.

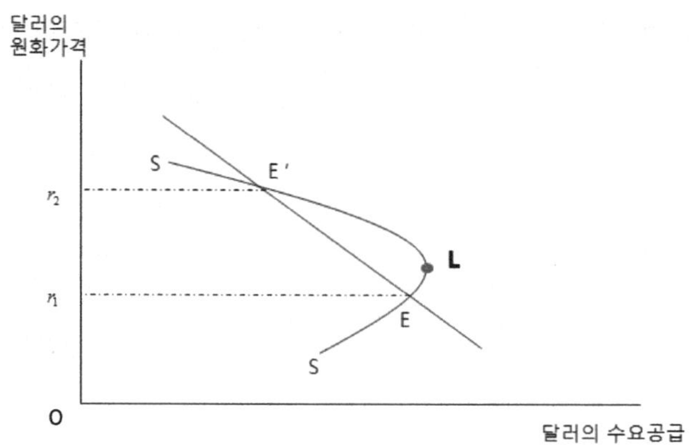

[그림 9-3] 후방굴절형 달러공급곡선

일반적으로 한 나라의 외국상품에 대한 수요탄력성은 어떤 가격범위에서는 탄력적이지만 그렇지 않은 가격범위에서는 비탄력적이 되기 쉽다. 따라서 외환시장은 어떤 환율 하에서는 안정적이지만 그렇지 않은 수준의 환율 하에서는 불안정적이 되는 것이다. 예컨대, 한국 상품에 대한 수요가 달러의 원화가격이 낮을 때(한국 상품에 대한 달러가격이 높을 때)탄력적이지만 달러의 원화가격이 높을 때(한국 상품에 대한 달러 가격이 낮을 때) 비탄력적이라고 한다. 이 경우 달러의 공급곡선은 [그림 9-3]에서와 같이 후방굴절형을 이룰 것이다. 즉 달러의 공급은 달러의 원화가격이 상승함에 따라 증가하지만 그림에서 보는 바와 같이 공급곡선상의 점 L을 넘어서면 오히려 감소하게 된다는 것이다.

이와 같은 외환의 공급곡선에 비추어 외환시장의 균형은 [그림 9-3]에서와 같이 외환의 수요곡선과 교차되는 점 E와 E'에서 이루어진다. 환율이 r_1보다 낮을 때는 외환의 초과수요로 말미암아 그 환율이 인상되어 점 E에서 안정적 균형이 이루어진다. 그러나 점 L로부터 E'까지는 초과공급이 감소되고 점 E'를 지난 S선을 따라 r_2이상에서는 공급의 부족현상이 일어나는 가운데 점 E'는 불안정적인 균형을 보여주게 된다.

4. 환위험 관리

환율은 여러 가지 요인에 의하여 시시각각 변동함으로써 외화자산이나 부채를 보유하고 있는 개인이나 기업, 금융기관 등의 손익에 영향을 미치게 된다.[39] 특히 자유변동환율제도하에서는 환율의 변화에 대비하여 환 관리를 제대로 못할 경우 기업은 파산으로 이어질 수도 있다. 환위험은 미래의 예상치 못한 환율변동으로 인해 기업이 입을 수 있는 손실로 이를 피하기 위해서는 선물환거래, 통화선물, 통화옵션거래 등을 이용할 수 있는데 이 중 우리나라에서 가장 널리 쓰이는 방법이 선물환거래이다. 선물환거래란 미래의 일정시점에 주고받게 될 외국 돈의 가격(환율)을 현재시점에서 미리 정해둠으로써 미래의 환율변동으로 인한 손실을 회피하는 방법이다. 예를

39) 일반적으로 환위험은 환율변동을 인해 손실이 발생할 가능성을 말하나 환차익까지 발생할 가능성을 포함하고 있는 보다 포괄적인 개념이 환노출이다. 환노출은 예기치 못한 환율변동으로 인해 미래 현금흐름이 영향을 받음으로써 기업의 가치가 변할 수 있는 불확실성을 의미하며, 이에는 거래노출, 환산노출, 경제적 노출 등이 있다. 거래노출은 거래시점과 결제시잠의 환율 차이로 인해 생기는 환노출로 흔히 수출입이나 외화자금의 대차거래에 있어 발생한다. 환산노출은 외화표시 자산이나 부채를 결산시기에 자국통화로 환산하여 재무제표에 기표할 때 발생한다. 그리고 경제적 노출은 환율변동으로 인해 생산원가와 매출액이 달라지고 이로 인해 미래의 현금흐름이 영향을 받을 가능성이다.(홍갑수, 환율상식, 매일경제신문사, 1990년, pp.188-189와 이창선, 환노출, LG경제연구원, 주간경제, 1999)

들어 우리나라 수출업자가 환율이 1달러=1,000원일 때 미국에 1백만달러의 자동차를 수출하고 그 대금을 3개월 후에 받기로 계약을 맺었다고 하자. 1개월 후 환율이 1달러=1,000원이면 수출대금은 10억원(1백만달러×1,000원=10억원)이지만 1개월 후 환율이 하락하여 1달러=800원이 되면 8억원을 받게 되어 2억원의 손실(환차손)을 보게 될 것이다. 이와 반대로 환율이 상승하여 1달러=1,100원이 되면 11억원을 받을 수 있어 1억원의 이익(환차익)을 보게 될 것이다.

따라서 수출업자가 환율이 1달러=1,000원 이하로 될 경우의 손실을 피하기 위하여 3개월 뒤에 은행에 달러를 1달러=1,000원의 환율로 팔기로 하는 계약(3개월 만기 선물환매도계약을 현재시점에서 미리 체결해 둔다면 3개월 뒤에 환율이 하락하더라도 손실을 보지 않게 된다.[40] 수출업자 또는 수입업자들이 이러한 선물환거래를 통하여 장래의 환율변동이 가져올 위험을 피하는 행위를 헤징(Hedging)이라고 한다.

그 외에 환위험을 피할 수 있는 방법으로는 개인이나 기업 등이 환율변동에 대비하여 외국돈의 수취와 지급시기를 통화별과 만기별로 일치시키는 매칭(matching) 또는 그 시기를 앞당기거나 지연시키는 리드와 래그(leading and lagging) 등이 있다.[41] 즉 수출업자는 환율상승이 예상될 경우 수출품

---

40) 선물환시장은 투기에도 이용된다. 오늘의 현물환시세는 800원 대 1달러이고 3개월 후의 선물환시세는 1,000원 대 1달러인데, 만약 어느 사람이 3개월 후의 현물환시세가 언화의 가치가 지금보다 더 오른 800원이 될 것이라고 믿는다 하자. 그러면 이 사람은 오늘의 선물환시세(1,000원=1달러)로 3개월 후의 10만 달러를 매각하는 계약을 체결한다. 그리고 3개월 후에 10만 달러를 100만원에 팔고, 현물환시장에서 즉시 다시 원화를 매각하고 달러를 구입할 수 있다. 그런데 이때의 현물환율이 예상대로 800원이라면 이 사람은 1달러 당 200원의 이익을 얻게 된다. 즉 10만 달러가 125,000달러로 늘어나 25%의 수익을 얻을 수 있다. 물론 3개월 후의 현물환시세가 1,000원=1달러보다 엔화의 가치가 떨어져 예컨대 1,200원=1달러가 된다면, 오히려 손실을 보게 되는 것이다.

41) 이외에도 자회사와 모회사간 발생한 채권, 채무관계를 개별적으로 결제하지 않고 일정기간이 지난 후 이를 상계한 후 차액만을 정기적으로 결제하는 상계(Netting), 거래상품가격의 표시통화를 신축적으로 선택함으로써 환리스크를 피하는 통화표시 거래약관(Currency Clauses), 거래이행 여부의 선택권을 보유함으로써 환위험을 방지하는 통화옵션 거래(Currency Option),장기외화차입에 따른 환율변동 위험을 피할 수 있는

의 선적 시기나 수출환어음의 매도시기를 지연시킴으로써 이익을 증대시킬 수 있으며, 수입업자는 반대로 수입대금을 앞당겨 지급함으로써 수입대금의 지급부담 증가를 방지할 수 있다.

5. 평가절하

환율은 한 나라의 돈과 다른 나라 돈 사이의 교환비율로 외환시장에서 외환의 수요와 공급에 의해 결정된다. 원-달러 환율을 예로 들면, 달러화에 대한 수요가 증가할 경우, 달러화 가치는 오르고, 원화 가치는 내린다. 공급면에서는 그 반대로 작용한다.

우리나라의 원화가 평가절하 될 경우 수출업자는 채산성이 좋아져 수출가격을 조금 내리는 대신 수출량을 늘릴 수 있다. 또한 전에는 채산성이 맞지 않아 수출을 하지 못하던 생산자도 이제는 수출할 수 있게 될 것이다.

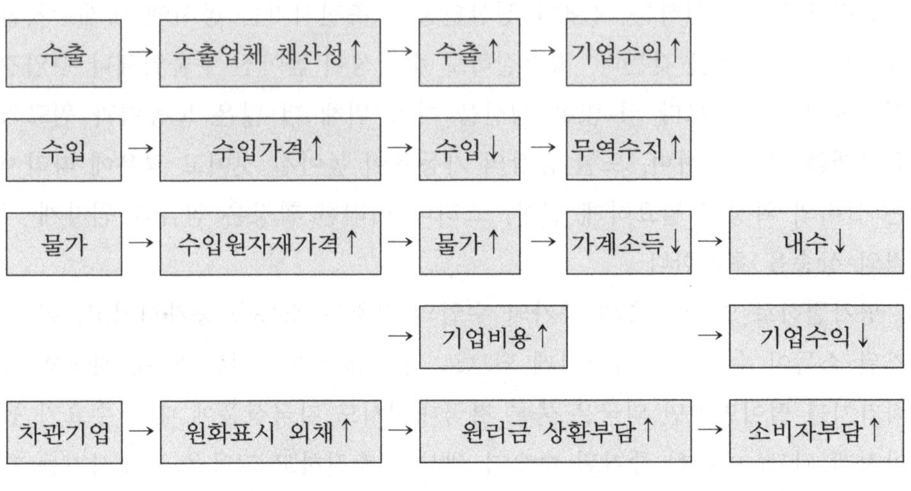

[그림 9-4] 평가절하의 경제적 효과

통화스와프 거래(Currency Swaps) 등이 있다.(홍갑수, 환율상식, 매일경제신문사, 1990년, pp.174-179)

뿐만 아니라 수입경쟁적 제품을 생산하는 기업도 수입제품의 국내가격의 상승으로 전보다 많은 상품을 판매할 수 있으며. 약간의 가격인상을 한다하더라도 전보다 판매량을 증가시킬 수 있게 된다. 한편 수입상품은 가격상승으로 국내수요가 떨어지므로 수입량이 줄어들게 된다.

그리고 수출업자나 수입경쟁업체에서 생산에 필요한 원자재를 수입에 의존한다면 이들 업체의 생산비는 인상되나 수입원자재의 코스트가 평가절하 비율만큼 높아질지라도 수출이나 수입경쟁에서의 채산성은 평가절하에 의해 좋아진다.

예를 들어 운동화 한 켤레 생산함에 있어서 천연고무 등 원자재가 2달러어치 필요하다면 원자재 비용은 2,000원(1달러=1,000원)에서 2,200원(1달러=1,100원)으로 200원이 증가한다. 그러나 운동화 한 켤레의 수출가격은 10,000원(한 켤레당 10달러)에서 11,000원으로 1,000원이 증가하므로 800원의 이익이 발생한다.

그러므로 평가절하는 국내의 생산활동을 촉진시키는 동시에 국제수지를 개선시키는 효과를 갖는다. 평가절하로 수익성이 높아진 수출업체나 수입경쟁업체에서는 전보다 더 많은 생산을 하기 위해 더 많은 노동력과 원료와 중간재를 필요로 하며, 또한 공장의 가동율이 높아질 것이고 경우에 따라서는 설비의 확장이 필요하게 된다. 그러나 이러한 확장은 임금과 원자재 가격의 상승을 초래한다.

평가절하로 인한 수출의 증가와 수입의 감소는 소득을 증가시키고, 이 증가된 소득이 수요를 증가시키게 되므로 경제성장은 촉진된다. 즉 자국의 통화가치를 떨어뜨리면 외국은 물론 자국내에서도 자국상품에 대한 수요가 높아지게 되고, 이러한 증가된 수요가 생산을 촉진하고 고용을 증대시키는 효과를 가져온다.

6. 국내경제변동이 환율에 미치는 영향

1) 소득수준

경제는 경기의 상승과 침체를 반복한다. 호황기에는 생산과 고용이 높은 수준을 유지하여 국민소득수준이 높게 되고, 불황기에는 반대로 소득수준이 낮아진다. 수입도 소득의 증가함수이므로 호황기에는 수입이 증가하게 되고, 불황기에는 수입이 감소하게 된다. 수입을 더 많이 한다는 것은 외환시장에서 외환에 대한 수요가 늘어나는 것을 의미하므로 외환의 가격은 상승하게 된다. 즉 소득의 증가는 국내소비와 투자의 증가를 유발하는 것이므로, 소비재 생산에 필요한 원료와 중간재 그리고 자본재의 수요가 늘어나게 되므로 전반적으로 수입의 증가를 가져오게 된다. 따라서 다른 사정이 같다면 경기상승기에는 수입이 증가함으로 평가절하되고, 경기하강 시에는 수입이 감소함으로 평가절상하게 된다.

2) 이자율

기업이나 개인이 어떤 금융자산을 어느 정도 보유할 것인가는 이들 자산의 수익률에 크게 의존한다. 미국의 이자율이 타국 보다 높아지면 사람들은 미국의 회사채나 국공채를 구입하려고 할 것이며, 이는 미국달러에 대한 수요의 증가를 초래함으로 외환시장에서 달러가격은 상승한다.

국내 이자율수준은 금융정책에 의해 크게 영향을 받는데 긴축적인 금융정책은 이자율을 상승시켜 자국통화의 평가절상을 초래한다. 즉 이자율이 높은 경우 투자의 위축을 가져오고 소득을 감소시킴으로서 수입수요를 떨어뜨림으로 평가절상을 가져온다. 반면에 확대금융정책은 이자율을 떨어뜨림으로써 평가절하를 가져온다.

3) 인플레이션

국내의 물가가 외국에 비해 빨리 상승할 경우, 같은 환율 하에서 외국상품에 비해 국내상품의 가격이 비싸지는 것이므로 국내상품의 소비는 줄어들고, 외국상품의 소비(수입)가 증가할 것이다. 그러므로 국내가격의 상승 또는 외국에 비해 국내의 인플레이션율이 높을 경우에는 수입의 증가와 수출의 감소를 초래하게 되어, 외환시장에서 자국통화의 평가절하를 가져오게 된다. 즉 국내의 물가가 빨리 상승할 경우에는 환율인상(평가절하)이 이루어져야 전과 같은 국내상품의 경쟁력이 유지되는 것이다.

연습문제

01 경상수지에 대한 다음 설명 중 옳은 것은?

① 국내 통화가치가 절하되어도 경상수지는 초기에는 악화될 수 있다.
② 경상수지 흑자는 투자가 저축을 초과했음을 의미한다.
③ 외국 투자자에 대한 이자, 배당금의 지급은 경상수지를 증가시킨다.
④ 다른 조건이 동일한 상황에서 국내 경기가 좋아지면 경상수지가 증가한다.

02 다음은 외환시장에서 환율에 영향을 주는 요인들을 열거한 것이다. 다른 조건이 일정하다고 가정할 때, 환율에 미치는 영향이 다른 방향으로 작용하는 것은?

① 국내 기업의 외국직접투자가 증가한다.
② 외국인 투자자들의 국내 주식 매수가 지속된다.
③ 세계 외환시장에서 달러화의 약세가 지속된다.
④ 정부가 외환시장에 개입하여 달러를 매각한다.

03 원-달러 환율에 대한 설명 중 옳지 않은 것은?

① 환율이 하락하면 국내 기업의 미국 수출은 감소한다.
② 장기에서 우리나라의 물가상승률이 미국의 물가상승률보다 높으면 환율은 상승한다.
③ 환율의 상승은 원화 가치가 달러 가치에 비해 상대적으로 하락함을 의미한다.
④ 미국 투자자들이 국내 주식에 투자를 증가하면 환율은 상승한다.

04 국제수지와 환율에 대한 설명으로 옳은 것은?

① 국내 이자율 상승은 환율 상승을 유발한다.
② 경상수지와 자본수지는 같은 방향으로 발생한다.
③ 인위적인 원화가치 부양은 외환보유고를 줄인다.
④ 실질환율 하락은 경상수지를 개선한다.

05 다음 문장이 참인지 거짓인지 말하고 그 이유를 설명하여라.

> "국가 간 자본이동이 어려우면 예상되는 평가절하는 두 국가 간의 이자율 차이만큼 나타난다."

06 커피전문 다국적 기업 스타벅스에서 공급하는 아메리카노가 동일한 품질과 양으로 우리나라에서는 4,000원에 미국에서는 3.2달러에 판매되고 있을 경우 구매력 평가설에 의한 1달러 당 원화의 환율을 구하여라.

제 10 장

인플레이션과 실업

10.1 인플레이션의 정의 및 측정

1. 인플레이션의 정의

인플레이션(inflation)은 일반물가수준이 지속적으로 상승하는 현상을 말한다. 그래서 흔히 인플레이션을 간략히 줄여서 물가상승이라고도 한다. 반대로 일반적인 물가수준이 지속적으로 하락하는 것을 디플레이션(deflation)이라고 한다.[42] 그러면 일반 물가수준(general price level)이란 무엇인가? AD-AS모형에서 설명하고 있는 물가수준(P)은 이러한 일반물가수준을 나타

58) 디플레이션(deflation)은 일반물가수준이 하락하는 현상을 말하는 것이므로 인플레이션이 둔화되는 디스인플레이션(disinflation)과는 다른 개념이다. 디플레이션은 단순하게 인플레이션과 대비시켜 보면 인플레이션의 반대로 물가가 하락하는 현상을 말한다. 그러나 일반적으로는 디플레이션은 소비위축에서 시작된 경기침체와 물가하락이 기업 수지악화→기업도산심화→실업증가 및 임금감소→소비위축으로 이어지면서 경제가 불황에 잠겨드는 현상을 유발한다. 1998년 이후 경기가 매우 침체되면서 디플레이션의 징후가 나타나고 있다.

내는데 일반물가수준이란 어느 하나의 재화(상품)의 가격을 말하는 것이 아니라 수많은 재화의 가격을 종합적으로 나타낸 평균적인 가격수준을 나타낸다. 그러므로 인플레이션이 진행되는 동안 모든 재화의 가격이 같은 비율로 상승하여야 하는 것은 아니다. 모든 가격이 같은 비율로 변화하는 경우는 사실상 거의 없다. 또한 모든 가격이 상승하여야 하는 것도 아니다. 어떤 가격은 올라가고 어떤 가격은 떨어지는 경우에도 전체적으로 물가가 올라가면 인플레이션이 발생한다.

그런데 프리드만(M. Friedman)과 같은 통화론자들이나 오스트리아학파의 하이에크(F. Hayek) 등은 통화량의 증가에 따른 화폐 한 단위의 가치의 하락, 즉 화폐 한 단위가 구매할 수 있는 구매력의 하락을 인플레이션이라고 본다. 그들은 가격의 상승이라는 관점에서 인플레이션을 보지 않는다. 통화량의 증가에 의한 전반적인 통화가치의 하락이 중요하며 개별적인 가격의 상승은 인플레이션에서 중요하지 않다고 본다. 그러나 일반적인 정의로는 일반물가수준의 지속적인 상승현상을 인플레이션이라고 본다.[43)]

2. 인플레이션의 측정

그러면 일반적인 물가수준은 어떻게 측정되는가? 수없이 많은 재화의 가격이 존재하고 변화하고 있으므로 일반적으로, 전체적으로 봐서 물가가 어느 쪽으로 얼마만큼 변화하는지 쉽게 파악이 되지 않는다. 따라서 일반적인 물가수준은 여러 가지 재화와 용역의 가격을 일정연도를 기준(기준연도)으로 하고 가중치를 부여하여 만든 물가지수(price index)로 측정한다. 물가지수의 측정을 기준년도를 기준(기준년도의 지수=100)으로 하는 이유는 물가지수가 다양한 재화를 대상으로 하므로 절대적인 수준을 알 수가 없기 때

43) 이러한 견해의 차이는 뒤에서 보듯이 인플레이션에 대한 대처방안의 차이로 나타난다. 가격의 상승이라는 관점에서는 물가를 잡으려면 재화의 수요와 공급을 조절하여 가격이 오르지 않게 하는 것이며 통화가치의 하락이라는 관점에서는 통화량을 줄여 화폐의 가치를 올리는 것이 방안이 된다.

문이다. 하나의 재화만 있는 경우에는 그 가격이 절대수준으로 주어져 있지만 많은 재화의 경우에는 그 절대적 수준을 파악하기가 어렵다. 그리고 시간이 지남에 따라 없어지는 품목도 있고 새로 출현하는 재화도 있기 때문에 기준연도는 자주 바뀐다. 우리나라의 경우 5년마다 기준연도가 바뀌고 있다. 현재는 1995년도를 기준연도로 하고 있다.

인플레이션의 측정을 위해 쓰이는 대표적인 물가지수로는 소비자물가지수(consumer price index: CPI), 생산자물가지수(producer price index: PPI), GDP 디플레이터 등이 있다.[44] 이들의 차이는 물가지수를 계산하는데 고려되는 재화 및 용역의 종류와 그에 대한 가중치, 그리고 포착되는 거래단계의 차이에 있다. 가장 널리 사용되고 있는 지수(指數)는 소비자물가지수이다.

소비자물가지수(CPI)는 일반소비자가 소비생활을 영위하기 위하여 구입하는 재화 및 용역(예컨대 음식료품, 의복, 주택, 연료, 교통, 의약품 등인데 현재 통계청에서 산정하고 있는 우리나라의 1995년 기준 지수의 경우 대상품목은 509개 생활필수품이다)의 가격변동을 종합적으로 측정하기 위하여 작성되는 물가지수로서 최종소비자구입단계에서의 물가변동을 파악하여 일반 도시가계(농어가 및 1인 가구 제외)의 평균적인 생계비 내지 소비자의 구매력을 측정하기 위한 특수목적 지수이다.[45]

생산자물가지수(producers price index: PPI)는 현재 한국은행에서 작성

---

44) 이들 물가지수 외에 수출물가지수, 수입물가지수, 농가판매가격지수, 농가구입가격 및 임료금지수 등이 있다.

45) 소비자물가지수(총지수)는 509개 품목의 가격을 평균한 것이기 때문에 흔히 시장에서 실제로 구매하는 가격의 변동을 제대로 반영하지 못한다는 비판을 받는다. 이에 따라 통계청에서는 36개 도시 및 16개 지역별 지수, 상품성질별지수, 채소와 과일 등을 대상으로 하는 신선식품지수(47개 품목), 구입빈도에 따라 구분한 구입빈도별지수, 일상생활과 매우 밀접한 기본생필품지수(50개 품목), 자가주거비용지수 등 여러 가지 지수를 개발하여 발표하고 있다. 이들도 지수를 계산하는데 포함되는 품목이 다를 뿐이지 지수계산의 기본적인 방법에는 차이가 없다. 그러나 우리가 본문에서 보는 지수는 소비자물가지수의 총지수이다.

하고 있는데 이는 국내시장의 제1차 거래단계에서 기업상호간에 거래되는 모든 재화(상품은 아니지만 기업의 생산, 판매활동 등에 소요되는 기업용서비스 75개 품목을 포함)의 평균적인 가격변동을 측정함으로써 국내생산자(그러므로 지수의 편제대상에서 수입은 제외된다)의 출하단계의 물가행태를 종합적으로 파악하기 위해 작성되는 물가지수로, CPI보다 많은 재화(우리나라 1995년 기준지수의 경우 949개 주요품목, 1990년 지수에서는 896개 품목)에 대하여 측정되는 물가지수이다.[46)]

GDP환가지수는 전체적인 GDP에 대한 물가지수로서 실질GDP에 대한 명목GDP의 비율로 계산된다. 즉, GDP환가지수=(명목GDP/실질GDP)×100이 된다. GDP환가지수는 GDP를 구성하는 모든 재화와 용역을 포함하는 물가지수이기 때문에 대상품목수가 가장 광범위한 종합적인 물가지수이다.

인플레이션의 측정을 위해 위의 세 물가지수가 사용되고 있는데 그러면 어느 것을 사용하는 것이 더 좋은가? 소비자물가지수가 가장 일반적으로 사용되고 있지만 어느 것을 선택하느냐 하는 것은 어떤 목적으로 인플레이션을 측정하고자 하느냐에 달려 있다. 소비자의 생계비의 변화를 보고자 한다면 소비자물가지수가 적합할 것이고 제조업에서의 생산비의 변화를 알고자 할 때에는 생산자물가지수가 가장 적합할 것이며 가장 광범하게 경제 전체의 생산물의 가격변화를 보고자 한다면 GDP환가지수가 더 적합할 것이다. 세 물가지수는 서로 다른 물가를 측정하는 것이므로 이들은 같은 방향, 같은 비율로 변화하지 않는다. 그리고 우리가 피부로 느끼는 물가변화와 지수로 나타나는 물가변화에 상당한 차이가 있을 수 있다.

이제까지 물가지수에 대하여 살펴보았는데 그러면 인플레이션(물가상승)의 정도를 나타내는 인플레이션율은 어떻게 측정하나? 인플레이션율(inflation rate)은 일정 기간(보통 1년)동안의 물가지수(CPI, PPI, GDP환가지수)의 증가율을 말한다. 어느 지수로든 똑같은 방법으로 이것을 측정할 수 있다. 예

---

46) 생산자물가지수라는 지수명칭은 1990년 기준지수편제 때부터 사용되었고 그 이전에는 도매물가지수(wholesale price index)라는 명칭으로 편제되었었다.

컨대 소비자물가로 측정한 2000년의 인플레이션율은 다음과 같이 계산된다.

$$\mathrm{CPI}\text{인플레이션율}(2000\text{년}) = \frac{\mathrm{CPI}(2000) - \mathrm{CPI}(1999)}{\mathrm{CPI}(1999)} \times 100$$

3. 인플레이션의 종류

인플레이션은 서서히 발생하는 경우도 있지만 엄청나게 빠른 속도로 나타나기도 한다. 인플레이션이 일어나는 속도에 따라 완만한 인플레이션(moderate inflation), 질주형 인플레이션(galloping inflation), 그리고 초인플레이션(hyperinflation)으로 구분할 수 있다. 완만한 인플레이션은 물가가 서서히 느리게, 그리고 예측가능하게 상승하는 경우를 말하는데 대개 한자리 숫자로 상승하는 경우를 말한다. 질주형 인플레이션은 두자리 또는 세자리 숫자로 물가가 오르는 경우를 말하며 우리나라도 1980년 이전에는 거의 이러한 형태였다. 이와 같이 물가가 빨리 오르는 경우에는 화폐의 가치가 급속히 떨어지므로 물가에 연동하여 계약을 하거나 외국화폐로 계약을 하는 것이 안전하게 된다.

초인플레이션은 물가가 일 년에 수백 배, 수천 배, 심지어는 수백만 배씩 상승하는 경우를 말한다. 가장 대표적인 경우는 1920년대초 독일바이마르 공화국이 전후배상을 위해 통화량을 증가시키면서 발생한 초인플레이션으로 1922년 1월에서 1923년 11월 사이에 물가가 무려 100억 배가 상승하였다. 이외에도 남북전쟁시의 미국, 최근에는 소련연방으로부터 이탈한 국가들에서 엄청난 인플레이션을 경험하였다. 이러한 심한 인플레이션하에서는 '돈을 바스켓에 담아가서 물건을 호주머니에 넣어 온다'고 할 정도로 돈의 가치가 떨어지며 초인플레이션이 더 심해지는 경우에는 화폐와 가격의 기능이 완전히 없어져 물물교환의 경제로 되돌아가는 상태가 된다. 그리고 이러한 초인플레이션은 특히 부의 재분배에 엄청난 영향을 미친다. 초인플레이션하에서는 좋다고 할 것이 전혀 없는 상태이다.

4. 인플레이션의 영향

2차 대전 이후에는 인플레이션이 일상화되어 있으며 그렇기 때문에 많은 사람들이 인플레이션을 우려하고 있음을 본다. 몇%정도의 완만한 인플레이션도 우려의 대상이 되고 있는데 이는 인플레이션이 반드시 가속화되는 경향이 있는 것은 아니지만 언제 완만한 인플레이션이 급격하게 나타날지 모르기 때문이다. 그러면 왜 많은 사람들은 인플레이션이 가져오는 영향에 관심을 갖고 우려를 하는가? 인플레이션의 위험은 흔히 간과되기도 하나 실제로 인플레이션은 막대한 영향을 주고 있으며 그 영향은 매우 구체적이다.

인플레이션의 비용이나 폐해를 살펴보기 위해서는 있어서는 인플레이션의 두 가지 측면을 고려해야 한다. 하나는 균형적 인플레이션인가 또는 불균형적 인플레이션인가 하는 것이고 다른 하나는 예상된 인플레이션인가 아니면 예상되지 않은 인플레이션인가 하는 것이다. 여기서 균형적이라고 하는 것은 모든 가격이 거의 똑같은 비율로 상승하여 상대가격구조가 불변인 경우를 말한다. 이 두 측면을 결합하여 4가지 경우를 각각 살펴보자.

1) 균형적이고 예상된 인플레이션

이 경우부터 보는 것이 인플레이션의 비용을 이해하는데 쉬울 것이다. 예를 들어 매년 모든 명목가격이 10%씩 균형적으로 상승한다는 것이 예상되고 있다고 가정하자. 즉, 식료품값, 옷값 등 모든 재화와 용역의 가격과 임금, 지대, 이자 등 모든 생산요소의 가격이 매년 10%씩 상승한다고 하자. 물론 이러한 경우는 완전경쟁시장의 가정처럼 비현실적이지만 하나의 기준으로 고려하는 것이다. 이 경우에는 실질가격, 실질임금, 실질이자율은 모든 가격이 안정적인 경우와 차이가 없을 것이다.[47]

---

47) 실질임금은 명목임금을 물가수준으로 조정해 준 임금을 말하며 따라서 명목임금과 물가수준이 똑같이 변화하는 경우에는 실질임금은 변화가 없다. 그리고 실질이자율은 식 〈7-2〉에서 정의한 바와 같이 명목이자율을 인플레이션율로 조정해 준 이자율을 말한다. 따라서 명목이자율과 인플레이션율이 동일한 크기로 상승하는 경우에는 실질이자율은 변화가 없다.

이러한 균형적이고 예상된 인플레이션의 경우에는 우리가 인플레이션에 대해 크게 주의를 기울일 필요가 없다. 모든 가격이 다 같은 비율로 상승하며 따라서 실질적인 가격구조에는 변화가 없기 때문에 생산이나 자원배분의 효율성에 아무런 영향도 주지 않으며 또 예상된 인플레이션이기 때문에 소득이나 부의 재분배에도 아무런 영향을 주지 않는다.

그러나 비록 인플레이션이 완전히 예상되고 균형적이라고 하더라도 비용이 발생할 수 있다. 그것은 이미 언급한 메뉴비용(menu cost, 명목가격을 변화시키는 비용)이다. 인플레이션이 있고 가격이 계속 상승하는 경우에는 가격표와 목록을 새로 만들어야 하며 변화한 가격을 알려야 한다. 일부 기업은 상당한 메뉴비용에 직면하겠지만 경제전체적으로는 이러한 비용은 그렇게 크지는 않을 것이다. 더구나 수퍼마켓에서 사용하는 전자스캐너와 같은 기술진보에 의해 매뉴비용은 감소할 것이다.

2) 균형적이고 예상되지 않은 인플레이션

인플레이션이 있을 때 제도적으로, 구조적으로 인플레이션에 순응할 수 없는 것이 있다. 예를 들면 명목가치가 고정되어 있는 화폐와 채권과 같은 금융자산들은 인플레이션이 있을 때 다른 재화의 가격은 다 변해도 이들의 가격은 변하지 않는다. 따라서 인플레이션이 발생하면 이들의 실질가치가 하락하게 되고 따라서 이러한 명목자산을 갖고 있는 사람들은 손해를 보게 되며 반면에 명목부채를 가진 사람(채권이나 화폐를 발행한 사람)은 이득을 보게 된다. 따라서 명목자산의 보유자로부터 실물자산의 보유자나 명목부채의 보유자에게로 부가 이전된다.[48)]

만약 인플레이션이 예상이 된다면 명목자산을 구매할 때(현금을 빌려주거나 채권을 구매할 때) 인플레이션에 해당되는 만큼 이자를 더 받으면 손해

---

48) 초인플레이션이 가져오는 가장 중요한 문제는 바로 이러한 부의 재분배이다. 바이마르공화국당시의 초인플레이션하에서 수백억 마르크의 금융자산을 갖고 있던 사람이 불과 얼마사이에 그 금융자산이 휴지가 되어 빈털털이가 되어 버리는 경우가 허다하게 발생하였다.

를 보지 않아도 되며 따라서 부(재산)의 이전이 발생하지 않을 것이다. 그러나 전혀 예상되지 않게 인플레이션이 발생하면 이미 현금을 빌려줄 때(또는 명목채권을 구매할 때) 받기로 약정한 이자율은 이러한 추가적인 인플레이션에 의해 가치가 하락하는 것을 보상하지 않기 때문에 돈을 빌려준 사람은 재산(부)의 손실을 입게 되며 명목부채를 가진 사람들(돈을 빌린 사람)은 부의 이득을 보아 부의 재분배가 발생한다는 것이다. 그러나 예상치 않게 인플레이션이 발생하면 명목이자율은 주어져 있으므로 실질이자율은 하락하게 되며 돈을 빌린 사람은 그만큼 실질적인 부담이 줄어들고 반면 돈을 빌려준 사람은 그만큼 실질적인 수익이 줄어든다. 이러한 이유로 인플레이션이 매우 심한 기간에는 돈을 빌려 쓰는 것이 유리하며 따라서 기업들은 은행에서 대출을 받는 것이 큰 혜택이 되므로 은행에서 대출을 받으려고 노력한다.

여기서 중요한 것은 인플레이션이 균형적이든 불균형적이든(여기서는 균형적인 인플레이션을 가정하고 있지만) 예상치 않은 인플레이션은 주로 부와 소득의 재분배에 영향을 미친다는 것이다.

그러면 이러한 부와 소득의 재분배의 영향은 무엇인가? 그 영향은 경제적인 것보다는 오히려 사회적인 것이라고 볼 수 있다. 이러한 재분배로 인해 일부가 이득을 보고 다른 일부가 손해를 보는 것이므로 경제전체적으로는 서로 상쇄되기 때문에 경제적으로는 큰 영향은 없다고 볼 수 있다. 그러나 인플레이션에 의한 이러한 재분배는 사람들로 하여금 투기를 하도록 강요할 것이며 사회의 불안을 야기 시킬지도 모른다. 그러나 인플레이션에 의한 재분배효과는 인플레이션의 크기에 달려 있으며 몇%의 완만한 인플레이션 하에서 그 영향이 미미할 것이다.

또 예상되지 않은 인플레이션은 불확실성을 증대시키며 이것은 투자와 성장에 좋지 않은 영향을 미친다. 만약 기업가가 미래의 물가수준과 이자율에 대해 불확실성을 느낀다면 특히 장기적 사업에 대해 위험을 감수하고 투자하려고 하는 마음이 줄어들 것이며 따라서 성장은 둔화될 것이다.

3) 불균형적이고 예상된 인플레이션

인플레이션기간 중에는 모든 재화의 가격과 생산요소의 가격이 동일한 비율로 상승하는 것은 아니다. 이와 같이 불균형적인 인플레이션이 있게 되면 재화간의 상대가격의 변화가 있게 된다. 그러나 일단 인플레이션이 예상된다고 하면 인플레이션에 대한 보상이 시장이자율에 반영되며 생산요소가격의 차등적 변화도 예상된 인플레이션에 의해 조정이 된다. 따라서 이러한 조정이 있게 되면 더 이상의 부와 소득의 재분배효과는 나타나지 않는다. 그러므로 불균형적이고 예상된 인플레이션 하에서는 부와 소득의 재분배효과는 작다고 할 수 있다.

그러나 예상이 된다고 하더라도 불균형적 인플레이션 하에서는 자원배분에 미치는 영향, 즉 상대가격의 왜곡에 따른 효율성의 감소와 자원의 낭비가 나타난다. 인플레이션에 의해 그 가격이 매우 심하게 왜곡되는 한 가지 재화는 바로 화폐, 그 중에서도 현금화폐이다. 현금화폐는 아무리 오래 갖고 있어도 이자가 붙지 않으므로 화폐의 명목이자율은 0이며 화폐의 실질이자율이란 명목이자율(0%)에서 인플레이션율을 차감한 것으로 정의되므로 현금화폐에 대한 실질이자율은 인플레이션율 만큼 (−)의 값으로 나타난다(고정된 명목이자율을 갖는 자산은 어떤 것이든 인플레이션에 의해 이와 같은 영향을 받는다). 즉, 인플레이션에 의해 현금화폐의 상대가격이 왜곡된다(하락한다). 따라서 인플레이션이 급격히 나타나면 사람들의 화폐보유행태가 달라지는 것, 즉 화폐수요를 줄이는 것은 상이할 것이 없다. 즉, 경제주체들은 가급적 현금보유를 줄이는 등 철저한 현금관리를 하기 위하여 시간과 노력 등 많은 실질자원을 투입할 것이다. 그들은 인플레이션에 대응하기 위하여 은행에 예금을 하여두고 필요할 때마다 수시로 은행에 가서 현금을 찾아서 사용할 것이며 따라서 신발가죽이 닳도록 은행에 드나들며 귀중한 자원과 시간을 쓴다. 그래서 이러한 비용을 현금관리비용(shoe leather cost)이라고도 한다. 인플레이션이 없는 경우와 비교하면 상대가격의 왜곡으로 자원이 낭비되는 것이다.

이와 관련하여 또 하나 언급할 것은 인플레이션에 의해 실질통화량 또는 실질화폐잔고(명목통화량/물가수준)가 감소한다는 것이다. 이러한 경향은 인플레이션이 악화되어 사람들이 화폐보유를 기피함에 따라 화폐의 유통속도가 증가함으로써 더욱 가속된다. 이는 또 화폐교환경제의 여러 가지 편이를 감소시키며 생산과 소비 등 경제활동을 위축시킴으로써 화폐경제의 효율성을 감소시킨다. 이러한 효율성감소의 기본적인 이유는 인플레이션(물가상승)에 의해 가격이 제공하는 정보를 얻기가 어렵게 되기 때문이다. 자본주의 사회에서의 가격은 시장참여자에게 유용한 많은 정보를 제공해 주며 이를 매개변수로 하여 의사결정을 한다. 어떤 재화의 가격이 올라가는 것은 생산자에게는 생산을 늘리고 소비자에게는 소비를 줄이라는 신호가 되는 것이다. 그러나 물가가 급격히 변화하게 되면 그것이 갖고 있는 가치있는 정보가 모두 파괴되어 버린다. 인플레이션이 심한 경우에는 자기가 생산하거나 소비하는 재화의 상대가격이 변화하는 것인지, 다른 재화들도 모두 다같이 변화하고 있는 것인지를 구별하기가 어렵게 된다. 따라서 이러한 혼란으로 인해 생산이 지나치게 많아지거나 적어질 수도 있고 소비가 지나치게 줄어들거나 늘어날 수도 있게 되어 자원배분을 비효율적으로 만들 수 있다. 이런 경우에는 가격대신 다른 방법으로 올바른 정보를 수집하기 위해 시간과 자원을 투입해야 한다. 이러한 상황은 마치 우리의 가정이나 회사의 전화번호(정보)가 수시로 바뀌는 경우와 비슷하다. 전화번호가 자꾸 바뀐다면 매우 불편할 것이며 급한 연락을 하려면 택시를 타고 직접 달려가야 하는데 이것은 비싼 시설을 해놓고 전화가 쓸모없는 경우와 마찬가지이므로 이러한 비용을 생각해 보면 얼마나 많은 효율성의 상실이 있겠는가를 쉽게 상상할 수 있다.

이외에도 인플레이션에 의해 유발되는 왜곡은 많이 존재한다. 인플레이션의 시대에 나타나는 세금이나 임금지불에 대한 물가연동제,[49] 가격통제를

49) 물가연동제란 물가수준의 변화에 따라 세금의 공제나 임금을 이에 연계하여 변화시켜 주는 제도를 말한다. 예를 들어 물가가 10%올라가면 임금을 10% 또는 5%씩 올리는 제

받고 있는 재화생산의 위축,[50] 투기의 발생 등도 자원배분상의 비효율의 예가 될 것이다. 이러한 상대가격변화에 따른 왜곡은 쉽게 측정이 어렵지만 엄청날 것이며 이러한 비용은 인플레이션이 예상되는 것이라 하더라도 나타난다.

4) 불균형적이고 예상되지 않은 인플레이션

현실적으로는 이러한 경우가 일반적인 현상이다. 인플레이션이 있을 때 재화 및 생산요소의 가격 간에 불균형이 심할 것이며 인플레이션을 예측한다고는 하지만 그것이 결코 용이한 것이 아니기 때문이다.

이러한 상황 하에서는 부와 소득의 재분배뿐 아니라 효율성의 감소가 모두 나타나게 된다. 인플레이션이 심한 경우에는 이러한 두 효과가 모두 심하게 나타나는 것은 당연하지만 인플레이션이 완만하다고 하더라도 그 구조가 매우 불균형적이면 그 영향은 심각할 것이다. 대부분의 완만한 인플레이션의 경우 인플레이션비용은 인플레이션자체에 기인하는 것이 아니며 사회적 마찰은 일반적 물가수준의 상승에서 비롯되는 것이 아니라 상대가격의 변화에서 비롯되고 있다. 이상의 인플레이션의 영향(비용)에 관한 내용을 정리하면 [표 10-1]과 같다.

도이다. 그런데 인플레이션이 있어서 이러한 제도를 도입하게 되면 이러한 제도를 관리하기 위하여 많은 인력과 자원이 필요하며 이러한 인력, 시간과 자원은 불필요하게 소모되는 것이다.

50) 정부가 물가안정, 서민생활 보호 등의 이유로 광범위하게 가격을 규제하고 있다. 최고가격고시, 행정지도, 업계 자율규제 등 다양한 가격규제를 실시하고 있다. 그런데 인플레이션이 유발되면 이러한 규제가 되는 재화들의 상대가격은 더욱 왜곡된다. 즉, 이러한 재화들의 상대가격은 더욱 하락하고 이러한 재화들의 생산량은 적정수준보다 낮게 된다. 따라서 자원이 다른 쪽으로 과다하게 배분되므로 자원배분을 왜곡시키고 자원을 낭비하게 만든다. 예를 들어 임대료(rent)규제를 생각해 보자. 뉴욕 등 미국의 대도시에서는 임대료를 일정 수준에 묶어 두는 가격규제를 시행하여 왔다. 그러나 임대료 통제 때문에 소유주들이 건물에 대한 투자를 꺼려 주거환경이 급속도로 악화되고 임대주택의 공급을 회피하는 부작용이 발생함에 따라 최근에는 이를 완화하고 있다.

[표 10-1] 인플레이션의 영향(비용)의 두 측면

	균형적 인플레이션	불균형적 인플레이션
예상된 인플레이션	메뉴비용(미미함)	효율성감소(정보파괴)와 자원낭비(현금관리비용)
예상되지 않은 인플레이션	부 및 소득의 재분배와 불확실성증대(성장저해)	효율성감소와 자원장비 부 및 소득의 재분배와 성장저해

인플레이션이 발생할 때 이를 그대로 내버려 둔다면 이러한 영향을 미칠 것이다. 그러나 이러한 피해를 가져오기 때문에 인플레이션이 발생하는 경우 내버려 두지 않고 정부가 정책수단을 동원하여 인플레이션을 잡으러 나선다. 그러므로 현실적으로는 인플레이션이 경제에 미치는 영향은 정부가 통화, 재정정책 등으로 인플레이션을 잡기 위하여 개입을 하는 과정에서 나타나는 영향을 말한다. 정부가 인플레이션을 잡기 위하여 긴축적인 재정정책이나 통화정책을 수행하게 되면 이에 따라 경기가 침체되고 실업이 발생하고 산출량이 줄어들게(성장율이 둔화하게) 된다. 바로 이러한 실업의 증가, 산출량의 감소가 바로 인플레이션의 비용이 된다.[51)]

5. 적정 인플레이션율

1) 적정 인플레이션율

그러면 이러한 인플레이션의 영향을 고려할 때 어느 정도의 인플레이션이 적정하다고 볼 수 있을 것인가? 모든 나라가 '물가안정'을 거시경제정책의 주요목표로 삼고 있다. 그러면 물가안정이란 무엇을 의미하는가? 어떤 상태

51) 이러한 비용은 흔히 희생비율(sacrifice ratio)이라는 용어로 설명되는데 이것은 인플레이션을 1%포인트 줄이기 위하여 얼마만큼의 실업(또는 산출량의 감소)을 감수해야 하는가를 나타내는 것이다.

를 물가안정이라고 할 수 있는가? 가장 일반적인 안정적인 물가의 정의는 '경제적 의사결정에 영향을 미치지 않는 정도의 인플레이션이 있는 상태'이다. 문제는 어떤 수준의 인플레이션율이 의사결정에 영향을 미치지 않는 적정 인플레이션율인가 하는 것이다. 대개 0%의 인플레이션율(물가수준의 안정)을 최적이라고 보는 견해와 완만한 인플레이션(2%내외)을 최적이라고 보는 견해로 나누어진다. 많은 사람들은 약간의 인플레이션은 그렇게 나쁜 것이 아니라고 말한다. 그러나 약간의 인플레이션은 알콜중독자에게 주는 약간의 알콜과 같은 것이다. 그것은 금방 걷잡을 수 없게 된다. 인플레이션을 거의 0에 가깝게 유지함으로써 인플레이션의 예상을 완전히 없애주는 것이 훨씬 더 쉽고 바람직하다는 것이 전자의 견해이다.

후자의 견해는 다음과 같다. 구조조정을 하기 위해서는 임금을 삭감할 필요가 있는데 명목임금의 삭감에는 많은 거부감을 보이고 있다. 그러나 어느 정도의 물가상승이 있으면 실질임금이 감소할 수 있기 때문에 어느 정도의 인플레이션이 필요하다. 또 통상 인플레이션계산에 이용되는 소비자물가지수는 과대측정되는 경향이 있으므로 0의 인플레이션을 목표로 하면 이것은 실제로는 마이너스의 인플레이션이 되기 때문에 어느 정도의 인플레이션이 필요하다는 것이다. 이러한 입장의 사람들은 현재 서구각국이 경험하고 있는 2%내외의 수준이 적정한 수준이라고 보고 있다. 그러나 비록 사람들이 인플레이션의 적정목표수준에 대해서는 의견일치가 없다고 하더라도 적어도 예측가능하고 안정적인 물가가 건전한 경제성장을 위해 최선의 여건을 제공 한다는 데는 의견일치를 보이고 있다.

2) 인플레이션의 득실

인플레이션에 대한 일반국민의 불안과 물가안정에 대한 관심은 대단하다. 여론조사 때 마다 항상 최우선적인 관심이 물가안정이다. 그러나 과연 인플레이션에 대한 관심과 이해가 완전히 일치하는가? 인플레이션에 대한 입장은 경제행위자에 따라 다르다. 어떤 사람은 인플레이션을 좋아할 사람은 아무도 없다고 하지만 그렇지 않다. 소비자의 입장에서는 인플레이션을 싫어하는 것은 당연하지만 주택소유자, 차입자, 임금노동자로서 현실의 많은 사람들은 인플레이션을 좋아하고 있다는 것이다. 화폐환상(money illusion)이 존재한다는 것은 실험심리학 등의 실험에 의해 밝혀졌으며 비합리적이게도 사람들은 화폐임금상승 그 자체를 중시하고 좋아한다. 주택소유자들은 그들의 주택자금대출의 실질부담을 줄이기 위하여 인플레이션을 좋아한다. 주택가격의 상승과 임금의 상승은 많은 사람들로 하여금 기분 좋게 만든다. 인플레이션이 5%일 때 5%의 임금상승은 인플레이션이 2%일 때 보잘것없는 2% 임금상승보다 훨씬 관대한 것처럼 보인다.

더 중대한 문제는 인플레이션이 실질임금의 조정을 도와주는 유용한 윤활유가 될 수 있다는 것이다. 인플레이션이 0%일 때보다는 5%일 때 사양산업의 실질임금을 떨어뜨리는 것이 더 쉽다. 왜냐하면 노동자들은 명목임금의 삭감에 대해서는 매우 못마땅하게 생각하며 저항할 것이지만 물가상승에 의한 실질임금의 하락에 대해서는 덜 저항할 것이기 때문이다. 그래서 기업가들도 인플레이션을 좋아한다. 또 기업가들은 인플레이션이 회사의 이윤을 많은 것처럼 부풀리기 때문에 좋아한다. 그리고 무엇보다도 인플레이션은 정부에게도 상당히 도움이 되는 것으로 선호되고 있다. 인플레이션은 정부부채의 실질부담을 가볍게 하고 세율을 높이지 않고도 조세수입을 올릴 수 있게 한다. 정부가 큰 예산적자를 유지하는 한 인플레이션이 어느 정도 있기를 바라는 욕구는 좀처럼 사라지지 않을 것이다. 인플레이션이 있으면 손쉽게 예산을 확보하여 성장과 고용을 늘릴 수 있고 정부부채의 부담도 줄일 수 있는 일거양득의 방법이기 때문이다.

수많은 사람들은 인플레이션을 즐긴다. 그러므로 모든 사람이 인플레이션을 증오하는 것을 알게 될 때까지는 인플레이션은 결코 무덤에 가지 않을 것이다. 더구나 인플레이션을 좋아하는 사람들이 힘을 갖게 되면 인플레이션은 발생하게 마련이다. 가장 큰 문제는 힘 있는 정부도 인플레이션을 좋아한다는 것이다. 이것이 인플레이션과의 전쟁에서 가장 문제가 되는 점이다.

6. 인플레이션의 원인과 대책

인플레이션은 완만한 것에서부터 급격한 초인플레이션까지 다양한 형태로 나타나며 이러한 인플레이션을 야기시키는 원인 또한 다양하다. 예컨대, 통화량의 과다공급이 인플레이션의 원인이 되기도 하고 전쟁이 원인이 되기도 하며 재정적자, 수입물가상승, 임금상승, 석유가격상승, 흉작, 홍수 등 수없이 많은 요인이 원인이 되며 이에 따라 인플레이션의 이름도 통화인플레이션, 전시인플레이션, 재정인플레이션, 수입인플레이션 등등 수없이 많다. 이에 따라 인플레이션의 본질에 대한 견해도 분분하며 계속 변화하고 있다. 그러나 인플레이션의 발생이론을 정리하면 크게 수요측면을 중시하는 수요견인설(demand pull theory), 공급측면에서의 비용요소를 중시하는 비용인상설(cost push theory), 그리고 공급측면에서의 구조적 애로를 중시하는 구조적 인플레이션이론(structural inflation theory)으로 대별할 수 있다.[52)]

1) 수요견인 인플레이션

수요견인인플레이션이론은 산출량에 대한 전반적인 수요(총수요)가 전반적인 공급(총공급)을 초과하기 때문에 인플레이션이 발생한다고 보고 총수요를 감소시키는 긴축정책이 인플레이션의 대책이라고 보는 이론이다. 과다한 총수요가 물가수준을 상승시킨다고 보는 것으로 총수요의 변화에 중점을 두고 인플레이션을 설명하는 이론이다.

(1) 고전학파적 수요견인설

총수요측면에서 볼 때 고전학파는 총수요를 변화시키는 요인이 통화량이라고 본다. 고전학파의 화폐수량설이든, 현대의 통화론이든 총수요를 변화시키는 요인은 통화량이며 통화량의 변화가 없으면 총수요가 변화하지 않으

52) 구조적 인플레이션이론은 결국 공급측면에서의 애로 때문에 비용이 증가하는 것으로 볼 수 있으므로 비용인상설에 포함시켜 설명하여도 무방하다.

며 총수요곡선(AD)이 이동하지 않는다고 본다. 이들은 앞에서 언급한 바와 같이 인플레이션을 물가상승이라기 보다는 통화가치의 하락으로 보며 따라서 통화량의 감소가 인플레이션을 잡는 첩경이라고 보는 것이다.

먼저 고전파의 초기화폐수량설론자들은 산출량이 완전고용산출량수준에 주어져 있고 화폐의 유통속도가 고정되어 있다고 가정하기 때문에, 통화량의 증가가 물가수준을 비례적으로 상승시킨다. 즉, 통화량이 5%증가하면 물가는 5%상승한다.[53] AD-AS모형을 이용하여 이를 설명하여 보자. [그림 10-1]에서 AS는 고전학파의 총공급곡선을 나타내는데 완전고용산출량(Y_p)에서 수직으로 주어진다. 그리고 화폐수량설론자들은 총수요를 변화시키는 요인은 통화량뿐이라고 보기 때문에 우하향하는 AD의 위치는 통화량(M)에 의해 결정되며 통화량이 증가하면 AD는 위로 이동한다. 통화량이 M0인 경우 물가수준은 P_0이다.

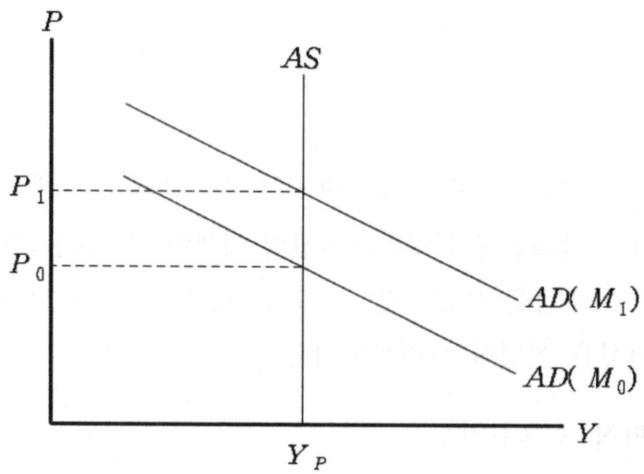

[그림 10-1] 고전학파의 수요견인설

53) 화폐수량설에서 화폐시장의 균형조건은 MV=PY이다. 여기서 Y는 완전고용수준에서 주어져 있고 V는 고정되어 있다. 이 균형조건식을 증가율로 변화시키면 (M의 증가율)+(V의 증가율)=(P의 증가율)+(Y의 증가율)이다. 그런데 V의 증가율과 Y의 증가율은 0이므로 M의 증가율=P의 증가율이 된다.

그런데 만약 통화량이 M_0에서 M_1(이것은 협의의 통화량을 나타내는 M1이 아님)으로 증가한다면 AD는 AD(M_0)에서 AD(M_1)으로 위로 이동하고 물가수준은 P1으로 상승한다. 이와 같은 물가의 상승이 바로 인플레이션이며 인플레이션율은 $(P_1 - P_0)/P_0$가 된다. 그리고 화폐의 유통속도가 주어져 있으므로 이 경우 통화량증가율과 인플레이션율은 같다.

이에 비하여 현대의 통화론자(신화폐수량설론자)들은 단기에는 물가상승이 통화량증가율에 정확하게 비례적이라고 할 수 없다고 하더라도(유통속도가 고정되어 있는 것이 아니고 또 산출량도 완전고용수준에 있는 것은 아니기 때문) 통화량의 팽창이 총수요(AD)를 증가시키는 주요한 요인이며 따라서 인플레이션의 가장 근본적인 원인이라고 본다.

총공급곡선의 기울기가 비교적 크기 때문에 통화량증가에 의한 AD의 위로의 이동은 물가에 주로 영향을 미치게 된다. 그리고 장기적으로는 고전학파의 화폐수량설과 마찬가지로 통화량과 물가는 거의 비례적이라고 본다. 따라서 신화폐수량설이든, 구화폐수량설이든 화폐수량설에 의하면 안정적인 통화량의 공급이 안정적인 물가를 위한 유일한 방책이 되며 인플레이션율이 높을 때에는 통화량증가율을 낮추는 것이 가장 기본적인 방책이며 재정정책의 수행은 AD에 영향을 미치지 못하므로 효과가 없다.

(2) 케인지안의 수요견인설

고전학파적 수요견인설이나 케인지안의 수요견인설이나 다 같이 현재의 물가에서 총수요가 총공급을 초과한다면 인플레이션이 발생한다고 보는 점에서는 차이가 없다. 그러나 총수요를 변화시키는 요인이 무엇이냐에 대해 큰 차이를 보이고 있으며 이에 따라 인플레이션에 대한 대처방안이 달라지고 있다. 화폐수량설적 수요견인설에서는 총수요를 변화시키는 요인이 대부분 통화량뿐이라고 보는데 반하여 케인지안은 통화량만이 영향을 미치는 것이 아니라 정부지출, 조세, 기타 독립투자 등도 총수요에 직접 영향을 준다. 따라서 통화량변화 이외의 요인에 의해서도 총수요는 변화하며 인플레이션을 야기 시킬 수 있다.

AD(총수요곡선)는 우하향하나 통화량(M)뿐 아니라 정부지출(G), 조세(T), 기타요인(D)에 의해 영향을 받으며, M과 G가 증가하거나 T가 감소하면 AD는 오른쪽방향으로 그리고 M, G가 감소하거나 T가 증가하면 왼쪽방향으로 이동한다. 총수요에 영향을 미치는 요인들 중 정부지출만 G_0에서 G_1으로 증가한다면 AD는 $AD_0(M_0, G_0, T_0, D_0)$에서 $AD_1(M_0, G_1, T_0, D_0)$으로 이동한다. 이에 따라 생산은 Y_1으로 증가하고 물가는 P_1으로 상승하여 인플레이션이 발생한다. 만약 정부가 완전고용산출량(Y_p)을 달성하고자 하여 G의 증가에 덧붙여 통화량을 M_0에서 M_1으로 증가시켜 AD가 $AD_2(M_1, G_1, T_0, D_0)$가 된다면 완전고용산출량(Y_P)은 달성되나 물가는 다시 P_2로 상승하여 인플레이션이 발생한다. 이 상태에서 정부가 만약 T(조세)를 T_0에서 T_1으로 감소시킨다면 총수요는 더욱 증가하여 AD_2는 $AD_3(M_1,\ G_1,\ T_1,\ D_0)$으로 이동하여 산출량은 완전고용수준이상인 Y_3가 되며 물가는 다시 P_3로 상승한다.

케인지안의 이론에 따르면 인플레이션을 줄이기 위해서는 총수요를 줄이는 것이 필요하며 총수요를 줄이는데 있어서는 긴축적인 화폐금융정책에 의한 통화량의 감소뿐만 아니라 정부지출의 감소나 조세의 증가와 같은 긴축적인 재정정책도 유효하다. 그런데 불황상태에서 물가를 잡기 위하여 총수요를 감소시키면(예컨대, [그림 10-1]에서 AD_1에서 AD_0으로 이동시키면) 총공급곡선의 기울기가 매우 완만하므로 물가는 크게 떨어지지 않고 산출량만 크게 떨어지게 되며 이에 따라 실업만 크게 늘어나 경제에 큰 고통을 주게 되며 인플레이션의 비용이 매우 크게 된다. 따라서 케인지안들은 불황속의 인플레이션을 잡기 위해서 총수요를 줄이는 정책은 생산감소(실업증대)라는 엄청난 고통을 유발하므로 이러한 정책보다는 직접 시장에 개입하는 소득정책(incomes policy)을 선호하고 있다.[54]

---

54) 소득정책은 설득 등의 방법으로 AS곡선을 아래로 이동시키는 정책이다.

2) 비용인상 인플레이션

비용인상 인플레이션이론은 물가상승의 원인을 임금수준이나 이윤율의 상승, 또는 수입원자재가격의 상승과 같은 생산요소가격의 상승에서 찾고 있는 이론으로서 공급측면에서의 생산비용의 인상을 강조한 이론이다.

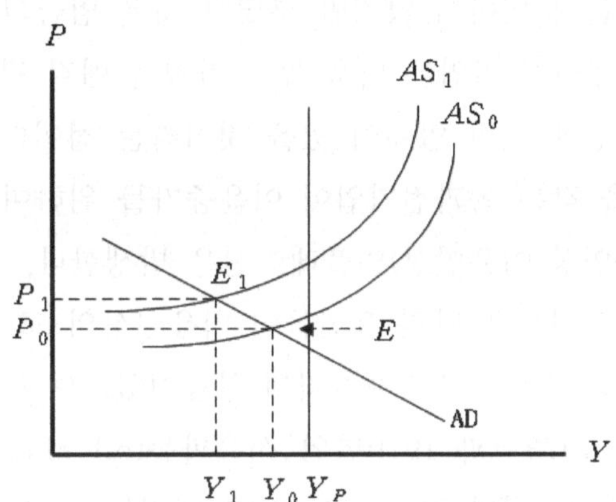

[그림 10-2] 비용인상 인플레이션

[그림 10-2]의 AD-AS모형을 이용하여 설명해 보자. 여기에는 통상의 총수요곡선과 총공급곡선이 그려져 있는데 비용요소가 상승하기 전의 현재의 경제상태를 E라고 하자. 그러면 산출량은 Y_0이고 물가는 P_0이다. 그런데 만약 임금이 상승하거나 원유값이 올라가거나 수송비가 크게 올라서 비용이 올라간다고 하자. 비용의 상승은 이미 본 바와같이 단기총공급곡선을 위로 이동시킨다. 따라서 총공급곡선이 AS_0에서 AS_1으로 위로 이동하며 새로운 균형점은 E1이 된다. 즉, 산출량은 Y1으로 감소하고 물가는 P1으로 상승하여 인플레이션이 유발된다. 이와 같이 비용인상에 의한 총공급곡선의 상방이동의 경우에는 총수요증가에 의한 AD의 상방이동의 경우와는 달리 인플레이션이 발생하면서 동시에 산출량이 감소한다. 이와 같이 인플레이션과 산출량의 감소가 동시에 일어나는 현상을 스태크플레이션(stagflation)이라고 한다

는 것은 이미 지적하였다.

비용인상인플레이션의 가장 중요한 요인의 하나는 임금의 행태이다. 심각한 실업상태 하에서도 임금은 인상되고 있다. 따라서 일부 사람들은 노동조합이 그 책임을 져야 한다고 지적하는데 그 이유는 많은 사람들이 실직하는 경우에도 노동조합이 화폐임금의 인상을 요구하기 때문이라는 것이다. 노조에 책임이 있는지는 분명하지 않지만 분명한 것은 임금의 상당액이 상승한다면 생산비가 증대되어 기업은 더욱 높은 가격을 매길 필요성을 가질 것이고 따라서 물가인상에 대한 압력이 있을 것이라는 점이다. 또한 상당한 정도의 시장지배력을 갖는 독과점기업이 이윤증가를 위하여 제품가격을 인상시킬 때에도 비용인상(이윤인상)인플레이션은 발생한다.

1970년대에는 또 다른 일단의 요인들이 비용인상의 교란역할을 수행하였다. 그것은 석유 및 기타의 원자재가격의 상승이었으며 농작물의 흉작이 여기에 가세하였다. 1973년과 1979년의 석유파동(oil shock)으로 AS곡선은 돌풍같이 상승하였다. 이와 같은 AS곡선의 대이동은 공급충격을 가져오며 따라서 이에 기인한 인플레이션을 흔히 공급충격인플레이션(supply shock inflation)이라고도 한다.

비용인상설을 주장하는 사람들은[55] 인플레이션대책으로서 재정정책과 통화금융정책과 같은 긴축적 총수요관리정책은 경제의 산출량을 크게 하락시켜 많은 실업을 유발하므로 이것보다는 정부가 직접 시장에 개입하여 물가와 임금 및 이윤의 결정에 간여하거나 지침을 제공하고 이에 따라 총공급곡선을 아래로 이동시키려는 이른바 소득정책(incomes policy)을 제시하고 있다.

3) 구조적 인플레이션

중남미의 개발경제학자들이 주장하는 구조적 인플레이션이론은 인플레이

55) 대개는 케인지안들이다. 왜냐하면 통화론자들은 통화량의 증가를 인플레이션의 주요인으로 생각하므로 비용인상인플레이션을 인정하지 않기 때문이다.

션의 원인이 공급측면에서의 구조적인 애로에 있다고 본다. 수요가 증가할 때에도 생산의 증대를 가로 막는 심각한 구조적 공급제약요인들이 존재할 수 있으며 이러한 제약 때문에 수요증가가 더욱 큰 물가상승으로 나타난다는 것이다. 이러한 제약요인들에는 서툰 경영능력, 농업의 낙후로 인한 농산물부족, 중요한 수입중간재의 공급부족, 관료적 타성, 면허의 제한, 그리고 산업부문간의 상호연관성의 전반적인 결여 등이 포함된다. 이유가 무엇이든간에 구조적인 공급의 경직성은 재화 및 용역에 대한 수요의 증가를 공급의 증가가 따라가지 못함을 의미한다. 이러한 초과수요는 단지 가격만 상승시키고 인플레이션을 악화시킬 뿐이다. 따라서 이 이론은 인플레이션의 해결이 단순히 긴축적인 통화정책이나 재정정책만으로는 안되고 산업구조정책을 통하여 공급측면의 구조적 애로를 제거해야 된다고 주장한다.

스태크플레이션

최근 한국경제가 물가는 오르고 성장은 둔화되는 스태크플레이션(stagflation)에 접어들 가능성이 있다는 지적이 제기되고 있다. 고전적인 경제학에 따르면 물가안정과 성장은 서로 반비례 관계에 있다. 물가가 오르면 성장은 올라가고 물가가 내리면 성장은 침체되는 것이 자연스런 현상이라는 것이다. 경기가 둔화되면 국내의 소비와 투자가 줄어들게 되고 이는 생산물에 대한 전체적인 수요를 줄여 물가를 떨어뜨린다. 반면 경제 호황기에는 소비와 투자가 늘어 이는 물가인상 요인이 된다. 정부의 경제정책 목표도 물가안정과 안정성장를 위해 재정·금융 부문에 서의 적절한 정책을 구사하는 것이다.

예를 들어 경기가 과도하게 침체하면 중앙은행을 통한 금리 인하 등 경기부양책을 실시하고 이는 기업의 투자비용을 줄여 투자를 활성화하는 요인이 된다. 이 경우 어느 정도의 물 가인상은 불가피하다. 이런 고전적인 논리가 적용되지 않는 현상이 스테그플레이션이다.

스테크플레이션이 발생하는 상황속에서는 물가인상과 경기침체가 동시에 일어나기 때문에 정부가 구사할 수 있는 정책이 매우 제한된다. 스테그플레이션이 발생하는 이유는 여러 가지가 있겠지만 대외환경이 급변함에 따라 발생하는 것을 예상할 수 있다. 예를 들어 해외요인으로 환율이 급등하면 수입물가가 상승하게 되므로 국내 물가상승을 야기한다. 또 기업 입장에서는 원자재 가격 상승으로 투자비용이 늘어 투자를 줄이 게 되고 이는 경기침체 요인으로 작용한다. 해외유가가 급등했을 때 우리나라의 성장은 둔화되고 물가는 오르는 상황이 발생했던 것을 상기할 필요가 있다. 이런 상황 속에서는 정부의 거시경제정책의 뚜렷한 방향을 잡기가 힘들게 되는 '정책딜레마'가 발생할 수 있다. 해외요인에 상당히 민감하게 반응할 수밖에 없는 '소규모 개방경제'인 우리나라 입장에서는 더욱 그렇다.

〈매일경제, 2001년 4월 7일자〉

미 연준 '제로 금리' 그대로 유지…"지금은 '디스인플레이션' 상황"

미국 중앙은행인 연방준비제도(Fed · 연준)가 29일(현지시간) 넉 달째 유지 중인 '제로 금리'를 동결하기로 했다. 연준은 현재 경제 상황을 두고 "디스인플레이션(disinflation) 상황"이라고 했다. 디스인플레이션은 물가 수준이 계속 오르기는 하되, 그 상승률이 둔화되는 현상을 말한다.

연준은 이날 연방공개시장위원회(FOMC) 회의에서 기존 0.00~0.25%인 기준금리를 유지하기로 결정했다고 밝혔다. 연준은 성명에서 "미국 경제가 코로나19로 인한 사태를 헤쳐 나가 본 궤도에 올랐다는 확신이 들 때까지 이 범위의 금리를 유지할 것"이라고 강조했다.

제롬 파월 연준 의장은 금리 발표 이후 진행된 화상 기자회견에서 "지금 상황이 인플레이션으로 이어질 것이란 말이 많은데, 전 세계적으로 코로나19 위기는 근본적으로 '디스인플레이션' 충격"이라고 밝혔다. 디스인플레이션이 장기간 지속될 경우 물가 하락을 의미하는 디플레이션으로 진입할 우려가 커진다. 경기상승 국면에서 물가안정을 위해 정책적으로 디스인플레이션을 유도하기도 하지만, 하강 국면에서 장기화되면 경제활력 저하로 생산·소비·투자가 연쇄적으로 위축되는 경기침체 악순환에 빠져들 수 있다.

다만 파월 의장이 디스인플레이션을 언급한 것은, 코로나19 팬데믹(세계적 대유행) 이후 각국 중앙은행들이 초저금리·양적완화 정책으로 막대한 돈을 풀면서 인플레이션 압력이 높아지자 '아직 그걸 걱정할 단계는 아니다'라고 답한 것으로 풀이된다. 물가가 치솟으면 금리를 올릴 수밖에 없는데 아직 그럴 만한 시기는 멀었다는 것이다.

시장에서는 정반대로 디플레이션 전망도 나오고 있다. 코로나19 장기화는 결국 경제활동을 마비시키고 디플레이션을 유발해 침체기를 길어지게 할 것이라는 게 골자다. 파월 의장의 '디스인플레이션 진단'은 이 같은 전망에 대해서도 선을 그은 것이다. 그는 "팬데믹으로 식료품과 일부 생필품의 공급 부족은 가격 상승으로 이어지고 있다."며 물가 상승·하락 요인이 혼재돼 있다는 점을 강조했다. 파월 의장은 "전례를 찾아보기 어려운 불확실성 속에서 연준은 모든 수단을 동원하고 있다."며 "최소한 연말까지는 긴급처방을 계속 써야 할 것"이라고 말했다.

〈kyunghyang, 2020.07.30.〉

인플레이션인가, 디플레이션인가

인플레이션은 물가수준이 지속적으로 상승하는 것을 말한다. 원래 인플레이션은 통화팽창을 의미하였다. 그러던 것이 현대에 와서 통화팽창의 결과로 나타나는 지속적인 물가상승만 인플레이션으로 쓰이고 있다. 그렇지만 여전히 통화팽창을 화폐인플레이션(monetary inflation), 지속적인 물가상승을 물가인플레이션(price inflation)으로 구별하여 사용하는 경제학자들이 있긴 하다.

2008년 글로벌 금융위기 이후 경기를 부양하기 위해 각국 정부가 저금리 정책 등을 통해 엄청난 돈을 풀었다. 그 결과로 통화량이 급격하게 증가하였다. 2009~2019년 기간 동안 한국의 경우 M1과 M2가 각각 144.5%와 86.0% 증가했고, 미국과 일본의 M2도 각각 51%와 32% 증가했다. 전 세계적으로 GDP 대비 통화 비중이 2009년 111.17%에서 2019년 127.07% 늘어났다(World Bank

데이터 참조). 최근 신종 코로나바이러스 감염증(코로나19) 사태로 인해 각국에서 더 많은 돈이 풀렸다.

그렇게 많은 통화량이 증가하였는데도 물가는 그렇게 많이 오르지 않았다. 소비자물가 지수가 2009년 88.452(2015년 기준)에서 2019년 104.850으로 18.5% 증가하였으며, 인플레이션율이 2009년 2.8%에서 2019년 0.4%로 꾸준히 하락했으며 2009~2019년의 평균 인플레이션율이 1.82%에 불과했다. 이러한 추세는 한국뿐만 아니다. 동일한 기간 동안 미국의 평균 인플레이션율은 1.58%, 영국 2.05%, 유로지역 1.26%, 일본 0.30%였고, 전 세계적으로는 2.69%였다. 그리고 코로나19 이후에 경제가 쇠퇴하며 물가가 계속 하락하고 있다. 낮은 인플레이션과 함께 경제성장률이 저조해지지자 디플레이션을 우려하며 돈을 풀어야 한다는 주장들이 나오고 있다.

그러나 여기에서 우리가 주의할 점이 있다. 그것은 우리가 관찰하는 인플레이션은 소비자물가지수를 바탕으로 하고 있다는 사실이다. 소비자물가지수에 포함되는 재화는 한정되어 있다. 통화량 변동에 따른 물가의 변동의 범위는 소비자물가지수에 포함되어 있는 재화에만 국한되지 않는다. 그 범위는 경제전반에 걸친다. 통화량이 증가하여 소비자물가지수에 포함되지 않는 재화의 가격을 심각하게 변동시켜 경제에 크게 영향을 미친다면 소비자물가지수만을 보고 통화정책을 수행할 경우 커다란 오류를 범할 수 있다.

그 단적인 예가 2008년 글로벌 금융위기를 촉발한 미국의 서브프라임 모기지 사태다. 당시 미국은 저금리 정책 등을 통해 많은 돈을 풀었다. 그럼에도 불구하고 소비자물가지수를 바탕으로 한 인플레이션이 2% 내외였다. 그러나 저금리정책으로 풀린 많은 돈은 주택시장으로 흘러들어가 주택가격이 폭등했다. 그럼에도 불구하고 미국의 중앙은행인 Fed는 소비자물가지수만을 바라보고 인플레이션 우려가 없다는 판단 하에 돈을 계속 풀었다. 그것은 결국 주택시장의 버블을 만들었고, 그것이 꺼지면서 서브프라임모기지 사태가 터졌다.

통화팽창은 실물의 물가만을 끌어 올리는 것이 아니다. 자산의 가격들도 끌어 올린다. 그래서 우리는 재화 인플레이션뿐만 아니라 자산인플레이션도 신중하게 고려해야 한다. 2008년 글로벌 금융위기 이후 불어난 많은 돈이 실물보다는 자산시장으로 흘러 들어가 자산가격을 크게 상승시켰다. 주가(KOSPI)

가 2009~2019년 동안 89.1%, 금값이 43.7%, 채권가격이 23% 올랐다. 이러한 추세는 미국과 유럽도 마찬가지다. 2009년부터 2019년까지 기간 동안 미국의 S&P500와 유럽의 고수익회사채(high yield bond)지수가 각각 300%와 250% 이상 올랐다. 이것으로 2008년 글로벌 금융위기 이후 중앙은행의 확대 통화정책으로 풀린 돈의 대부분이 실물부문이 아닌 주식과 채권 등 금융부문으로 흘러 들어갔음을 알 수 있다.

실물부문이 성장하지 않은 채 금융부문만 성장하는 것은 사상누각처럼 위험하다. 지금은 디플레이션을 우려할 때라며 돈을 더 풀어야 한다고 주장할 것이 아니라 자산인플레이션을 우려해야 할 시점이다. 이러한 상황에서 돈을 더 풀었다가는 지난 미국의 서브프라임모기지 사태와 마찬가지로 자산가격 버블이 형성되었다가 꺼지면서 경제위기를 맞을 수 있다.

게다가 통화팽창과 관련해서 일반적으로 무시되고 있는 매우 중요한 문제가 있다. 통화팽창이 소득불평등을 야기한다는 사실이다. 통화량을 늘렸을 때 새로 투입된 통화량이 구성원 모두에게 동시에 똑같이 배분되지 않는다. 중앙은행의 통화정책에 따라 늘어난 통화량은 제일 먼저 은행의 지준금으로 들어가 은행을 통해 시중에 나오게 된다. 은행대출을 통해 새로운 화폐를 다른 사람들보다 먼저 입수한 사람이 있다. 그 사람은 재화와 서비스의 가격들이 오르기 전보다 많은 돈을 가지고 있기 때문에 그의 실질구매력은 다른 사람들에 비해 높다. 그러나 가장 나중에 새로운 화폐를 입수한 사람은 거의 모든 재화와 서비스의 가격이 오른 뒤이기 때문에 새로운 화폐가 수중에 들어와도 그의 실질구매력은 증가하지 않는다. 그리하여 새로 유입된 통화를 일찍 손에 넣는 사람과 나중에 입수하는 사람 간에 소득격차가 발생한다. 최근 경제성장이 둔화되면서 갈수록 소득불평등이 커지고 있다. 통화팽창은 소득불평등을 더욱 악화시킬 것이다.

지금 한국경제가 심각한 불황을 겪는 이유는 돈이 부족해서가 아니다. 코로나19의 영향도 있지만 근본적인 이유는 정부가 취한 각종 규제로 인해 경제활동의 활력이 떨어졌기 때문이다. 경제를 살리기 위해서는 돈을 풀게 아니라 자유로운 경제활동을 유발할 수 있는 환경을 만드는 일이 시급하다. 기업활동을 옥죄고 있는 각종 규제를 철폐·완화해야 하며, 노동시장을 유연하게

> 만드는 조치를 취해야 한다. 그리고 오히려 자산인플레이션에 대해 주의를 기울여야 한다. 뿐만 아니라 통화팽창에 따른 소득불평등 문제를 심각하게 고려해야 한다.
>
> 〈브릿지경제신문, 2020-07-06〉

10.2 실업

1. 실업의 개념

실업이란 일할 능력과 의사를 가진 사람이 일자리를 갖지 못한 상태를 의미하는데 실업은 경제전체적으로, 개인적으로 큰 피해를 가져온다. 실업이 많을 때 그 만큼 자원은 낭비가 되고 실제산출량은 잠재적 산출량(potential GDP)이하로 떨어지며 이런 기간 중에는 경제적인 고통으로 인해 사람들의 건강과 가정생활에 까지 좋지 않은 영향을 미친다. 그러면 실업의 경제적 비용은 얼마나 될 것인가? 실업이 많아서 완전고용수준에 미치지 못한다는 것은 실제GDP가 잠재적 GDP(완전고용 GDP)보다 작다는 것을 의미한다. 다시 말하면 완전고용에 못 미치는 높은 실업은 많은 사람들이 생산을 하지 않고 놀고 있는 상태이므로 이것은 많은 양의 생산물(예컨대 식료품, 옷, 자동차, 주택 등)을 내버리는 것과 같은 것이다.

그러나 금액으로 표시된 이러한 실업의 비용은 지속적인 실업상태가 가져오는 인간적, 사회적, 심리적 손실을 잘 반영하지는 못한다. 실제 실업상태에 있는 사람이 느끼는 좌절감, 불안감은 개인적으로나 사회적으로 엄청난 영향을 가져온다. 실업이 정신적, 육체적 건강의 악화를 가져와 심장병, 알콜중독, 자살이 늘어나고 있다는 연구결과도 있다. 따라서 실업이 개인 및 사회에 매우 큰 정신적 상처를 주는 충격이라는 것은 명백하며 이런 경제적, 사회적 이유로 실업의 퇴치가 중요한 정책목표가 되는 것이다.

2. 실업의 측정

경제활동인구는 노동능력을 갖고 있으면서 이를 사용하고자 하는 사람들이며 노동력(labor force)이라고도 하며, 취업자와 실업자로 나누어진다. 우선 취업자는 직업을 가지고 있으며 보수를 받고 일하는 사람을 말하는데 구체적으로는 다음의 사람을 말한다. 표본조사기간(매월 중 1주일) 중 소득, 이익, 봉급, 임금 등 수입을 목적으로 주 1시간이상 일한 사람, 자기에게 직접 소득이나 수입이 오지 않더라도 가구단위에서 경영하는 농장이나 사업체의 수입을 높이는데 도움을 주는 가족종사자로서 주당 18시간이상 일한 사람, 직장은 가졌으나 조사 기간 중 일시적 병, 일기불순, 휴가 또는 연가, 노동쟁의 등의 이유로 일하지 못한 일시휴직한 사람을 취업자로 본다. 반면에 실업자는 경제활동을 할 수 있는 능력과 의사를 가지고 있으면서도 조사기간 중 수입 있는 일에 전혀 종사하지 못한 자로서 구직활동을 하고 있는 사람과 일기불순, 대기, 일시적인 병, 자영업 준비 등의 사유로 구직활동을 실제로 하지 못한 사람을 말한다.[56)]

15세이상의 성인인구(노동가능인구)에서 경제활동인구가 차지하는 비중을 경제활동참가율(labor force participation rate)이라고 한다. 그리고 경제활동인구에서 차지하는 실업자의 비율이 실업률(unemployment rate)이다. 즉,

56) 실업자로 판정 받으려면 우선 만15세 이상으로서 수입이 없어야 한다. 또 조사시점으로부터 과거 1주일간 적극적인 구직활동을 벌였어야 한다. 예컨대 직업소개소에 등록을 하거나 취업원서의 접수 또는 면접을 한 기록이 있으면 된다. 가까운 사람을 통해 일자리를 알아보는 노력도 구직활동에 포함된다. 이와 같은 구직노력에도 불구하고 끝내 일자리를 얻지 못해야 실업자로 분류된다.

$$경제활동참가율(\%) = \frac{경제활동인구}{성인인구} \times 100,$$

$$실업율(\%) = \frac{실업자}{경제활동인구} \times 100$$

3. 오쿤의 법칙

1) 오쿤의 법칙의 정의

실업은 매우 고통스러운 것이기 때문에 실업을 최대한으로 줄여 완전고용을 달성하고자 하는 것이 거시경제정책의 주요목표가 된다. 그런데 실업을 줄이는 문제는 산출량의 증가와 밀접한 관계를 가지고 있다. 실업은 생산활동을 하지 않고 있는 것이므로 실업(실업율)의 증가는 바로 생산의 감소를 의미하는 것이다. 총수요의 감소로 실제의 산출량이 잠재적 산출량(완전고용산출량, 자연산출량)보다 낮으면 이것은 단순히 산출량이 감소하였다는 것을 의미할 뿐 아니라 이만한 생산을 하지 못하게 됨으로써 실업이 또한 증가한다는 것을 의미하는 것이며 이런 의미에서 경기가 나쁘면 실업이 증가한다고 하는 것이다.

이처럼 산출량과 실업율간의 관계를 실증적으로 분석하여 제시한 것이 바로 오쿤의 법칙(Okun's law)이다. 오쿤의 법칙으로 산출량의 변화와 실업율의 변화간의 관계를 알 수 있는 것이며 이를 이용하여 산출량(Y)과 물가(P)의 관계를 보여주는 총공급곡선을 실업률과 인플레이션율의 관계를 나타내는 필립스곡선으로 바꾸어 볼 수 있다. 요컨대 오쿤의 법칙은 생산물시장과 노동시장을 연결시키는 중요한 고리가 되는 것이다.

오쿤(A. Okun)의 법칙은 'GDP갭이 2%포인트씩 발생할 때마다 실업율이 1%포인트씩 증가한다'는 것이다. 이러한 오쿤의 법칙을 보다 쉽게 이해하기 위하여 이러한 관계를 구체적으로 수식으로 나타내면 다음과 같다.

$$u = u_n + \frac{1}{2} \times \left(\frac{Y_p - Y}{Y_p} \right)$$

여기서 u는 실업률을 나타내며 u_n은 잠재적 산출량(완전고용산출량, 자연산출량)이 생산되는 경우의 실업률이다. 그래서 흔히 자연실업률(natural rate of unemployment)이라고도 한다. 그러나 이 실업률은 완전고용산출량에 대응하는 실업률을 의미하기도 하므로 완전고용실업율이라고 생각하여도 무방하다. 현재로서는 이 자연실업률이 고정되어 있다(안정적이다)고 본다. 그리고 1/2는 하나의 계수이다. 오쿤이 처음 이러한 관계를 도출하였을 때는 이 계수가 약 1/3이라고 하였으나 지금은 1/2 또는 1/2.5 정도라고 보고 있다. 이 계수는 시간에 따라 지역에 따라 달라질 수 있는 값이다. 여기서는 1/2이라고 가정한다. 그리고 Yp는 잠재적 산출량을 의미한다. 이 Yp는 u_n에 대응하는 산출량, 즉 자연실업률에 대응하는 산출량이며 u_n은 잠재적 산출량수준(Yp)에서의 실업률을 말한다. 위의 식 ( )속의 값은 잠재적 산출량과 실제산출량의 차이를 잠재적 산출량에 대한 비율로 나타낸 것이므로 Yp에 대한 상대적인 크기로 나타낸 GDP갭을 말한다. 따라서 식이 의미하는 것은 GDP갭 2%가 있을 때마다 실업률이 자연실업률(u_n)에 1%씩 추가된다는 것이다. 그리고 식을 보면 산출량(Y)이 잠재적 산출량(Yp)을 초과하는 경우(경기가 호황인 경우)에는 실업률(u)이 자연실업률(u_n)보다 낮고 산출량이 잠재적 산출량을 못 미치는 경우(경기가 불황인 경우)에는 실업률이 자연실업률보다 높게 되며 산출량이 잠재적 산출량과 같을 경우 실업률이 자연실업률수준이 된다는 것을 알 수 있다.

2) 오쿤의 법칙 응용 예

오쿤의 법칙이 어떠한 의미를 갖는지를 예로써 설명해 보자. [그림 10-3]에서 어떤 경제의 현재상황은 총수요곡선 AD0가 총공급곡선 AS와 만나는 E점에 있다고 하자. 즉, 잠재적 산출량수준에 있다고 하자. 이 잠재적 산출량수준(잠재적 GDP)은 1,000이라고 하자. 그리고 이에 대응하는 실업율인 자연실업율(u_n)은 5%라고 하자. 그런데 소비 등 내수가 위축되고 수출도 잘 되지 않아 총수요가 감소하여 총수요곡선이 AD1으로 이동하였고 산출량(Y: GDP)이 900으로 감소하였다고 하자. 이 새로운 균형점 A에서 실업률은 얼마가 될 것인가?

오쿤의 법칙을 이용하면 이 실업률을 쉽게 구할 수 있다. 먼저 GDP갭을 구하면 (1,000−900)/1,000=100/1,000=10%이다. 그런데 GDP갭 2%마다 자연실업율에 더하여 실업율이 1%씩 상승하므로(오쿤의 법칙에서 계수는 1/2라고 가정한다) 5%가 추가되며 따라서 실업률은 자연실업률(5%)+추가 5%= 10%이다. 즉, A점에서 실업률은 10%가 된다. 물론 E점에서는 실업률이 자연실업률인 5%이다.

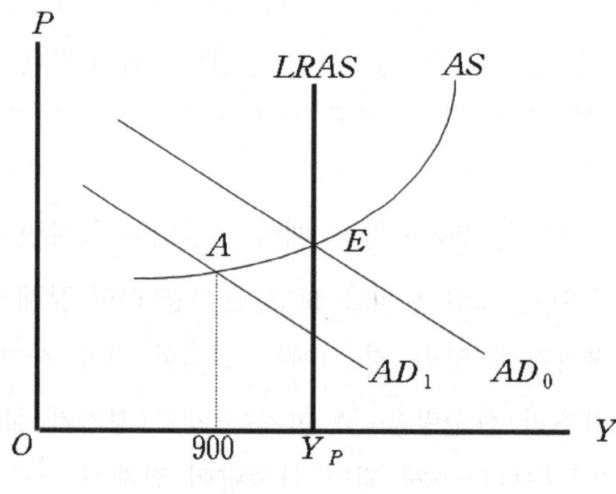

[그림 10−3] 오쿤의 법칙

이 오쿤의 법칙이 의미하는 것을 좀 더 설명하여 보자. 만약 잠재적 산출량이 매년 6%로 증가한다면(이것은 경제성장률이 6%라는 것을 의미) 현재의 실업률을 그대로 유지하기 위해서는 실제GDP도 6%로 증가하여야 한다. 만약 실제GDP가 6%이하로 증가한다면 GDP갭은 증가하게 되고 따라서 실업률은 상승하게 된다. 다른 예를 들어보자. 1999년의 실업률이 8%이다. 만약 2003년에 실업률을 4%로 낮추고자 한다면 4년간 경제를 몇%씩 성장시켜야 할 것인가? 잠재적 산출량의 성장률은 6%라고 가정하자. 그러면 매년 실업률을 1%포인트씩 하락시켜야 2003년에 실업률이 4%가 된다. 실업률 1%포인트를 하락시키기 위해서는 매년 2%의 성장률이 필요하다. 따라서 앞으로 4년간 매년 산출량 증가율은 6%+2%=8%가 되어야 한다. 즉, 오쿤의 법칙에 의하면 2000년부터 2003년까지 매년 산출량이 8%로 증가하여야 실업률이 4%로 하락할 것이다.

또 하나 응용을 하여 보자. 1998년 이후에는 경제성장률이 마이너스로 떨어지고 있으며 이에 따라 실업률이 더욱 높아져 많은 사람들이 실업이 될 가능성이 커지고 있다. 그러면 성장률이 1%포인트 떨어지는 경우(예를 들어 성장률이 6%에서 5%로 하락하는 경우)에 실업자는 얼마나 늘어날 것인가? 오쿤의 법칙을 이용하여 개괄적으로 이러한 계산을 하여 볼 수 있다. 물론 이러한 계산은 성장잠재력이 파괴되고 있는 외환위기이후의 상태에는 적절하지 않는 면이 있다. 평상시의 경기순환과정에서 경기가 나빠져서 성장률이 1%포인트 하락하는 경우에 대해 살펴본다. 현재의 상태에서 성장률이 1%포인트 하락한다는 것은 개략적으로 GDP갭이 1%포인트 늘어나는 것으로 볼 수 있다. 그러므로 실업률은 (1/2)×1%포인트=0.5%포인트 상승하게 된다. 우리나라의 현재의 경제활동인구를 개괄적으로 2,200만 명으로 잡는다면 실업자는 0.5%×2,200=11만 명이다. 따라서 개괄적으로 성장률이 1%포인트 하락하는 경우 실업자는 약 11만 명 정도 늘어나는 것으로 볼 수 있다.

4. 실업의 종류와 원인

1) 자발적 실업과 비자발적 실업

[그림 10-4]는 점 E에서 노동의 수요와 공급이 일치하여 균형이 이루어지고 있음을 보이고 있다. 여기서는 임금이 완전히 신축적이어서 노동의 초

과공급이 있으면 임금이 하락하고 초과수요가 있으면 임금이 상승하는 과정을 거쳐 결국 수요와 공급이 일치되는 E점에서 균형이 되어 더 이상 변화가 없게 되며 그때의 임금은 OW_0이고 고용량(취업자수)은 OLf가 된다. 그리고 LfL*는 임금이 더 높아지는 경우에만 일하려고 하는 노동자의 수를 나타낸다. 이들은 특히 일할 능력과 의사는 갖고 있으나 단지 현재의 임금수준(OW_0)이 낮기 때문에 일할 의사를 갖고 있지 않으므로 자발적 실업(voluntary unemployment)이라고 한다. 임금이 완전히 신축적인 노동시장에서는 자발적 실업만이 존재한다. 이와 같이 임금이 신축적인 세계에서는 1930년대의 대공황에서와 같은 대량실업이 발생할 수가 없다.

이러한 자발적 실업도 실업이기 때문에 불필요하고 사회에 비용을 부과하는 것이지만 또 일면으로는 경제전체의 효율성을 위해 필요한 것이기도 하다. 이러한 사람들이 취업한 경우 받을 임금은 그들이 생각하는 시간가치보다 작기 때문에 오히려 여가를 즐기거나 실업보험을 받는 것이 낫다고 생각하는 것이다.

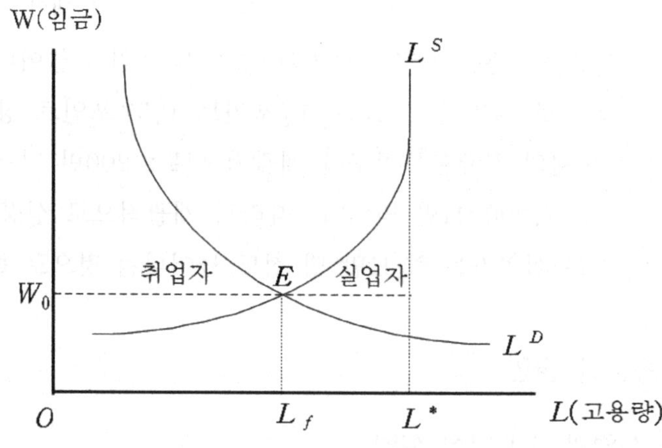

[그림 10-4] 자발적 실업

또는 지금의 직장이 마음에 들지 않고 자기 적성에도 맞지 않기 때문에 직장을 그만두고 자기적성에 더 맞고 따라서 생산성을 발휘할 수 있는 직장을 구하거나 직장준비를 하기 위하여 실업하고 있는 상태이므로 GDP의 극대화나 순경제복지(NEW)의 극대화를 위해 바람직한 측면이 있다. 이러한 의미에서 자발적 실업은 효율성을 증대시켜 줄 수 있다고 볼 수 있다.

케인즈는 경직적인 임금으로 인해 취업을 원하는 사람과 빈 일자리를 연결시켜 주지 못하는 비자발적 실업(involuntary unemployment)이 존재하게 된다는 것을 지적하였다. 이를 설명하기 위해 [그림 10-5]를 보자. 여기서는 임금수준이 균형수준보다 높은 상태에 있는 노동시장을 가정하고 있다. 즉, 현재의 임금이 W_0가 아니라 W_1이라고 가정한다. 임금이 W_1과 같이 높은 수준에 있고 또한 매우 경직적이라면 [그림 10-5]의 경우와는 달리 비록 초과공급이 있지만 임금이 수요와 공급이 일치하는 W_0로 하락하지 않는다. 따라서 수요와 공급이 일치되지 않으며 시장의 청산이 이루어지지 않는다. 오늘날 모두가 수용하는 이론은 아직 없지만 많은 문제는 임금이 노동시장을 청산하기에 충분히 신축적이지 않기 때문에 일어난다는 사실을 받아들이고 있다.

그러면 왜 노동시장에 초과공급이 있는데도 불구하고 임금이 떨어지지 않고 W_1에서 경직적인가? 그 이유로는 노동의 장기계약, 긴밀한 인간관계, 최저임금제,[57] 강력한 노조 등을 들 수 있을 것이다. 임금계약은 시장상황에 따라 그때그때 재계약되는 것이 아니며 1년에 한번 또는 수년에 한 번씩 이루어진다. 그리고 비록 시장상황의 변화(노동수요나 공급의 변화)가 있다

---

57) 최저임금제는 노동의 가격인 임금에 최저한도를 설정하여 근로자가 최소한의 생활 수준을 누리도록 하는 일종의 가격규제이다. 최저임금제 시행 때문에 기업은 청소년, 여성 등 생산성 기여가 적은 비숙련 근로자의 고용을 꺼리게 되어 오히려 근로기회를 뺏는 결과를 초래하기도 한다. 한국의 경우 1960년대 이후부터 국회와 관련기관에서 수차에 걸쳐 최저임금의 법제화에 관한 논의가 있었지만, 국제경쟁력의 약화와 고용증대에 대한 악영향을 이유로 연기되어 오다가 1986년 최저임금법이 제정되어 1988년부터 최저임금제도가 정착되었다.

하더라도 노동자와 고용주사이의 장기간에 걸쳐 형성된 긴밀한 인간관계 때문에 단기적으로 임금의 변화를 유발하지 않는 경우가 많다.

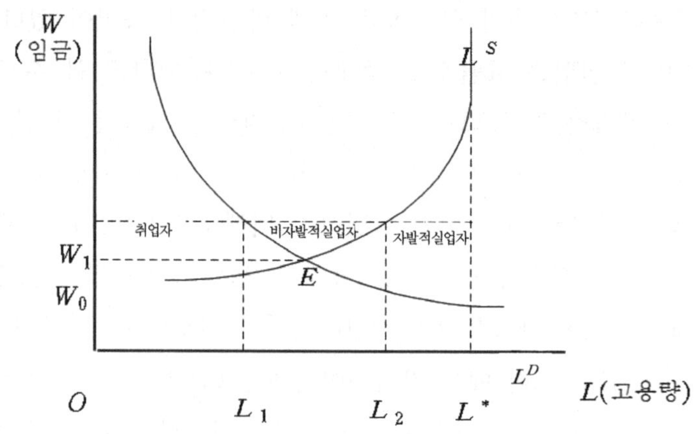

[그림 10-5] 경직적 임금과 비자발적 실업

결국 임금이 균형수준보다 높고 경직적일 때 일하기를 원하는 사람의 수는 OL_2이지만 기업은 수요곡선을 따라 OL_1만큼만 고용하려 한다. OL_2중에서 OL_1만큼은 경험이 많다거나, 회사중역과 인척관계에 있다거나, 영어를 잘한다거나, 잘 생겼다거나 또는 운이 좋다거나 하는 이유로 고용되고 나머지 L_1L_2만큼은 비자발적 실업자로서 이들은 일할 능력과 현재의 임금수준에서 일할 의사를 갖고 있음에도 불구하고 일자리를 구하지 못하게 된다. 물론 이 경우에도 L_2L^*만큼의 사람은 현재의 임금수준에서 일할 의사가 없으므로 자발적 실업이다.

얼핏 보면 임금의 경직성은 비현실적인 것으로 보일지 모른다. 그러나 노동시장은 침체되어 있는데도 불구하고 임금은 왜 하락하지 않는가 하는 문제를 생각해 보면, 그리고 현실에서의 임금결정과정을 생각해 보면, 기업주들이 임금을 생산성향상의 주요 수단으로 생각하는 것을 보면 시장의 상황에 따라 그때그때 임금을 조정한다는 것은 거의 불가능하거나 거의 비합리적이라는 것을 이해할 수 있을 것이다. 그러면 경직적인 임금만 현실적이고 신축적인 임금은 비현실적인가? 아마도 현실은 그 중간쯤일 것이다. 이것은 우리가 고려하는 시간의 길이에 달려 있는 것이다. 노동시장은 즉시로 또는 단기적으로는 균형을 빨리 회복하지는 못하지만 장기적으로 보면 시장상황의 변화에 조정해 나가고 있다. 간략히 말하면 단기적으로는 경직적인 임금을 전제로 하는 분석이 적합하고 장기적으로는 임금이 균형점으로 가는 경향이 있으므로 신축적인 임금이 합당하다고 할 수 있다.

5. 실업의 세 가지 유형

노동시장의 구조를 분석하는데 있어서는 통상 기본적인 실업의 유형으로 마찰적 실업, 구조적 실업, 그리고 경기적 실업의 세 가지를 들고 있다.

마찰적 실업(frictional unemployment)이란 노동시장에서의 정보부족, 노동이동의 제약과 같은 노동시장의 불완전성에 기인하는 실업을 말한다. 즉, 보다 나은 직장을 얻기 위하여 일시적으로 실업상태에 있거나(만약 정보가 완전하다면 일시적으로 실업상태에 있지 않아도 될 것이다) 새로운 지방으로 이사(移徙)를 하여 직장을 다시 구하고 있거나[58] 하는 상태를 말하는데 마찰적 실업은 자발적으로 더 나은 직장, 더 나은 장소로 이동하려고 하는 과정에서 발생하므로 자발적 실업이라고 볼 수 있다. 이러한 마찰적 실업은 어느 경제에서나 불가피하게 나타나며 또 어느 정도의 마찰적 실업은 경제의 효율성을 위해 바람직스러운 측면도 있다. 왜냐하면 자기 적성에 더 맞고 따라서 더 생산성을 높일 수 있는 직장을 구하기 위하여 자기 적성에 덜 맞고 생산성이 낮은 현재의 직장을 포기하는 것이므로 경제전체적으

58) 다른 지방으로 이사를 하여도 언어, 관습, 교육여건 등에서 아무런 차이가 없다면 노동이동이 자유롭다고 볼 수 있을 것이다. 유럽연합(EU)의 경우 언어가 다르기 때문에 노동이동(labor mobility)이 상당히 제약될 것이다. 노동이동이 완전히 자유롭거나 직장에 관한 정보가 많다면 이사를 하여도 오래 실업상태에 빠지지는 않을 것이다.

로나 개인적으로나 더 효율적인 상태로 가는 것이기 때문이다. 이러한 마찰적 실업을 줄이기 위해서는 직업정보를 전국적으로 연결하여 컴퓨터로 쉽게 검색할 수 있게 한다든지, 공공 직업소개소를 확대한다든지 하여 직장에 대한 정보를 더 빨리 접할 수 있게 만들고 지역간 노동이동이 원활하게 되도록 지역간 교육여건의 차이를 줄인다거나 지역간 균형발전을 도모하는 것 등의 조치들이 필요할 것이다.

구조적 실업(structural unemployment)은 경제전체적으로는 노동에 대한 수요와 공급이 일치하지만 어떤 지역, 어떤 산업에서의 노동에 대한 수요와 공급이 일치하지 않을 때 발생하는 실업이다. 노동시장의 구조가 잘못 구성되어 있기 때문에 발생하는 실업이므로 구조적 실업이라고 한다. 어떤 종류의 노동에 대한 수요는 증가하고 반면에 다른 종류의 노동에 대한 수요는 감소하는 경우 노동공급이 이러한 수요의 변화에 맞춰 조정되면 문제가 없으나 구조적인 문제로 노동수요와 공급에 불일치가 생기기 때문에 발생하는 실업이다. 어떤 산업이나 지역이 타산업이나 타지역에 비해 상대적으로 쇠퇴해가거나 번성해감에 따라 지역간, 산업간 불균형이 흔히 발생하게 된다. 어떤 산업, 어떤 지역에서는 노동공급이 과잉이고 어떤 산업, 어떤 지역에서는 노동수요가 과다하게 된다. 만약 임금이 매우 신축적이라면 노동공급이 과잉인 산업이나 지역에서는 임금이 하락하고 노동수요가 과다한 산업이나 지역에서는 임금이 상승하여 노동시장의 불균형이 사라질 것이다.

그러나 사실상 임금은 매우 경직적이다. [그림 10-6]에서 임금이 경직적일 때 노동수요와 공급의 불균형이 실업을 유발할 수 있다는 것을 보았다. 이러한 점에서 구조적 실업은 비자발적 실업이다. 또한 노동공급이 과잉인 분야(산업 또는 지역)로부터 노동이 부족한 분야로 쉽게 이동이 가능하다면 구조적 실업은 크게 심각한 문제가 되지는 않을 것이다. 그러나 노동이동에 대한 제약은 쉽게 줄어들지 않는다. 예컨대, 부산에는 어떤 이유로 경기가 좋아 사람이 많이 필요하고 대구는 경기가 나빠 사람이 남아돈다고 하자. 이 경우 대구사람이 취업을 하기 위해 부산으로 이동하면 문제가 해결되지만 교육문제, 주택문제, 가족문제 등 많은 제약이 있어 쉽지 않다. 또 컴퓨터 산업은 크게 성장하여 많은 인력이 필요하고 섬유산업은 쇠퇴하여 인력이 해고되고 있다고 할 때 섬유산업기술자가 컴퓨터산업의 기술자로 쉽게 취업이 될 수가 없다. 가진 기술이 다르므로 직업재교육 등을 받아야 재취업이 가능하므로 쉽게 노동이 이동이 되지 않는다. 따라서 이러한 구조적 실업을 해소하기 위해서는 가진 기술과 필요한 기술이 같아지도록 기술재교육 등의 조치들이 필요할 것이다.[59)]

경기적 실업(cyclical unemployment)이란 불황 때에 총수요가 전반적으로 부족하기 때문에 발생하는 실업을 말한다. 총수요가 부족하면 기업은 생산을 감소해야 하고 따라서 노동자를 해고해야 하는 것이다. 경기적 실업은 경기후퇴로 인해 발생하기 때문에 총수요가 증가하여 경기가 회복되면 없어진다. 이와 같이 총수요부족으로 인해 발생하는 실업이기 때문에 이러한 실업을 흔히 케인즈적 실업이라고도 한다. 이러한 경기적 실업은 일할 능력과 의사를 가졌음에도 불구하고 전체적으로 일자리가 부족하여 생기는 실업이므로 비자발적 실업이라고 할 수 있다. 마찰적 실업과 구조적 실업은 전체적인 노동시장이 균형상태라 하더라도 발생할 수 있으나 경기적 실업은 경제가 불황으로 접어들면서 노동시장에 전체적인 불균형이 있을 때 발생한다.

오쿤의 법칙에서 보면 실제의 실업율(u)과 자연실업율(u_n)의 차이($u - u_n$)는 산출량이 잠재적 산출량에 미치지 못하여 발생하는(즉, 총수요가 완전고용을 달성하기에 부족하여 발생하는) 실업이므로 이 차이가 바로 경기적 실업을 나타낸다. 그리고 자연실업율(u_n)은 마찰적 실업과 구조적 실업을 나타낸다고 볼 수 있다.

---

59) 흔히 기술적 실업을 언급하고 있는데 이것은 기술이 진보함에 따라 노동력이 기계로 대체되어 발생하는 실업을 말한다. 예컨대, 로봇을 생산과정에 투입하여 공장근로자의 일을 대신하게 하거나 사무자동화(office automation: OA)에 의하여 사무실인력이 줄어들어 실업이 발생하는 경우이다. 그러나 이러한 기술적 실업도 결국 기술상의 불균형으로 발생하는 실업이므로 구조적 실업의 한 형태로 볼 수 있다.

6. 실업대책

노동시장에 대한 해석에는 두 가지 대립적인 극단적인 해석이 있다. 하나는 임금이 신축적이고 따라서 자발적 실업만이 존재한다고 보는 고전학파적인 견해이고 다른 하나는 실업의 원인이 경직적인 임금에 있다고 보는 케인즈의 견해이다.

1) 고전학파의 실업대책

고전학파는 임금이 신축적인 한 비자발적 실업은 없으며 이러한 비자발적 실업이 없다는 의미에서 항상 완전고용상태에 있다고 본다. 그리고 이러한 비자발적 실업이 존재하는 것은 노동조합의 압력이나 최저임금제와 같은 제도적 요인에 의하여 임금이 비신축적이기 때문이라고 본다. 따라서 고전학파에 의하면 노동조합이나 최저임금제, 노동시장에 대한 각종 규제 등 임금의 신축성을 막고 시장원리의 적용을 방해하는 제약요인을 제거하는 것이 실업을 없애는 대책이라고 보았다.

노동시장행태는 고전학파의 견해를 그대로 나타낸 것이다. 그리고 물가와 명목임금이 신축적으로 움직이는 경우 노동시장은 항상 완전고용상태에 있다. 이러한 관계를 다시 나타낸 것이 [그림 10-6]이다. 이 그림에서 L_f가 완전고용수준이며 L_fL^*가 자발적 실업이며 이 경우 비자발적 실업은 없다. 그런데 어떤 이유로 실질임금이 $\left(\frac{W}{P}\right)_1$과 같이 높은 수준에 있게 된다면 L_1L_2만큼의 비자발적 실업이 존재하게 된다. 그러나 임금이 시장균형임금($(W/P)_0$)보다 높다고 하더라도 물가와 명목임금이 신축적이라면 시장기구의 자동조절기능에 의해 일시적으로만 실업이 존재할 뿐이다. 그러나 높은 실질임금이 노조의 임금교섭이나 최저임금제와 같은 제도적 요인, 노동시장의 조정을 방해하는 각종규제의 결과라면 이러한 요인이 제거되지 않는 한 지속적으로 실업이 존재하게 된다. 따라서 완전고용을 달성하지 못하는 이유는 물가와 임금이 신축적이지 못한 때문이다. 따라서 고전학파의 실업대책은 노동시장이 완전하도록 정부의 간섭이나 노동조합의 독점적 요소를 제거하여 주는 것이다. 이 경우에는 마찰적 실업 등의 자발적 실업은 있지만 비자발적 실업은 존재하지 않게 되며 항상 완전고용상태에 있게 된다.

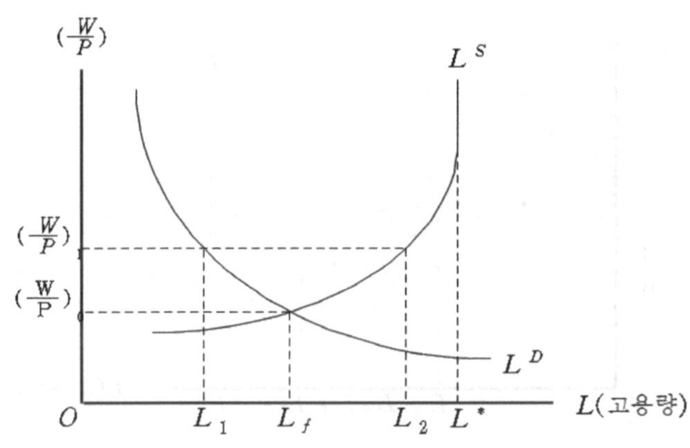

[그림 10-6] 고전학파의 실업대책

2) 케인즈의 실업대책

노동시장에 대한 케인즈의 견해의 특징은 노동공급곡선에서 볼 수 있는데 그 하나는 케인즈가 노동의 공급이 명목임금에 의해 영향을 받는 것으로 본다는 것이며 또 하나는 명목임금이 하방경직성을 갖고 있다는 것이다. 이것을 그림으로 나타내 보면 [그림 10-7]과 같다. 여기서 노동수요곡선은 기업의 의사를 나타내므로 고전학파의 경우와 차이가 없다. 예를 들어 W_0는 노동자가 그 이하로 받는 것을 거부하는 임금수준이라고 하자. 만약 현재의 노동수요가 L_0D이면 고용량은 L_0이며 따라서 L_0L_1만큼의 비자발적 실업이 발생한다(L_1L^*만큼은 자발적 실업이다). 임금이 신축적이고 하방경직성이 없다면 임금은 W_3로 하락하고 고용량은 L_3가 될 것이다.

그러나 임금이 W_0에서 경직적이기 때문에 비자발적 실업이 생기는 것이다. 그리고 임금이 W_0에서 경직적이라고 하더라도 만약 노동에 대한 수요가 많아 노동수요곡선이 L_1^D이 된다면 완전고용수준에 해당하는 L_1만큼 고용이 이루어질 것이다.

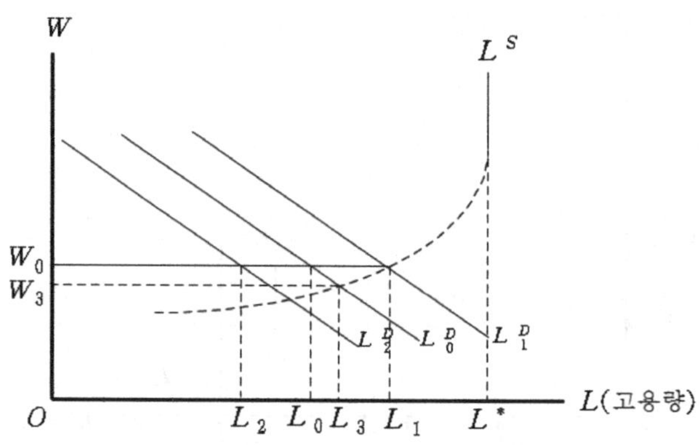

[그림 10-7] 케인즈의 실업대책

이와 같이 케인즈는 상품에 대한 유효수요의 부족 때문에 나타나는 노동에 대한 수요부족을 실업의 원인으로 보며 따라서 정부의 확대정책에 의한 유효수요의 증대가 실업의 대책이라고 본다. 예컨대 현재의 고용량이 L_0인 상태에서 만약 어떤 이유로 총수요가 감소한다면 노동수요곡선은 L_2D로 될 것이며 이에 따라 비자발적 실업은 L_0L_1에서 L_2L_1으로 증가하게 된다. 이 경우 실업을 제거하기 위한 방법은 정부가 직접 시장에 참여하여 확장적 재정, 통화정책을 시행함으로써 총수요를 증대시키는 것이다. 이러한 정책적 조치에 의해 노동수요곡선이 L_1D가 된다면 비자발적 실업은 완전히 제거될 것이다. 정부의 재정정책과 통화정책 중 어느 것이 총수요를 증가시키는데 더 유효하냐 하는 문제가 여기서 제기될 수 있는데 이미 언급했듯이 케인즈는 재정정책의 효과를 크게 강조하였다. 또한 이러한 실업문제는 소득정책, 예컨대 노동시장에서의 자유경쟁을 강화시키는 경제질서의 확립을 통하여서도 부분적으로 해결이 가능하다.

10.3 필립스 곡선

1. 초기의 필립스곡선

영국의 경제학자인 필립스(A.W. Phillips)는 1861-1957년간의 영국의 자료를 이용하여 통계적으로 분석한 결과 실업률과 명목임금상승율이 서로 반대방향으로 변화하면서 매우 안정적인 관계를 갖고 있다는 것을 밝히고 1958년에 이 관계를 [그림 10-8]은 곡선으로 제시하였다. 그 후 이러한 관계를 밝힌 사람의 이름을 따라서 이 곡선을 필립스곡선(Phillips curve)이라고 한다. 이 곡선은 실업률이 높아질수록 명목임금의 상승률은 하락한다는 것을 보여줌으로써 실업률과 명목임금상승율 간에는 상충관계(trade-off)가 있음을 보여준다.[60)]

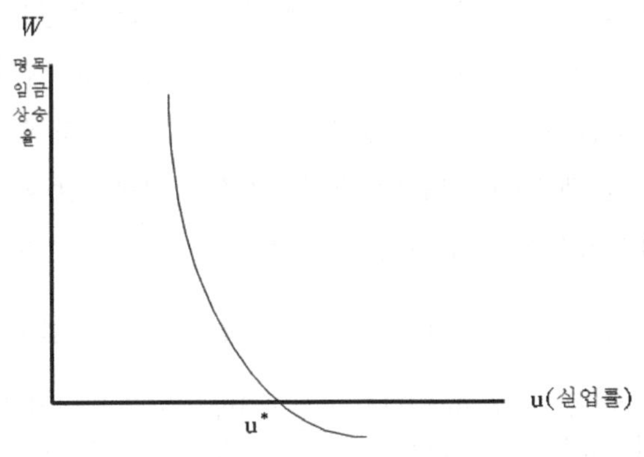

[그림 10-8] 최초의 필립스곡선

---

60) 상충관계란 두 개의 목적을 동시에 달성할 수는 없고 하나를 달성하려고 하면 다른 하나는 희생하여야 하는 관계를 말한다.

그리고 [그림 10-8]에서 명목임금상승율이 0일 때(명목임금이 안정적일 때)의 실업률이 0이 아니고 u^*라는 값을 가지는데 이것은 명목임금이 안정적인 경우에도 어느 정도의 실업이 존재함을 보여준다.[61)]

명목임금상승률과 실업률간의 관계를 보여주는 이러한 최초의 필립스곡선(original Phillips curve)은 1960년 사무엘슨(P. Samuelson)과 솔로우(R. Solow)교수에 의해 물가상승률(인플레이션률)과 실업률간의 관계로 발전되었다. 이들은 인플레이션과 실업간에 어떤 관계가 있는지에 관심을 갖고 있던 차에 이 필립스곡선을 보고는 바로 명목임금상승률 대신에 물가상승률을 대체한 것이다. 사무엘슨과 솔로우교수가 명목임금상승률(wage inflation)을 물가상승률(price inflation)로 대체한 것은 명목임금상승률과 인플레이션율이 노동생산성증가율을 고려하면 동일한 것으로 볼 수 있기 때문이다.[62)] 이와 같이 물가상승률과 실업률간의 관계로 나타낸 필립스곡선을 물가형 필립스곡선이라고 할 수 있는데 이들이 명목임금상승률을 물가상승률로 대체한 이후로는 필립스곡선이라고 하면 당연히 인플레이션율과 실업률간의 관계를 나타낸 이러한 필립스곡선을 말한다. 이것을 나타낸 것이 [그림 10-9]이다.

이들 케인지안들은 총수요(AD)증가가 명목GDP를 결정할 때 그중에서 얼마가 실질GDP의 증가로 나타나고 얼마가 물가상승으로 나타나느냐 하는 것을 결정하는 정보를 이 필립스곡선이 제공한다고 봄으로 이 곡선은 매우 중요하다고 생각하는데 더군다나 이 필립스곡선이 매우 안정적인 것으로 보이기 때문에 필립스곡선을 안정화정책에 적극적으로 이용하였다. 이들은 필립

---

61) 이 실업률은 뒤에 프리드만(M. Friedman)이 자연실업률이라고 말한 실업률에 대응되는 것이다.

62) 케인지안들은 마크압(mark-up)에 의한 가격설정방식을 주로 가정하는데 이 경우 물가상승률=명목임금상승률-노동생산성증가율의 관계를 가진다. 노동생산성증가율이 일정하다고 하면 물가상승률(인플레이션율)과 명목임금상승률은 동일한 움직임을 보인다고 볼 수 있다. 즉, 명목임금상승률과 실업률의 관계를 보인 최초의 필립스곡선을 아래로 노동생산성증가률만큼 이동시키면 물가상승률과 실업률의 관계로 나타낸 필립스곡선(물가형 필립스곡선)이 된다.

스곡선이 매우 안정적이고 또 정책수단을 이용하여 경제상태를 조정(fine tuning)할 수 있으므로 필립스곡선상의 어느 점을 선택할 것인지를 결정하는 문제만 해결하면 된다고 생각하였다. 즉, 사회전체가 최상의 상태라고 생각하는 필립스곡선상의 점을 선택하는 것이 중요하다고 보았다.63) [그림 10-9]에서 현재의 상태가 A점에 있을 때 정부가 이 점보다는 실업률이 낮은 B점이 더 바람직한 상태라고 판단한다면 확대재정정책과 확대통화정책을 이용하여 경제를 정확하게 B점으로 이동시킬 수 있으며 이렇게 함으로써 인플레이션율(물가상승률)의 상승(π_0에서 π_1으로)을 감수하면 실업률을 u_0에서 u_1으로 낮출 수 있다는 것이다. 그러므로 인플레이션률과 실업률 간에 상충관계가 있다. 물론 이와 반대의 정책결합을 이용하여 정부는 경제를 B점에서 A점으로 이동시킬 수도 있다.

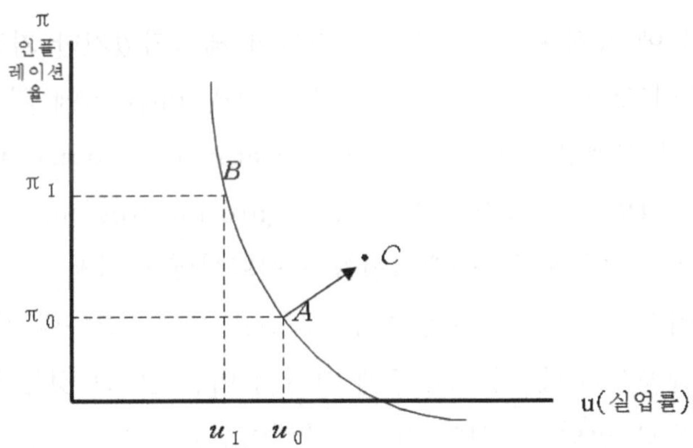

[그림 10-9] 초기의 필립스곡선

63) 실업과 인플레이션은 둘 다 바람직하지 않은 현상이며 자본주의경제에서 나타나는 두 가지 병폐이다. 이들을 모두 줄이는 것이 바람직하지만 이러한 상충관계 때문에 하나를 희생하여야 다른 하나를 줄일 수 있다. 이와 같이 실업과 인플레이션은 높을수록 사람들을 어렵고 궁핍하게 만드는 것이므로 흔히 실업률과 인플레이션률을 합한 것을 궁핍지수(misery index)라고 한다. 또 최근에는 인플레이션률이 높아지면 이것을 잡기 위해 경기침체를 감수해야 하므로 실업률+두배의 인플레이션률한 것을 경기불쾌지수라고 정의하고 있다.

2. 예상형 필립스곡선

초기의 필립스곡선은 처음에는 매우 안정적이어서 정책적으로 매우 유용한 정보를 제공하는 것처럼 보였으며 실제로 정책에 많이 이용되었다. 그러나 1960년대 후반, 특히 1970년대에 오면서 이 초기의 필립스곡선은 안정적인 관계를 보이지 않고 매우 불안정하게 위아래로 이동하는 모습을 보여주고 있다. 1960년대 말 이후 스태그플레이션현상은 인플레이션과 경기침체가 동시에 나타나는 현상으로 이것은 달리 말하면 인플레이션과 실업증가가 동시에 나타나는 것이며 이것은 결국 인플레이션율과 실업율이 동시에 증가하는 현상을 말한다. 즉, [그림 10-9]에서 점 A에서 점 C로 경제가 이동하는 형태를 말한다. 그런데 필립스곡선이 안정적이라면 이러한 현상은 일어날 수 없다. 스태크플레이션 현상이 일어나고 있다는 것은 필립스곡선이 안정적이지 않고 이동을 한다는 것을 의미하는 것이다.

이러한 이동에 대하여 여러 가지 설명들이 제시되었지만 가장 설득력 있는 설명은 프리드만(M. Friedman)과 펠프스(E. Phelps)에 의해 제시된 예상형 필립스곡선(예상부가필립스곡선〈expectations augmented Phillips curve〉) 또는 자연율 필립스곡선(natural rate Phillips curve)이라는 것이다. 이것은 사람들의 예상인플레이션율이 변화함에 따라서 필립스곡선이 이동한다는 것이다. 앞에서 우리는 총공급곡선을 유도하였는데 거기에서 우리는 단기총공급곡선이 예상물가수준에 따라서 이동한다는 것을 보았다. 이와 똑같은 방식으로 필립스곡선이 예상인플레이션율에 따라 위로 이동한다는 것이다. 예상인플레이션율이 상승하면 위로 이동하고 예상인플레이션율이 하락하면 아래로 이동한다는 것이다.[64)]

---

64) 사실 이 예상형 필립스곡선과 총공급곡선은 똑같은 것이다. 총공급곡선에서 물가를 인플레이션율로 바꾸어 나타내고 산출량을 오쿤의 법칙을 이용하여 실업률로 나타낸다면 동일한 것으로 변화시킬 수 있다. 그러므로 이 예상형 필립스곡선에 대한 기본적인 이론은 총공급곡선의 내용과 그대로 부합된다. 앞으로 나오는 자연실업률은 잠재적 산출량에 대응되는 실업률이고 단기와 장기의 구분도 마찬가지로 성립된다.

1) 단기 및 장기필립스곡선

예상형 필립스곡선이론에서는 먼저 필립스곡선을 장기필립스곡선(long run Phillips curve)와 단기필립스곡선(short run Phillips curve)으로 구분한다. 단기필립스곡선(SRPC)은 사람들의 인플레이션에 대한 예상치가 주어져 있는 상태에서의 필립스곡선을 말하며 이 경우에는 우하향하는 안정적인 필립스곡선이 존재한다. 그러므로 인플레이션에 대한 예상치가 주어져 있는 상태에서는 우하향하는 필립스곡선이 있다고 보는 것이다. 그리고 장기필립스곡선(LRPC)은 사람들의 예상이 완전히 달성된 상태에서의 필립스곡선을 말한다. 이러한 SRPC와 LRPC의 구분은 단기총공급곡선과 장기총공급곡선의 구분과 동일하다. 다만 총공급곡선에서는 물가수준에 대한 예상치가 주어져 있는 경우가 단기이고 여기서는 인플레이션에 대한 예상치가 주어져 있는 경우가 단기라고 보는 것인데 이들은 같은 것이다. SRPC와 LRPC를 나타낸 것이 [그림 10-10]이다.

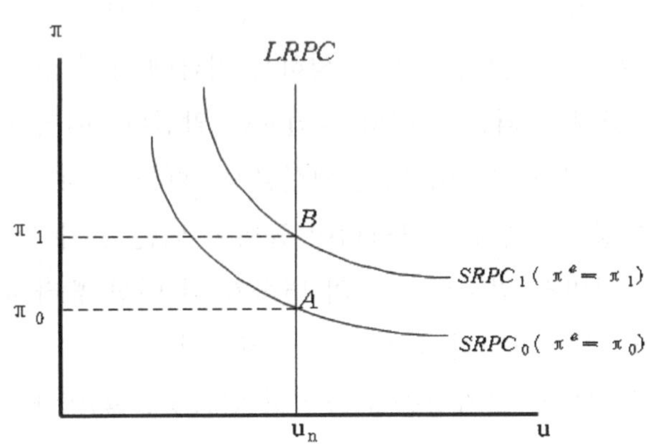

[그림 10-10] 단기 및 장기 필립스곡선

그림에서 $SRPC_0$는 예상인플레이션율(π^e)이 π_0로 주어져 있는 경우의 필립스곡선이며 이 예상인플레이션율이 변화하지 않는 한 단기적으로는 이 곡선상의 어느 점으로든 갈 수 있다. 만약 예상인플레이션율이 더 높아져서 π_1으로 상승한다면 단기필립스곡선은 위로 이동하여 $SRPC_1$으로 된다. 물론 예상인플레이션율이 낮아진다면 단기필립스곡선은 아래로 이동할 것이다. 그리고 LRPC가 장기필립스곡선인데 이것은 자연실업률(u_n)에서 수직으로 주어져 있다. 이 자연실업률은 잠재적 산출량에 대응하는 실업률인데 자세한 것은 다음에서 논의한다. 단기필립스곡선이 LRPC와 만나는 점(예컨대, A점이나 B점)에서는 사람들의 예상인플레이션율과 실제인플레이션율이 동일하며 따라서 이 점들은 개념상 장기상태를 나타낸다. 따라서 이러한 장기상태의 점들을 모두 연결한 수직선이 바로 장기필립스곡선이 된다.

2) 자연실업률

[그림 10-10]에서 장기필립스곡선은 자연실업율 수준에서 수직이라는 것을 보았다. 그러면 이 자연실업률이란 무엇인가? 자연실업률(natural rate of unemployment)이란 한 나라의 다양하고 매우 차별적인 노동시장들이 평균적으로 균형상태에 있는 경우의 실업률을 말한다.[65] 노동시장전체로 보았을 때 다양한 노동시장들에서 발생하는 임금에 대한 상승압력과 하락압력이 상쇄되어 균형이 되는 상태의 실업률을 말한다. 이러한 노동시장에서의 임금에 대한 압력이 균형이 되면 생산물시장에도 역시 균형이 되며 따라서 물가에 대한 상승압력과 하락압력이 균형이 되는 상태가 되며 물가는 변화하지 않는다. 따라서 임금과 물가의 변화가 더 이상 빨라지지도 늦어지지도 않는 상태가 되며 안정적인 상태를 유지하게 된다.

따라서 자연실업률은 물가상승률(그리고 임금상승률)이 더 빨라지지도 않

65) 하나의 노동시장을 가정하고 논의하였다. 그러나 현실적으로 노동시장은 매우 다양하고 차별화되어 있다. 노동의 질이 매우 다양하기 때문에 숙련공노동시장과 비숙련공노동시장이 서로 다르게 움직이며 이들 중에서도 또 많은 다양한 질들의 노동시장이 있다. 또 간호원노동시장, 회계사노동시장 등과 같이 특수한 시장도 있고 사무직 노동시장과 같이 매우 포괄적인 노동시장이 있다. 이들 시장 중에서 어떤 시장은 수요가 초과이고 어떤 시장은 공급이 초과인 상태가 있게 된다.

고 더 느려지지도 않는 즉, 물가상승률(인플레이션율)이 안정적인(일정한) 상태에서의 실업률을 말한다. 그리고 이것은 앞에서 잠재적 산출량상태에서는 물가가 상승하지도 않고 하락하지도 않는 상태가 된다고 한 것과 일맥상통하는 것이며 따라서 잠재적 산출량에 대응하는 실업률이라고 할 수 있다. 그러므로 자연실업률은 인플레이션을 더 이상 가속화시키지도 않고 감속화시키지도 않는 상태에서의 한 나라가 달성할 수 있는 가장 낮은 실업률, 즉 안정적 인플레이션을 유지하면서 달성가능한 가장 낮은 실업률이라고 할 수 있다.

따라서 자연실업률은 인플레이션율과 밀접한 관계를 가지는 개념이다. 실업률이 자연실업률에서 벗어나게 되면 인플레이션율이 변화한다. [그림 10-10]에서 자연실업률상태에 있는 A나 B점에서는 인플레이션율이π_0나π_1으로 주어져 있다. 그러나 이 점에서 벗어나면 인플레이션율이 가속화되거나(C점처럼 실업률이 자연실업률보다 낮은 경우) 감속화 된다.(D점처럼 자연실업률보다 실업률이 높은 경우)

이 자연실업율은 마찰적, 구조적, 경기적 실업 중에서 구체적으로 어떤 실업으로 구성되는가? 실제실업률(u)과 자연실업률(u_n)의 차이는 경기적 실업이라고 하였다. 그러므로 자연실업률은 마찰적 실업과 구조적 실업으로 구성된다고 할 수 있다. 노동이동에 제약이 있고 사람들의 선호와 재능이 매우 다양하고 또 수많은 재화와 용역에 대한 수요와 공급이 지속적으로 변화하기 때문에 상당한 정도의 마찰적 실업과 구조적 실업이 존재하게 된다. 그러므로 자연실업률은 0이 아니다.

자연실업률은 위에서 본 바와 같이 기본적으로는 인플레이션을 가속화 또는 감속화시키지 않는 상태에서의 실업률이다. 그러므로 이 실업률을 자연적(natural) 실업률이라고 하는 것은 개념을 모호하게 만든다. 뒤에서 보듯이 이 자연실업률은 정부정책을 비롯한 여러 가지 요인에 의해 영향을 받기 때문에 자연적인 실업률이라고 부르는 것은 이상하다. 그리고 이 자연실업률은 주어진 경제구조와 여건 하에서 경제후생을 극대화시키는 실업률도 아니기 때문에 결코 최적실업률도 아니다. 현재의 분석구조에서 자연실업률은 인플레이션과의 관계 속에서 의미를 갖는다. 즉, 인플레이션율을 가속화시키지도 감속화시키지도 않는 상태에서의 실업률이다. 따라서 자연실업률이라고 부르기보다는 오히려 '인플레이션을 가속화시키지 않는 실업률' 또는 '인플레이션에 안전한 실업률'이라고 부르는 것이 더 타당하다는 주장이 많다. 또 경우에 따라서는 이 자연실업률을 균형실업률(equilibrium unemployment rate)이라고 부르기도 한다.

3. 자연실업률가설

예상형 필립스곡선을 제시한 사람들(M. Friedman, E. Phelps)은 위에서 본 장단기 필립스곡선과 자연실업률이라는 개념을 갖고 초기의 필립스곡선과는 다른 자연실업률가설(natural rate hypothesis)을 주장하였다.

1) 상충관계(트레이드오프)

예상형 필립스곡선을 가지고 분석을 하여 보자. 현재의 상태가 [그림 10-11]의 A점이라고 하자. 이 상태는 장기균형상태이다. 그런데 이제 정부가 어떤 이유(목적)로 실업률을 자연실업률보다 낮은 수준인 u_0에 유지하고자 확대재정정책이나 통화정책을 사용하여 생산물에 대한 총수요를 증가시켰다고 하자. 그러면 단기필립스곡선 $SRPC_0$를 따라 B점으로 경제상태가 옮겨간다.[66] 왜냐하면 이러한 정책변화에도 불구하고 아직 사람들의 인플

66) 앞에서도 언급하였듯이 필립스곡선은 총공급곡선과 동일한 것이라고 볼 수 있다. 물가와 산출량을 변화율로 바꾸고 오쿤의 법칙을 이용하면 동일한 것이 된다는 것을 유도할 수 있다. 그런데 총공급곡선은 우상향하는데 비하여 필립스곡선은 우하향한다. 왜냐하면 산출량과 실업율이 반대로 변화하기 때문이다. 그러므로 SRPC는 총공급곡선에 대응하는 것이다. 총수요곡선도 이와 마찬가지로 유도하여 볼 수 있다. 그러나 총수요곡선을 인플레이션율과 실업률의 관계로 나타내는 것은 다소 복잡하고 이들을 한꺼번에 표시하면 혼란스러우므로 필립스곡선만 표시한 것이다. 논의의 편의상 u_0에서 수직인 총수요곡선이 있다고 생각하면 된다. 정부는 실업률을 u_0수준에 유지하려고 하는 한 지속적으로 총수요를 이에 대응되는 수준에 유지하고 있어야 한다.

레이션예상치가 그대로 π_0에 머물러 있기 때문이다. 사람들의 예상치가 변화하지 않는 한, 즉 사람들이 아직 정부의 확대정책의 효과를 깨닫지 못하는 한 B점에 머물러 있을 것이다. B점에서는 인플레이션율이 예상치보다 더 높은 π_1이다. 사람들이 인플레이션이 가속화된다는 것을 모르는 한 기업의 생산은 활성화되고 경제는 일시적으로 호황이 되며 실업은 목적대로 낮은 수준에 있게 된다.

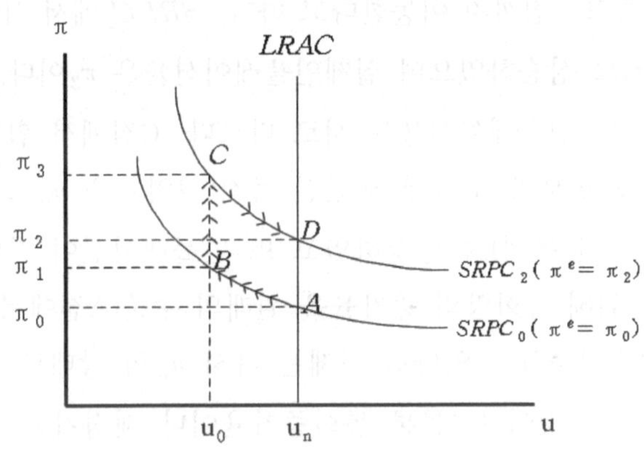

[그림 10-11] 자연실업률 가설

그러나 시간이 지나면 사람들은 인플레이션이 예상보다 더 높게 일어나고 있다는 것을 깨닫게 되고 따라서 그들의 인플레이션 예상치를 상향으로 조정하게 된다. 사람들의 인플레이션 예상치를 어떻게 상향으로 조정하는가 하는 문제는 예상을 어떻게 형성하는가에 달려 있다. 만약 사람들이 정태적으로 예상을 형성한다면 다음 기에는 예상인플레이션율이 π_1으로 상향조정될 것이며 A점을 통과하는 단기필립스곡선이 될 것이다. 적응적으로 예상을 형성한다면 과거의 실제인플레이션을 고려하여 상향조정될 것이다. 만약 합리적으로 예상한다면 모든 정보를 고려하여 예상을 할 것이며 이 경우 만약 정부가 실업률을 낮추려고 하는 정책이 이미 예상된 것이라면 A점

에서 B점으로 이동하지 않고 바로 D점으로 이동하여 아무런 효과가 없을 것이다.[67]

여기서는 프리드만(M. Friedman)처럼 적응적 기대를 형성한다고 가정하자. B점에서 사람들이 실제의 인플레이션율이 예상된 인플레이션율보다 더 높다는 것을 알고 예상인플레이션율을 상향조정하며 이에 따라 단기필립스곡선은 위로 이동한다. 정부가 실업률을 u_0에 유지하는 한 인플레이션율은 계속 높아지고 따라서 인플레이션은 가속된다. 그래서 단기필립스곡선은 $SRPC_2$로 이동하고 C점까지 이동한다고 하자. $SRPC_2$에서 사람들의 인플레이션예상치는 π_2로 상승하였으며 실제인플레이션율은 π_3이다. B와 C점에서 실업률은 동일하나 인플레이션율은 서로 다르다. C점에서 훨씬 더 높다.

C점에 왔을 때 정부가 초기에 세웠던 목적(실업률을 u_0로 감소시킴으로써 달성하고자 했던 목적)을 달성하였고 또 인플레이션이 지나치게 가속화되는 것을 막기 위해 통화량의 증가율을 원래의 수준(A점에서 하던 수준)으로 줄이거나 재정지출을 줄인다면 경제는 다시 u_n의 상태로 돌아가고 따라서 D점으로 돌아갈 것이다. 물론 통화증가율이나 재정지출을 지나치게 줄인다면 실업률이 자연실업률이상으로 증가될 수도 있을 것이다. 여기서는 일단 자연실업률에 돌아갈 만큼만 수요를 줄인다고 하자. 그러면 단기필립스곡선 $SRPC_2$가 $LRPC$와 만나는 장기균형점 D에서 머물게 된다. A점(원래의 상태)과 D점(최종균형점)을 비교하여 보면 실업률은 u_n으로 동일하고 인플레이션율은 π_0에서 π_2로 상승하였다.

여기에서 초기균형상태인 A점과 정책의 결과로 야기된 최종균형상태인 D점을 다시 한 번 비교하여 보자. D점에서는 인플레이션율이 더 높다. A점에서는 인플레이션율이 계속 π_0인데 D점에서는 π_2로 높아져 인플레이션이 가

---

67) 합리적 기대하에서는 단기필립스곡선이 장기필립스곡선과 마찬가지로 수직이며, 진정한 단기총공급곡선이 수직이 된다고 하였는데 이들에 의하면 '진정한 단기필립스곡선(true short run Phillips curve)'도 수직이라고 본다.

속화되었다. 그러면 수요를 증대시키는 이러한 정책의 결과로 인플레이션의 가속화라는 비용을 지불하였는데 이것을 대가로 하여 얻은 것이 무엇인가? 그것은 A→B→C→D로 경제상태가 이동하는 기간에 일시적으로 실업률이 u_0로 낮게 유지되었다는 것이다. 즉, 일시적인 실업의 감소를 대가로 지속적인(항구적인) 인플레이션율의 상승을 감수한 것이다. 예상형 필립스곡선(자연실업률)이론에서는 상충관계(trade-off)가 일시적인 실업의 감소와 지속적인 인플레이션의 상승이라는 형태로 나타나게 된다. 초기의 필립스곡선이론에서는 [그림 10-8]에서 본 바와 같이 실업률과 인플레이션율간에 상충관계가 있었다. 실업률을 지속적으로 감소시키기 위하여 높은 인플레이션율을 지속적으로 감수하면 되었다. 그러나 예상형 필립스곡선이론에서는 일시적인 실업의 감소(증가)를 위하여 지속적인 인플레이션의 가속화(감속화)를 감수하여야 하는 것이다.

2) 자연실업율가설

실업율이 자연실업률로부터 벗어나게 되면 인플레이션율이 가속화되거나 감속화되는 경향이 있다. 실업률이 다시 자연실업률상태로 되돌아가지 않는 한 인플레이션율의 변화는 끝이 없다. 실업률이 자연실업률에 있을 때에만 인플레이션율은 안정적이 된다. 그러므로 실업률은 자연실업률로 장기적으로 수렴하게 된다. 장기적으로 경제가 지속적으로 유지할 수 있는 실업률을 바로 자연실업률이라는 것이다. 정부의 정책도 단기적으로는 효과가 있지만 장기적으로는 실업률이 다시 자연실업률로 수렴하기 때문에 효과가 없다. 그러므로 경제는 항상 장기적으로 자연실업률, 그리고 이에 대응하는 자연산출량(잠재적 산출량, 완전고용산출량)수준에 유지되며 따라서 정부의 총수요정책도 단기적으로만 효과가 있고 장기적으로는 효과가 없게 된다는 것이 바로 자연실업률가설(natural rate hypothesis)이다.

인플레이션을 잡기 위하여 실업증가라는 비용이 바로 인플레이션의 비용이다. 그리고 인플레이션율 1%포인트를 감소시키기 위하여 희생한 실업증가(또는 산출량감소)의 크기를 희생비율(sacrifice ratio)이라고 한다. 예를 들면 현재의 인플레이션율이 8%라고 하자. 이를 5% 낮추기 위하여 기간이 3년, $u_1 - u_n$이 4%라면 총비용은 실업률로 나타내어 3년×4%=12(년%)이다. 따라서 인플레이션 1%포인트를 잡기 위한 희생비율은 12/5=2.4(년%)의 실업률이다.[68)]

케인지안들은 인플레이션을 잡는 것은 매우 큰 비용을 치루어야 하기 때문에 총수요를 감소시켜서 잡는 것은 매우 힘들다고 보고 소득정책을 제시하였다. 기본적으로 이 소득정책은 설득이나 제도개선, 시장개혁, 유인제공 등을 통하여 필립스곡선을 아래로 이동시키려고 하는 정책인데 이러한 정책이 인플레이션을 잡는데 주도적인 정책이 되기는 어렵다.

물가연동제(indexation)는 사람들이 일반적인 물가수준의 변화로부터 완전히 또는 부분적으로 영향을 받지 않게 물가변동을 조정해주는 메카니즘이다. 예를 들면 노동계약을 하는 경우에 물가변동에 따라 생계비를 조정하는 생계비연동조항(cost of living adjustments: COLA조항), 개인소득세의 공제한도를 물가변동에 따라 조정하는 것 등을 들 수 있다. 이러한 연동제는 대개 인플레이션이 매우 높고 불안정적이어서 예측이 매우 어려운 경우에 주로 도입된다. 브라질의 경우에는 1980년대에 금리, 임금, 환율, 가격을 각종지수에 의거하여 금리, 환율 및 가격은 매일, 임금은 매3개월 또는 1년에 두 번씩 조정하는 등 아주 포괄적인 물가연동제를 사용하여 왔으나 일반적으로 전반적인 연동제를 이용하지 않는다.

---

68) 단위가 년%인데 이것의 의미는 1년간 추가로 1%의 실업률이 지속되는 것을 말한다. 즉, 2년%는 2%의 추가 실업률이 1년간 지속되는 경우도 되고 1%의 실업률이 2년간 지속되는 경우도 되며 4%의 실업률이 반년간 지속되는 경우도 된다. 그리고 희생비율은 실업률의 크기로 나타내기도 하지만 산출량의 감소의 크기로 나타내기도 한다. 오쿤의 법칙을 이용하면 실업률의 크기를 산출량의 크기로 나타낼 수 있다.

고학력 빈곤층이 왜 이렇게 늘어?

외환위기와 세계적인 경기침체를 거치면서 국내 빈곤층이 지속적으로 늘어나고 있다. 경제협력개발기구(OECD)는 중위 가구 소득의 50%를 상대적 빈곤선으로 정의하고 있다. 전체 근로자 소득 중에서 가장 중간에 위치하는 '중위소득'을 기준으로 소득 계층을 분류한다. 중위소득의 50% 미만은 빈곤층, 50~150%는 중산층, 150% 이상은 상류층에 속한다. 이 정의에 따라 통계청이 제공하는 '가계동향조사' 결과를 분석해보면 국내 빈곤층이 증가하고 있는 것으로 나타난다. 지난해 국내 빈곤가구는 2006년 232.7만 가구에 비해 10.5%가 늘어난 257.1만 가구를 기록했다.

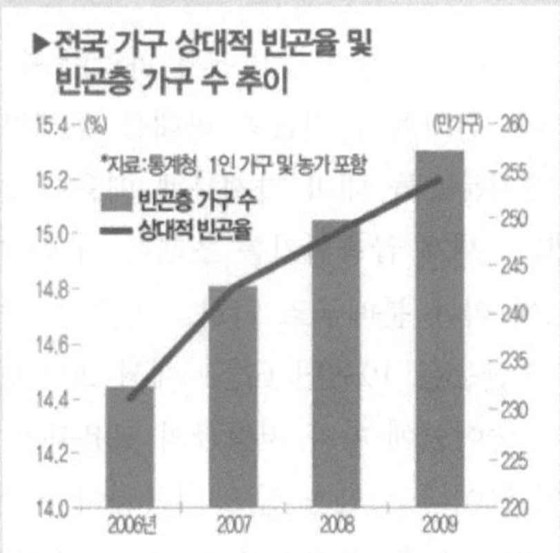

국내 빈곤가구의 구조적 특징을 분석해보면 첫째, 고령층의 빈곤화가 심화되고 있는 것으로 파악된다. 전체 빈곤가구 중에서 노인 빈곤가구 비중은 2006년 35.1%에서 지난해 42.6%로 7.5%포인트나 상승했다. 여러 유형의 빈곤가구 중에서 가중 높은 상승률이다. 노인가구는 18세 미만 가구원과 65세 이상 가구원으로 이뤄진 가구를 말한다. 둘째, 맞벌이 부부의 빈곤층도 증가 추세다. 전체 빈곤가구 중 맞벌이 빈곤가구는 2006년 2.6%에서 지난해 5.4%로 2.8%포인트 증가했다. 특히 2인 이상 가구의 빈곤가구 중에서 맞벌이 빈곤가구가 차지하는 비중이 2006년 4.3%에서 지난해 11.5%로 급증했다. 이는 국내

경기침체로 빈곤가구의 맞벌이가 크게 증가했기 때문인 것으로 분석된다. 셋째, 고학력 빈곤층이 빠르게 증가하고 있다. 전체 빈곤층 중에서 가장이 대졸 이상인 고학력 가구 빈곤층이 지난해 11.7%로 2006년 9.1%에 비해 2.6%포인트 늘었다. 대졸 이상 빈곤가구 중에서는 가구주가 40대인 가구 비중이 32.7%로 가장 높았다. 대졸 이상 빈곤가구를 직종별로 보면 관리·전문·사무 종사자 비중이 29.3%로 2006년 17.9%보다 11.4%포인트나 상승했다. 이는 고학력 전문직의 저임금 상태와 고용불안이 확대되고 있음을 시사해준다. 넷째, 준실업상태에 있는 가구주가 지속적으로 증가하고 있다. 직업별로 빈곤가구 구성을 보면, 지난해 빈곤가구주는 무직 및 분류 불능에 해당하는 기타 비중이 63.1%로 가장 높았고 단순 노무 종사자도 14.5%로 준실업상태 가구주가 77.6%에 달한다.

빈곤층이 늘어나는 이유는 다양한 측면에서 파악할 수 있다. 첫째는 장기간 경기침체로 인한 가계수지 악화가 빈곤층 확대를 초래하고 있다. 가계소득은 줄고 부채는 늘어나 가처분소득 대비 가계부채 배율이 2004년 1.17배에서 지난해 1.42배로 상승했다. 세계 금융위기를 초래한 미국보다 높은 수준이다. 둘째, 소득 양극화 현상에 의한 분배구조 악화도 빈곤층 증가의 주요 원인이다. 소득 양극화로 국내 중산층은 1985년 67.4%에서 2007년 62.7%로 감소했다. 셋째, 양질의 일자리가 줄어듦에 따라 저임금의 고용불안 상태에 있는 국내 근로 빈곤층(워킹푸어)이 늘어나고 있는 점도 빈곤층이 늘어나는 배경이다. 국내 근로 빈곤층은 273만 명으로 총 취업자의 11.6% 수준인 것으로 추산된다. 다양한 서비스업을 발전시키는 것이 이를 위한 근본 대책이라 할 수 있다. 두 번째로는 공공 보육시설을 확충하고 주거비 부담을 완화해 맞벌이 부부의 소득 안정화를 지원하는 방안도 강구해야 한다. 이와 함께 고학력층에 일자리 정보를 제공해 국내 고학력 자원을 보다 생산적으로 활용해야 한다. 무엇보다 40대 고학력층이 중소기업 등에 취업해 중소기업 경쟁력 강화에 기여할 수 있도록 유도해야 한다.

〈매경이코노미 제1556호, 10.05.19일자〉

코로나 직격탄에 한국경제 대량실업 사태 예고

정부가 공격적 재정·금융정책을 펼치며 지원에 나서고 있지만 코로나 사태 장기화로 한국경제에 빨간 등이 켜졌다. 6일 금융권에 따르면 정부의 코로나 지원대책에 따라 시중에 유동성이 대거 풀리고 있지만 세계적으로 위축된 경기를 회복시키긴 역부족이란 전망이 줄줄이 나오고 있다. 국책·민간을 막론하고 경제연구소들은 당초 2%대였던 경제성장 전망치를 낮춰 올해 성장률을 마이너스 0.8% 정도로 내다보고 있다. 이는 다소 낙관적인 전망치로 외환위기 당시였던 1998년 마이너스 5.1%에 비해 낮은 수준이지만 경제규모 측면에서 사상 최대의 경제위기라는데 이견이 없는 상황이다.

문제는 전세계적 팬데믹(대유행)으로 번진 코로나 사태가 언제 끝날지 모른다는 우려로 대·중소기업을 막론하고 한 치 앞을 내다볼 수 없다는 데 있다. 금융권 일각에선 실질적으로 성장률이 마이너스 20%에 육박해 대공황 수준에 이를 것이란 비관적인 전망도 내놓고 있다. 한 금융권 관계자는 "중국의 1분기 성장률이 마이너스 6.7%로 급락하고 올해 3월 기준 미국의 실업률이 4.4%로 늘었다"며 "다소 비관적으로 본다면 한국의 실질 경제성장률은 마이너스 20%까지 떨어질 것으로 보고 있다"고 말했다.

심지어 정부의 100조 원대 기업지원 자금이 풀리고 한국은행의 양적완화와 국책은행의 특별 지원금융이 이뤄지고 있으나 일선 현장에선 불만이 터져 나오고 있다. 또 다른 금융권 관계자는 "당장 발행된 CP(기업어음)만이라도 중앙은행에서 매입해줘야 하는 것 아니냐"면서 "국책은행인 산업은행과 수출입은행 등이 A1등급의 우량채 매입을 고집하면 타이밍을 놓쳐 더 큰 위기를 촉발할 수 있다"고 경고했다.

상황이 이쯤 되자 위기에 몰린 대부분 기업들이 구조조정과 정리해고 카드를 잇달아 꺼내 들고 있다. 굳이 두산중공업과 LCC(저가항공사)업계를 들지 않더라도 대기업들조차 매출 감소와 경기전망 불투명을 이유로 무급 휴직이나 정리해고에 나선다는 소식이 나오고 있다. 특히 중견·중소기업들의 경우 그동안 경기침체 장기화에 코로나 사태까지 겹치면서 운영난에 봉착한 업체들이 많아 심각한 산업 붕괴현상까지 우려된다.

실제로 모 중견 수처리회사 임원은 "지난해 불황 장기화 때문에 매출실적이 전혀 없었고 올해 들어서 진행한 사업도 한두 건 정도에 지나지 않는다."며 "코로나 사태까지 겹치면서 구조조정이 불가피한 상황"이라고 말했다. 그는 또 "정리해고 등 독자생존을 위한 자구안을 조만간 마련해야 한다."면서 "처지가 비슷한 유관업계 역시 간신히 연명하고 있는 수준"이라고 토로했다.

〈투데이코리아, 2020.04.06.〉

연습문제

※ (1~2) 2084년의 물가수준은 107.9, 2085년은 111.5, 2086년은 114.5 이다.

01 2085년과 2086년의 인플레이션율을 구하여라.

02 2087년의 기대 인플레이션은 최근 2년간 인플레이션율의 평균과 같고 2087년의 명목이자율이 6%라면 2087년의 실질이자율을 구하여라.

03 인플레이션율이 2%로 예상되었으나 실제로는 4%로 상승할 경우 이득을 얻는 경제주체로 옳은 것은?

① 정부
② 채권자
③ 국채에 투자한 국민연금
④ 계약이 만료되지 않은 계약직 근로자

※ (4~5) 필립스곡선은 $\pi = \pi^e - 0.5(u - 0.06)$이다.
(π : 실제인플레이션, π^e : 기대인플레이션, u : 실제실업률)

04 자연실업률을 구하여라.

05 인플레이션율이 5%로 낮아졌을 경우, 실제실업률을 구하여라.

06 인플레이션에 대한 설명으로 옳지 않은 것은?

① 스태그플레이션이란 경기는 침체하는데 물가상승이 지속되는 상태를 말한다.
② 예견되지 못한 인플레이션은 소득의 재분배 효과를 갖는다.
③ 완전히 예견된 인플레이션의 경우 사회적 비용이 발생하지 않는다.
④ 필립스의 견해에 따르면 인플레이션의 억제는 실업률의 증가를 가져온다.

07 실업에 대한 설명으로 옳지 않은 것은?

① 임금의 경직성과 일자리 제한으로 인해 발생한 실업을 마찰적 실업이라 한다.
② 이미 취업하고 있는 내부노동자가 높은 임금을 요구할 경우 외부노동자의 실업 상태가 지속될 수 있다.
③ 실업보험은 마찰적 실업에 영향을 미친다.
④ 자연실업률은 완전고용상태에서의 실업률이라고도 한다.

08 필립스 곡선에 대한 설명으로 옳지 않은 것은?

① 가로축을 실업률, 세로축을 인플레인션율이라고 할 때, 기대가 부가된 장기필립스곡선은 수직이다.
② 합리적 기대이론에 따르면 희생률은 매우 크다.
③ 단기필립스곡선은 인플레이션율과 실업률 사이의 음의 상관관계를 나타낸다.
④ 자연실업률 가설에 따르면 인플레이션이 얼마가 되든 장기적으로 실업률은 자연실업률로 되돌아간다.

제 11 장

경기변동

11.1 경기와 경기변동

경제의 전반적인 활동수준이 변화하는 것을 경기변동(business fluctuation) 또는 경기순환(business cycle)이라고 한다. 이러한 경기변동은 상호의존적인 상품경제, 즉 자본주의 경제가 자급자족경제를 대신한 이후로 특징적으로 나타나고 있는 현상이다. 특히 제2차대전 이전만 하더라도 이러한 경기변동은 자본주의 국가에서 비교적 뚜렷하게 나타나고 있었다. 그러나 그 이후로는 과거와 같은 격심한 경기변동이 별로 나타나지 않고 있다. 이에 따라 경기변동을 설명하는 경기변동이론도 전후에는 크게 발전하지 못하고 있었다. 그러나 1970년대에 접어들면서 이제까지의 장기번영은 끝이 나고 장기침체가 시작된다고 인식하면서 경기변동에 대한 관심이 다시 일어난 것이다. 케인즈적인 경기변동대책이 실효성을 잃어가면서 불황은 앞으로도 올 수 있고 어쩌면 1930년대의 대공황과 같은 사태가 올 수도 있다는 장기침체론이 거론되고 있다. 또한 민주사회에서 정부의 단기적 안목에 의한 정책집행이 경제를 오히려 불안정하게 만들고 있다는 견해도 강력히 대두되었다.

11.2 경기변동의 국면과 특징

1. 경기변동의 국면

경기는 장기적인 관점에서 보면 끊임없이 상승과 하강을 반복하며 변동한다. 경제활동이 활발하여 경기가 좋아져서 마침내 정점에 이르고 이후 경제활동이 둔화되어 경기가 나빠지고 이어서 저점에 이르게 되고 다시 상승으로 반전한다. 이와 같이 경기가 좋아졌다가 나빠졌다가 하는 반복적인 순환적 움직임을 보이는데 이러한 움직임을 경기순환 또는 경기변동이라고 한다. 그런데 어느 두 개의 경기변동도 똑같지는 않다. 그러나 또한 상당한 공통점도 갖고 있다. 일란성쌍둥이는 아니지만 같은 형제로서 비슷한 모습을 가지고 있으며 또한 성질도 비슷하다.

경기변동을 연구한 초기의 학자들은 숫자적인 정보를 거의 갖지 않았으므로 공황에만 지나치게 주의를 기울인 경향이 있었다. 그러나 오늘날의 분석가들은 경기변동을 여러 국면으로 나누어 살펴본다. 경기변동의 국면에 대해서는 여러 가지 구분이 있지만 통상 [그림 11-1]에서와 같이 호황(prosperity) 또는 확장기(expansion), 경기후퇴기(recession), 불황(depression) 또는 수축기(contraction), 그리고 경기회복기(recovery)의 네 국면으로 구분한다. 그리고 호황의 정상을 경기정점(peak)이라 하고 불황의 밑바닥을 경기저점(trough)이라고 하며 이들은 경기순환의 전환점(turning point)을 나타낸다. 또 불황이 장기화되고 심화된 상태를 공황(panic or crisis)이라고 한다. 또 회복기와 호황기를 합하여 경기의 상승국면 또는 확장기라고 하며 후퇴기와 불황기를 합하여 경기의 하강국면 또는 수축기라고 한다.

경기변동의 이러한 일반적인 모습은 경기변동의 구체적 양태는 각 경우에 상당히 다르다. 경기순환은 일반적으로 그 순환의 주기(period), 진폭(amplitude), 그리고 순환의 지속성에서 차이를 보인다. 경기의 주기는 하나의 경기순환이 시작하여 끝날 때까지의 기간인데, [그림 11-1]에서 A에서 C까지, B에서 D까지, 경기정점에서 정점까지, 또는 경기저점에서 저점까지의 기간에 의하여 측정된다. 각 경기순환의 주기는 서로 다르며 어떤 것은 1년정도의 짧은 것도 있고 어떤 것은 수십 년에 걸친 긴 것도 있다.

경기의 진폭은 경기변동의 심각성(심도)의 정도를 나타내는 것인데 이것은 [그림 11-1]에서 a+b 또는 b+c에 의하여 측정된다. 각 경기변동에 있어 그 심도는 차이가 있으며 산이 높으면 계곡이 깊다는 말처럼 심각한 순환이 있는가 하면 강도가 약하여 쉽게 인지할 수 없는 경우도 있다. 경기순환의 지속성이란 순환을 야기시키는 힘의 지속정도를 나타내는 것으로 그 힘이 계속 유지되는 경우에는 똑같은 크기의 경기순환이 되풀이 될 것이며 그 힘이 줄어드는 순환인 경우에는 주기와 진폭이 계속 줄어들 것이고 힘이 추가되는 경우에는 주기와 진폭이 계속 커질 것이다. 이와 같이 각 경기변동은 상당히 비규칙적인 형태로 나타난다.

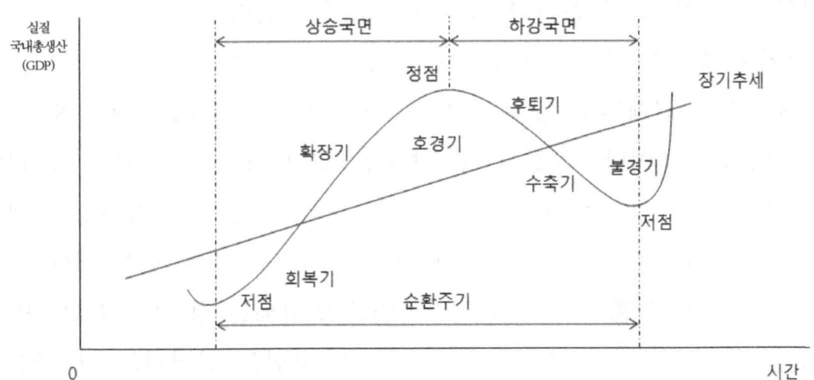

[그림 11-1] 경기변동의 국면

2. 경기변동의 유형

경기변동은 일반적으로 1회의 순환에 소요되는 주기의 장단에 따라 단기, 중기, 장기순환으로 구분된다.

단기순환은 보통 30~50개월을 주기로 하는 가장 짧은 경기순환을 말하며 흔히 키친순환(Kitchin wave)이라고도 한다. 통화량이나 이자율의 변동, 기업의 재고변동 등에 의해 일어나는 단기적인 변동인데 그 중에서도 주로 재고투자의 변동으로 야기되는 것이 일반적이므로 재고순환(inven- tory cycle)이라고도 한다.

중기순환은 8~10년을 주기로 하는 경기순환으로 쥬글라순환(Juglar wave)이라고도 한다. 주로 기업의 설비투자의 변동에 의하여 유발되는 것으로 본다.

장기순환은 50~60년을 주기로 하는 경기순환으로 흔히 콘트라티에프순환이라고도 한다. 이 장기순환은 주로 전쟁, 혁명 및 그 밖의 주요한 사회변동이나 기술혁신에 기인한다고 한다. 기술혁신을 강조하는 슘페터(J. A. Schumpeter)에 따르면 18세기말에 시작된 산업혁명, 1840년대의 철도의 등장, 그리고 1890년대의 자동차와 전기의 발명 등 기술혁신과 이에 따른 대규모투자에 의해 이 순환이 야기되어 왔다고 본다.

이상에서 주기가 다른 경기변동이 존재하고 있다는 사실을 보았다. 그러나 현실적으로 진행되고 있는 경기변동에서 이 파동들을 정확하게 구분해 내기는 어려운 일이다. 현실의 경기변동은 위의 세 가지 순환이 동시에 진행되어 나타나고 있으며 이에 따라 주기, 진폭 및 순환의 지속성이 제각기 다르게 나타난다고 보아야 한다. 장기순환이 후퇴국면에 있을 때에는 중기순환의 상승국면은 짧아지고 그 하강국면은 연장되는 경향이 있으며 반대로 장기순환의 회복국면에서는 중기순환의 상승국면은 길어지고 그 하강국면은 단축되는 경향이 있다. 마찬가지로 중가순환의 상승국면에서 일어나는 단기순환의 상승국면은 길어질 것이고 하강국면은 짧아질 것이다. 또 추세적인 호황 속에서도 어느 정도의 경기후퇴는 있을 수 있고 추세적인 불황의 과정 속에서도 어느 정도의 경기회복은 있을 수 있는 것이다. 그러나 각국에서 비교적 뚜렷하게 식별해 낼 수 있는 경기변동은 단기순환이기 때문에 일반적으로 경기순환이라 할 때에는 단기순환을 의미한다.

한편 경기순환을 변동현상이 주로 일어나는 분야별로 보면 건축순환, 설비투자순환, 재고순환, 내구소비재순환, 농산물파동 등으로 나누어 볼 수 있다. 이러한 순환은 전체경기에 앞서서 또는 뒤따라서 움직이거나 같이 움직여서 경기순환의 심도를 강하게 하거나 약하게 한다.

3. 경기변동의 특징

경기변동은 규칙성을 보이면서도 구체적 형태는 매우 상이하다. 그렇지만 다음과 같은 공통적인 특징이 있다.

첫째, 소비구매가 급속히 감소하고 자동차나 기타 내구재의 기업재고가 예기치 않게 증가한다. 기업이 생산의 감소로 반응을 하기 때문에 실질GDP가 감소한다. 이어서 기업의 설비투자도 급격히 감소한다.

둘째, 경기후퇴가 있게 되면 노동에 대한 수요가 감소하는데 처음에는 평균노동시간의 단축으로 나타나고 뒤이어 일시적 해고와 높은 실업상태가 이어진다.

셋째, 경기후퇴기에는 경기에 민감한 재화들의 가격이 하락한다. 오늘날에는 늘상 물가가 상승하는 경향이 있기 때문에 많은 재화와 임금의 경우 거의 하락하지는 않지만 상승률이 매우 둔화된다.

넷째, 경기후퇴기에는 기업의 이윤은 급속하게 줄어든다. 이것을 예상하기 때문에 합리적인 금융투자가들은 경기후퇴의 낌새만 있어도 증권을 팔아치우므로 보통 증권가격은 하락한다. 그리고 투자감소 등 자금수요가 감소하기 때문에 일반적으로 경기후퇴기에는 금리(이자율)도 하락한다.

이와 같은 현상은 경기후퇴기에서 불황으로 접어듦에 따라 더욱 뚜렷이 나타날 것이다. 이제까지 우리는 경기후퇴기에서 일어나는 일반적인 현상에 대해 보았는데 경기회복기 및 호황기에는 이와 반대되는 현상들이 나타날 것이다. 즉, 소비, 생산, 투자, 고용, 금리, 이윤, 그리고 재화의 가격이 상승할 것이다.

4. 디플레이션의 유발

디플레이션은 경기의 침체와 더불어 물가가 하락하는 현상을 의미한다. 이러한 불황은 1970년대 이후에 나타나기 시작한 인플레이션속의 경기침체인 스태그플레이션(stagflation)과는 다른 현상이다. 그러나 2차 대전 이전에는 물가하락과 함께 나타나는 불황이 일반적인 불황이었다. 2차 세계대전 이후에는 물가가 일반적으로 상승하는 과정에 있었기 때문에 물가하락, 즉 디플레이션이 없었는데 최근에 와서 다시 이러한 불황이 나타나기 시작하고 있는 것이다. 일본의 경우에는 이미 1990년대 초반부터 이러한 디플레이션 속의 불황현상이 나타나기 시작하였다는 지적이 많다.[69] 디플레이션이란 단순하게 인플레이션과 대비하여 보면 물가가 하락하는 현상을 말한다. 그렇지만 디플레이션은 일반적으로는 소비위축에서 시작된 경기침체와 물가하락이 기업의 수지악화→기업의 도산심화→실업증가 및 임금감소→소비위축으로 이어지면서 경제가 불황에 잠겨드는 현상을 말한다. 6.25이후 우리 경제에 경기침체기는 몇 차례 있었지만 디플레이션은 한 번도 없었다.

69) 일본의 경우 물가하락속의 경기침체현상이 나타난 지 오래 되었다. 이러한 일본형의 불황을 宮岐義一(미야자키 요시카)교수는 복합불황이라고도 한다. 복합불황이란 자산 중 특히 주식가격과 부동산 가격의 하락으로 금융기관의 담보가치가 동반 하락하고 국제결제은행의 자기자본비율을 지키기 어렵기 때문에 그 결과 금융기관이 기업이나 가계에 대한 대출을 축소해 신용경색이 발생하여 생산, 투자, 소비가 감소하는 현상이다. 생산과 투자의 감소는 기업의 부실을 초래하고 기업부실은 다시 금융기관의 부실, 대출축소의 악순환으로 이어져 불황이 장기화되면서 금융면에서의 충격이 실물경제로 영향을 주고 이것이 다시 금융경제에 영향을 주는 복합적 영향 때문에 복합불황이라 한다. 엄밀히 말하면 금융측면에서 시작된 불황이라는 의미에서 금융불황이라고 하는 것이 더 타당할 것이다.

지난 1956년, 1980년에 경제성장률이 마이너스를 기록했을 때에도 물가는 각각 22.9%와 28.6%가 올랐었다.

인플레이션은 물가상승 등의 부작용이 있지만 경제가 호황일 때 나타나는 현상이다. 반면에 수요가 지나치게 위축돼 나타나는 디플레이션은 경제를 불황으로 몰아가면서 산업기반도 훼손시키게 된다. 물가상승률이 마이너스를 나타내면 명목이자율보다 실질이자율이 높아지게 된다. 또 실질임금도 명목임금보다 높아지게 된다. 기업입장에서는 판매가 안 되는 동시에 실질적으로 부담해야 하는 비용이 더 늘어나는 것이다. 기업수지가 악화되고 도산의 가능성도 높아진다. 따라서 실업자가 양산되는 것은 당연하다. 또 한 번 위축된 소비심리는 쉽게 회복되지 않는다. 따라서 불황이 장기화될 가능성이 높아지는 것이다. 기업도산이 심해져 실물경제가 무너지면 회복되는 데에는 상당한 시간이 걸리게 된다.

11.3 경기변동의 이론

1. 경기변동의 발생요인

경기변동이 일어나는 이면을 자세히 보면 산출량이나 고용의 변화를 유발하는 요인이 있다는 것을 알 수 있다. 그러한 요인으로는 총수요(AD)와 총공급(AS)의 변화를 들 수 있다. 그러나 전통적으로 케인지안들의 견해가 주류를 이루어 왔으며 따라서 총수요의 변화가 경기변화를 일으키는 주요인이라고 보았다. 가계의 소비지출의 변화, 기업의 투자지출 그리고 정부지출의 변화가 산출량의 변화를 유발하고 고용의 변화를 유발한다는 것이다. 그러므로 경기변동을 유발하는 가장 중요한 요인은 총수요(AD)의 변화라고 할 수 있다. [그림 11-2]에서 현재의 경재상태가 A점이라고 하자. 즉, 산출량은 Y_0이고 물가는 P_0이다. 그런데 만약 총공급이 변화하지 않는 상태에서 총수요가 감소한다면 AD곡선은 AD_0에서 AD_1으로 아래로 이동하며 이에 따라 균형점은 B로 이동하고 산출량은 Y_1으로 그리고 물가는 P_1으로 하락한다. 반대의 경우로 총수요가 증가한다면 산출량은 증가하고 물가(인플레이션율)는 상승한다. 이와 같이 전통적으로 총수요의 변화에 의해 경기변화가 유발되는 것으로 보아왔다. 총수요가 증가하면 경기가 좋아지고 총수요가 감소하면 경기가 나빠지는 것으로 보았다.

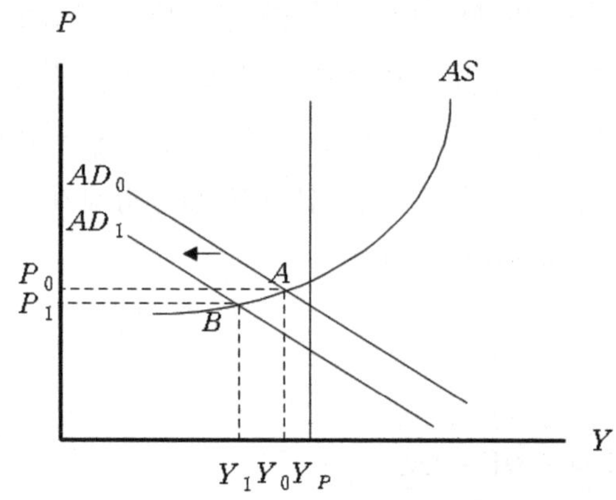

[그림 11-2] 총수요 변화

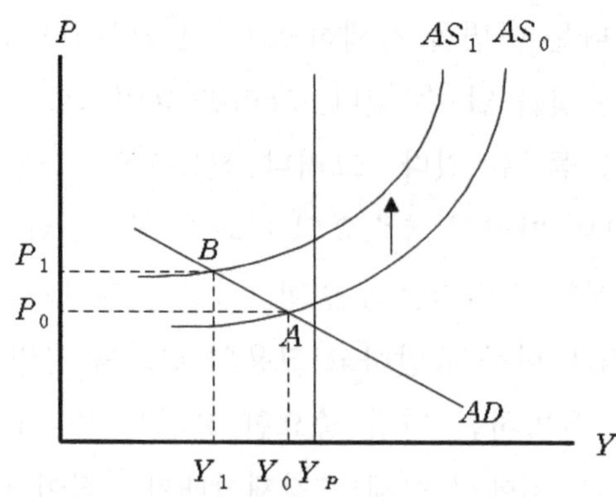

[그림 11-3] 총공급 변화

그러나 때로는 경기순환이 총공급(AS)의 변화에 의해서도 유발된다. 케인지안들도 처음에는 이러한 공급측면에서 유발되는 경기변동을 인정하지 않았으나 지금은 모두 인정하고 있다. 이러한 총공급에 의한 경기변동의 대표적인 경우가 1970년대의 석유파동에 의한 경기침체이다. 이러한 경우를 나타낸 것이 [그림 11-3]이다. 현재의 경제상태는 A점이다. 산출량은 Y_0이고 물가는 P_0이다. 그런데 석유파동으로 기업의 비용조건이 악화되고 이에 따라 총공급곡선이 위로 이동하여 AS_1이 된다고 하자. 그러면 균형점은 B점이 된다. 산출량은 감소하며 물가는 상승한다. 산출량의 감소는 고용의 감소를 유발하며 경기는 매우 침체된다.

과연 경기변동을 유발하는 요인에는 크게 2가지 이론이 있다. 우선 외생적 이론이다. 이는 경기순환의 근본원인을 경제제도 밖에서의 어떤 변동 속에서 찾으려는 것이다. 예컨대, 태양흑점이나 천문학상의 변화, 전쟁이나 혁명이나 선거, 금광의 발견, 인구증가율의 대폭적인 상승, 대규모이민, 신대륙이나 신자원의 발견, 과학상의 신발명이나 기술혁신 등을 그 요인으로 든다. 그리고 내생적 이론은 어떤 요인이 총수요나 총공급을 변화시키면 자본주의 경제제도 그 자체에 내재하여 자주적으로 경기순환을 가져오게 하는 메카니즘이 작동한다고 보고 그것을 발견하려는 이론이다. 그러므로 이 이론에서는 경기회복과 호황이 있으면 뒤이어 경기후퇴와 불황이 나타나고 그것이 또 경기회복과 호황을 낳은 그런 과정이 비교적 규칙적으로, 반복적으로 끊임없이 이어진다고 본다.

2. 정치적 경기순환이론

외생적 이론의 대표적인 예의 하나는 1970년대 중반에 와서 크게 번성한 정치적 경기순환이론(political business cycle theory)이다. 노드하우스(W. Nordhaus), 투프트(E. R. Tufte) 등에 의하여 제시된 이 이론은 거시경제정책이 철학자나 왕에 의하여 결정되는 것이 아니라 선거를 통해 선출된 정치가에 의해 결정된다는 사실에 의거하고 있다. 이 이론이 의거하고 있는 명제는 첫째, 케인즈시대 이후로 정책결정자들은 경제에 영향을 미칠 수 있는 정책수단을 보유하고 있으며, 둘째, 유권자들은 낮은 실업, 빠른 경제성장, 그리고 낮은 인플레이션을 선호하며 투표를 할 때는 현재의 경제상태에 대해 고려하고 끝으로 정치가들은 재선이 되기를 원하는 것이다. 이러한 명제들은 하등 이상할 것이 없는 아주 당연한 것들이다. 이러한 명제로부터 나오는 것이 바로 정치적 경기순환이다.

그 과정을 간단히 살펴보자. 선거에 당선된 직후의 1~2년간은 긴축적인 경제정책을 집행한다. 왜냐하면 대개 선거직전 및 직후의 경제상황은 팽창적인 경제정책으로 인해 경제가 지나치게 과열되어 있고 물가상승으로 사람들이 불만이 많기 때문이다. 이러한 긴축정책으로 인해 실업은 증가하고 문을 닫는 공장은 늘어날 것이나 그 대신 인플레이션압력은 줄어든다. 선거일에는 실업 등의 나쁜 이미지가 잊혀질 것을 바라면서 집권초기에 반 인플레이션정책을 취하는 것이다. 그리고 나서 선거일 1년여 전에 실업의 나쁜 고통을 줄이기 위해 서서히 경기를 부양시킨다. 세금을 줄이고 정부지출을 증대시키며 중앙은행으로 하여금 이자율을 낮추도록 설득한다. 유권자들이 투표소에 들어설 때 그들은 현재의 호황만을 기억하고 있으며 지나간 경기후퇴는 잊어버리고 있다.

이러한 설명 외에도 우리는 흔히 선거기가 가까워 오면 통화량이 팽창된다는 사실을 알고 있다. 집권자들은 그들이 가진 정책수단을 동원하여 단기적으로 경제상황을 변화시켜서 선거에 유리한 여건을 만들어내기도 한다. 이러한 징조에 대한 가장 좋은 연구의 실례로 1972년의 미 대통령선거에서의 닉슨(R. Nixon)의 선거운동을 들고 있다. 이때 닉슨은 중앙은행에 통화량을 증가시키도록 압력을 넣었으며 세금을 줄였고 선거 15개월 전에 임금, 가격통제를 단행하였다. 반면에 카터(J. Carter) 대통령은 1980년 그의 재선출마 때에 긴축정책을 실행하였으며 이것이 카터가 레이건(R. Reagan) 대통령에게 참패당하는 이유의 하나가 되었다고 볼 수 있다.

3. 내생적 이론과 외생적 이론의 결합

오늘날 대부분의 경제학자들은 외생적 요인과 내생적 요인의 결합에 의하여 경기변동이 도출된다고 믿고 있다. 경기순환에 대한 초기의 충격은 경제외부, 예컨대 전쟁발발이나 전쟁종료에 따른 동원해제, 정치적 사건이나 석유파동, 금이나 화폐량의 증대, 기술혁신이나 획기적인 신상품출현 등으로부터 온다고 일반적으로 믿고 있다. 그리고 이런 충격은 경제내부로 전달되어서 앞에서 본 것과 같은 비교적 규칙적인 순환을 야기 시킨다는 것이다.

이러한 내적, 외적 요인의 결합관계에 대한 간단한 비유로 흔들의자에 앉아있는 어린이를 생각해 보자. 의자가 넘어질 정도는 아니지만 어떤 충격이 와서 의자가 흔들리면 어린이는 흔들리는 의자에 계속 앉아 있게 된다. 이러한 충격은 경제에 가해지는 전쟁이나 기술혁신과 같은 충격에 해당되는 것이다. 그런데 흔들의자는 앞뒤로 움직이지만 그 움직임(순환)의 크기는 그 의자의 내적 구조, 즉 크기와 무게에 달려 있다는 것을 알 수 있다. 이와 마찬가지로 경제도 그 내적 성질에 따라서 외부의 충격에 반응한다. 외생적 요인과 내생적 요인 양자가 모두 경기순환을 설명하는데 중요한 것이다.

경기순환을 유발하는 요인들을 찾고자 할 때 학자들은 일반적으로 수요에 관심을 갖게 된다. 먼저 총수요는 소비, 투자, 정부소비지출, 그리고 순수출의 네 항목으로 구성되는데 그 중에서 소비수요의 지나친 과소와 과다, 투자의 심한 가변성이 중요한 요인이 되고 또 총수요에 간접적이고 포괄적인 영향을 미치는 화폐적 요인이 문제가 된다.

먼저 소비수요에 관해서 보면 투자에 비하여 저축이 과다하고 소비재생산에 비하여 소비수요가 과소한 데서 경기변동의 원인을 찾는 과소소비설이 있다. 이러한 이론은 영국의 경제학자인 맬더스(T. Malthus)와 미국의 스위지(P. Sweezy) 등이 주장하였다. 케인즈(J. M. Keynes)의 승수이론도 과소소비설의 입장에 있는 것으로 볼 수 있다. 1997년 이후의 우리나라 경제의 침체, 그리고 1990년대 초 이래의 일본경제의 불황은 소비감소에 의해 심화되고 악화되고 있다는 것이 지적되고 있는데 이러한 측면에서 과소소비설이 설득력을 갖고 있다. 반면 미국의 경우 소비증대가 장기적 경기확장의 주요인으로 지적되고 있다.

또한 화폐적 요인, 특히 화폐공급과 은행신용의 변동에 의하여 경기변동이 일어난다고 보는 이론도 있다. 이러한 이론을 화폐적 경기이론이라고 볼 수 있는데 하이에크(F. Hayek)와 호트리(R. Hawtrey) 등의 주장이 이에 해당된다. 이에 의하면 은행이 자금의 여유가 있어서 신용창조를 확대하면 소비와 투자가 확대되어 누적적 확대과정이 발생하는데 은행은 지불준비금을 보유해야하기 때문에 이러한 신용창조에 한계가 오고 만약 자금의 여유가 없게 되면 이와는 반대로 누적적 수축과정이 발생하고 은행에 자금이 환류되면 또다시 누적적 확대과정이 다시 시작된다는 것이다. 이러한 화폐적 경기순환이론의 또 다른 대표적인 사람이 바로 프리드만(M. Friedman)등의 통화론자(Monetarists)이다. 이들은 통화량의 변화가 경제활동의 변화를 야기시키는 가장 핵심적인 요인이라고 보고 통화량의 안정적인 공급이 경기변동을 진정시키는 가장 중요한 방책이 된다고 본다.

그러나 케인지안에 의해 중시된 것은 투자이다. 투자수요는 총수요항목가운데 가장 변동이 심한 항목이므로 일찍부터 경기변동의 주요인으로 주목을 받아 왔다. 투자를 중심으로 경기변동을 연구하는 학자들의 공통점은 과소소비설과는 달리 투자가 저축을 초과하는 것에서 경기변동의 원인을 찾는 과잉투자이론을 제시하고 있다는 것이다. 그러나 무엇보다도 투자가 관심의 대상이 된 것은 투자를 자세히 살펴보면 내생적 요인과 외생적 요인이 모두 포함되어 있기 때문이다. 투자를 유인하는 외생적 요인은 주로 혁신, 인구성장, 그리고 경기전망의 변동과 같은 사건들이다. 외생적 이론들은 이러한 외적 요인들을 더 중요한 것으로 간주해 왔으며 이에 따라 투자를 고정된 것으로 취급하여 경제내부에서의 파급과정을 고려하지 않았던 것이다. 이들은 투자가 증가하면 경기가 좋아지고 투자가 감소하면 경기가 나빠진다고 본다.

그러나 투자는 독립적인 것만이 아니며 투자를 야기하는 또 하나의 요인이 존재하는데 이것이 바로 판매액의 증가에 따른 유발투자이다. 투자의 결정요인으로 중요한 것은 이미 본 바와 같이 수익효과(장래수익의 흐름), 비용효과(시장이자율), 그리고 미래에 대한 예상이라고 할 수 있다. 따라서 신투자로부터 얻게 될 수익은 경제상태, 즉 경기변동에 달려 있다고 할 수 있다. 다시 말하면 투자가 경기변동을 유발하기도 하지만 투자가 경기변동에서 유발되기도 한다는 것이다. 경기가 좋아지면 투자가 늘고 경기가 나빠지면 투자가 감소한다.

4. 인식오류모형

이 모형은 루카스가 개별경제주체가 경제에 대해 불완전한 정보를 가지며 따라서 어떤 충격이 경제에 가해질 때 정보의 불완전성 때문에 그들의 공급결정이 오류를 범하게 된다는 사실을 강조한다. 루카스(R. Lucas, Jr.)에 의해 제시된 모형으로 화폐적 균형경기변동이론 또는 불완전정보이론(imperfect information theory)이라고도 한다.

루카스에 의하면 합리적 기대에 의거해 행동하는 개인이나 기업은 개별시장에서 자기가 생산하거나 소비하는 재화의 가격상승이 있을 때 이것을 어떻게 보느냐 하면 부분적으로는 경제전체의 물가가 상승하였기 때문에 상승하였다고 보고 또 부분적으로는 자기가 생산하는 재화의 가격만이 상대적으로 상승한 것으로 볼 것이라는 것이다. 따라서 경제전체적인 총수요증가가 있을 때[70] 각 생산자는 어느 정도까지는 그들의 재화의 상대가격이 올라갔다고 생각하게 되며 바로 이러한 인식의 오류로 인해 공급을 늘리게 된다는 것이다. 경제전체적인 총수요의 변화가 있을 때 실제로는 상대가격은 전혀 변화하지 않으며 단지 경제전체의 일반물가수준만 상승한 것인데도 불구하고 잘못 인식하여 생산을 늘리게 되고 이에 따라 결국 총수요의 충격(변화)

70) 루카스는 통화량의 예기치 못한 변동과 같은 화폐적 요인을 강조하고 있다.

이 총공급의 자발적인 증가를 야기하게 된다는 것이다. 따라서 이 불완전정보이론에서는 개별경제주체의 상대가격에 대한 잘못된 인식이 경기변동을 야기시키는 주요인이라고 보는 것이다. 총수요증가(예상치 않은 통화량의 증가) 때문에 물가가 예상물가보다 더 올라가게 되고 이를 인식하지 못한 단기에서 생산량이 잠재적 산출량보다 더 많이 생산되게 된다는 것이다. 물론 반대의 경우에는 산출량이 잠재적 산출량보다 더 낮아질 것이다.

2) 실물적 경기순환이론

실물적 경기순환이론(real business cycle theory)은 프레스코트(E. Prescott), 플로서(C. Plosser) 등에 의해 제시되었는데 기술변화 등 실물적 충격(real shocks)이 경기변동을 야기시키는 경제요인 중 가장 중요한 요인이라는 관점에서 출발한다. 실물적 경기순환이론의 두개의 주요가정은 기술변화등 실물적 충격이 경제적 충격의 가장 중요한 원천이라는 것과 이들 기술적 충격이 완전경쟁적 시장에서 번져나간다는 것이다. 후자의 가정은 앞의 불완전정보이론에서도 가정되고 있는 것이지만 전자의 가정은 실물적 경기순환이론에서만 하고 있는 가정이다. 실물적 경기순환이론에서는 경제에 대한 실물적 충격이 경기순환의 일차적 원천이라는 것이다. 실물적 충격은 경제의 실물부문에 대한 교란을 말한다. 예컨대, 생산함수, 노동력의 크기, 실질적 정부지출의 크기, 소비자들의 지출 및 저축결정에 영향을 미치는 충격들을 말한다. 이에 대비되는 충격이 명목적 충격(nominal shocks)인데 이것은 화폐수요나 화폐공급에 대한 충격을 말한다. 원칙적으로는 많은 형태의 실물적 충격이 영향을 미칠 수 있지만 실물적 경기순환이론자들은 생산함수에 대한 충격, 즉 생산성 충격(productivity shocks)에 초점을 맞춘다. 생산성충격이란 신상품이나 신생산방법의 개발, 새로운 관리기법의 도입, 자본이나 노동의 질의 변화, 원자재나 에너지의 가용성의 변화, 지나친 흉작이나 풍작, 생산에 대한 정부규제의 변화, 기타 생산성에 영향을 미치는 요인들이다. 이들에 의하면 유리한 충격이 오면 호황이 오고 불리한 충격이 오면 불황이 온다는 것이다. 그러므로 이들은 실물적 충격 중에서도 특히 공급측의 교란에 초점을 맞추고 수요측면의 교란이나 정책적 교란(통화량의 변화와 같은 교란)에 의해 경기변동이 유발될 수 있다는 견해를 명백히 배격하고 있다.

5. 뉴케인지안의 경기순환이론

케인지안의 전통은 오랫동안 명목임금과 물가는 경직적인 경향이 있으며 따라서 총공급곡선이 수직이 아니라는 가정에 의거하여 왔다. 이 가정으로 인해 왜 총수요의 증가가 산출량과 고용에 영향을 미치며 왜 인플레이션의 억제가 산출량과 고용의 일시적 감소를 유발하는지를 설명할 수 있었다. 또한 이 가정은 경기순환기간 동안 임금과 물가가 고용과 산출량보다 덜 변동하는 경향이 있다는 현상을 설명할 수 있었다. 케인지안들은 기본적으로 총수요의 변화에 의하여 경제의 변화가 유발된다는 입장을 견지하고 있다. 물론 이들은 경기순환은 나쁜 것이며 따라서 정부가 개입하여 이러한 경기변동을 가급적 줄이는 것이 바람직하다는 입장이다.

최근에 제시되고 있는 뉴케인지안학파(new Keynesian school)는 명목임금과 물가의 경직성에 대해 더 풍부한 이론적 설명을 제시하려고 하고 있다. 뉴케인지안들은 합리적 기대와 개별경제주체의 최적화 행동원리를 받아들이고 있으나 명목임금 및 물가의 경직성이 경제주체들의 합리적인 최적화행동의 결과라는 것을 보임으로써 시장이 즉각적으로 청산된다는 사실을 받아들이지 않고 있다. 경직성을 유발하는 요인으로 뉴케인지안들은 여러 가지의 시장불완전성 요소들을 제시하고 있다. 예컨대, 노동의 장기계약, 노동조합의 임금결정, 암묵적 계약, 효율성 임금, 메뉴비용(명목가격을 변화시키는데 드는 실질비용) 등의 요소들을 제시하고 있다. 이러한 시장불완전성 요소들이 명목임금 및 물가의 경직성을 유발하고 따라서 가격조정보다는 수량조정을 야기하며 이에 따라 수요충격이 있을 때 경기변동이 발생한다고 본다.

6. 경기순환의 예측

경기의 움직임(경기변동)은 정부나 기업은 물론 일반국민들의 일상생활에도 커다란 영향을 미치므로 각 경제주체들은 경기의 동향에 관심을 갖게 된다. 정부는 전반적인 경제의 움직임을 안정적으로 유지하기 위하여 국내외의 경기동향을 미리 파악하여 적절한 대응책을 시행할 필요가 있으며 기업은 경기움직임을 잘 파악하여야 수요예측이 가능하고 이에 따라 신규투자나 신규고용계획을 수립할 수 있게 된다. 또 일반국민들도 경기순환과정을 잘 파악하여야 소비와 저축, 자산관리(부동산이나 주식투자 등), 직장이동 등을 보다 합리적으로 결정할 수 있게 된다. 그러므로 경기순환에 대한 예측은 매우 중요한 의미를 갖고 있다.

정부의 경제계획, 기업의 투자계획, 가계의 소비계획 등 모두가 앞날의 경제전망에 달려 있으므로 경기의 예측은 중요하다. 이러한 경기예측을 하는 방법은 다양하다. 하나의 방법은 경기의 변화를 나타내어 주는 다양한 경제지표들을 이용하여 경기를 전망하는 것이다. 또 하나의 방법은 경제전체의 움직임이나 일부분의 움직임을 나타내는 경제모형을 만들고 이를 이용하여 경제예측을 하는 방법, 즉 계량경제모형을 이용하는 방법이다. 또는 경제전문가나 기업현장에 실제로 종사하는 사람들을 대상으로 설문조사를 하여 경기를 예측하는 방법도 있다.

더블딥(double dip)과 소프트 패치(soft patch)

최근 우리나라의 경기상황을 두고 이래저래 논란이 많다. 한편에서는 더블딥(double dip) 가능성까지 제기하면서 우려의 목소리를 높이고 있으나 다른 한편에선 현 경기상황이 단지 소프트 패치(soft patch)일 뿐이라며 맞서고 있는 것이다. 그렇다면 이렇게 논란의 중심에 서있는 더블딥과 소프트 패치란 과연 무슨 의미일까?

먼저 더블딥이란 2001년 미국에서 처음 등장한 신조어로서 경기가 일시적으로 회복했다가 다시 침체에 빠지는 상황을 일컫는다. 일반적으로 2분기 연속 마이너스 성장을 기록하는 경우에 경기침체로 규정하는데 더블딥은 2분기 연속 마이너스 성장이 끝나고 잠시 회복 기미를 보이던 경기가 다시 2분기 연속 마이너스 성장으로 추락하는 경우를 말하는 것이다.

경기침체가 저점에 달한 뒤 곧바로 상승세를 타는 'V자형'이나, 경기침체가 저점에 달한 뒤에도 곧바로 회복 기미를 보이지 않고 한동안 침체를 유지하다 서서히 상승세를 타는 'U자형', 일본의 '잃어버린 10년'과 같이 장기간 경기불황이 이어지는 'L자형' 등과는 달리 더블딥은 두 번의 경기침체를 겪어야 비로소 회복기로 돌아서는 'W자형' 경기순환 구조를 가지고 있다.

이에 반해 소프트 패치는 경기 상승국면에서 나타나는 일시적인 정체를 의미하는 말로서 일반적인 경기침체와는 구분되어 사용된다. 즉 소프트 패치는 경기가 단기적으로 다소 불안하고 취약하지만 그리 심각한 상황이 아니어서 곧 회복세를 보일 것이라는 의미를 가지고 있다. 이 말은 원래 골프장 페어웨이에서 병이나 해충 등으로 잔디가 잘 자라지 못하여 공을 치기 어려운 지점을 가리키는 '라지 패치'(Large Patch)에서 유래된 단어이다.

시장에 충격을 주지 않기 위해 모호한 표현을 즐겨 사용했던 앨런 그린스펀(Alan Greenspan) 미국 연방준비제도이사회(FRB) 전 의장이 2002년 11월 의회 증언에서 9·11테러 이후의 미국 경기상황을 두고 "경기가 소프트 패치에 빠진 것 같다"고 묘사한 데서 비롯되어 이후 전 세계로 크게 확산된 말이기도 하다.

〈박의성, 퀴즈로 배우는 경제상식, 한국은행〉

경기 연착륙

얼마 전 중국 원자바오 총리의 긴축발언을 계기로 지금 전 세계의 관심이 중국경제에 쏠리고 있다. 중국경제에 대한 의존성이 높은 우리나라는 "과연 중국 경기가 연착륙에 성공할 것인가"에 많은 관심을 가지고 있다. 이에 대해 우리 정부는 중국쇼크에 대비하기 위한 관계장관 회의를 개최하고, 중국이 긴축정책을 쓰는 것은 중국 경제가 경착륙하는 것을 막기 위한 조치(즉 경기를 연착륙시키기 위함)이기 때문에 한국에는 큰 충격을 주지 않을 것이라고 말하는 등 대비책 마련에 분주했다.

여기서 말하는 경기연착륙(SOFT-LANDING)이란 비행기가 활주로에 사뿐히 착륙하듯 경기가 갑자기 불황으로 내려가지 않고 서서히 충격 없이 하강한다는 뜻이다. 경기가 빠른 속도로 침체되는 경기경착륙(HARD-LANDING)과 대비된다. 원래 항공 우주공학적 개념이지만 미국경제가 호황을 구가하던 1980년대 말 어떻게 하면 다가올 불황을 잘 관리할 수 있을까를 다루면서 언론이 시사경제 용어로 사용하기 시작해 전세계에 퍼졌다.

자본주의경제는 소비활동의 변화 등 여러 요인에 의해 호황·불황 등의 경기순환을 겪는다. 이 같은 경기변동은 대개 순환적이며 수축·회복·확장·후퇴의 4가지국면을 갖게 되는데, 경기가 하강하는 수축과정에서 완만하고 천천히 하강하는 것을 경기연착륙이라 한다.

경기가 팽창(활황)에서 수축(불황)국면으로 접어들 때 기업은 매출이 줄고 투자심리가 위축돼 결국 감원으로 연결되고, 가계는 실질소득이 감소해 소비를 줄이고 저축을 꺼리게 되는데 연착륙은 이 같은 부작용을 최소화하자는 것이다. 연착륙을 위해선 경기하강이 시작되기 전부터 통화, 재정, 환율 등 정책수단을 적절히 조합, 탄력적으로 대응하는 노력이 필요하다. 경제전문가 들은 중국이 현재 진행하고자 하는 긴축정책이 성과를 얻어 중국 경기를 연착륙시키는 데 성공한다면, 장기적으로는 우리나라와 세계경제에 바람직하다는 전망들을 내어 놓고 있다.

〈한국은행 경기본부 자료〉

연습문제

01 합리적 기대이론에 관한 내용으로 옳지 않은 것은?

① 금융정책이 단기에는 효율적이나 장기에는 효율적이지 못하다고 본다.
② 가격과 임금이 완전하게 신축적이라고 전제한다.
③ 민간부문의 과거 행동에만 근거하여 수립된 정책은 그 결과가 의도한 바와 다르게 나타날 수도 있다.
④ 재정정책은 단기와 장기에서 일반적으로 효율적이지 못하다고 본다.

02 케인즈적인 경기 부양 정책이 효과를 나타내기 어려운 경우는?

① 불황이라서 생산설비의 가동율이 낮은 경우
② 필립스곡선의 기울기가 완만한 경우
③ 총공급곡선이 수평인 구간
④ 재화시장에서 수량의 변화보다는 가격의 변화가 더 빠르게 나타나는 경우

03 어떤 경제의 총공급곡선이 수평이라고 가정할 때 이로부터 추론해 낼 수 있는 내용으로 옳은 것은?

① 확장적 재정정책을 실시하여도 물가가 오르지 않는다.
② 확장적 재정정책의 효과가 발생하지 않는다.
③ 금융시장이 유동성함정 상태에 있다.
④ 구축효과를 확대시킨다.

04 실물적 경기변동론에 대한 다음 설명 중 옳지 않은 것은?

① 장기에서는 고전파적 이분성이 성립하지만 단기에는 성립하지 않는다.
② 정부의 경제개입은 최소화되어야 한다.
③ 경기후퇴는 기술의 퇴보에 의해 설명할 수 있다.
④ 경기변동은 실질변수가 동태적으로 변동하는 현상이다.

05 장기총공급곡선에 관한 설명으로 옳지 않은 것은?

① 장기총공급곡선은 수직이다.
② 장기총공급곡선은 고전학파의 이분성을 뒷받침해준다.
③ 확장적 통화정책으로 통화량이 증가하더라도 장기총공급곡선은 이동하지 않는다.
④ 장기총공급량은 명목임금이 경직적이고 자유롭게 변동하지 않기 때문에 물가수준이 얼마가 되든 변하지 않는다.

제 12 장

경제성장

12.1 경제성장의 의의

경제성장은 초장기에서의 경제의 움직임을 나타내는 것이다. 이것은 생산요소의 증가와 기술수준의 변화가 가능한 기간에서의 경제의 움직임을 나타낸다. 그런데 생산요소의 변화와 기술수준의 변화는 결국 우리가 이제까지 본 잠재적 산출량의 변화를 말한다. 그러므로 경제성장이란 한 국가의 잠재적 산출량(완전고용산출량, 자연산출량)의 증대를 말한다. 즉, 생산을 위한 경제력의 확장을 의미한다. 이것은 AD-AS모형에서 고전학파들이 말하는 총공급곡선 또는 장기총공급곡선이 오른쪽으로 이동하는 현상을 말한다. 또는 경제성장이란 한 나라의 생산가능성곡선이 밖으로 확대되는 현상을 말한다. 여기서 우리가 잠재적 산출량(잠재적 GDP)의 증대에 대해 이야기하는 것은 비록 실제 GDP가 경기후퇴로 인해 잠재적 GDP수준에 미치지 못한다 하더라도 그것은 어디까지나 경기변동의 한 국면을 나타내는 일시적인 현상이며 그 경제의 생산저력을 나타내는 것은 물가를 변화시키지 않는 안정적인 경제상태(완전고용상태)에서의 생산능력인 잠재적 산출량이기 때문이다.

여기서 개념적으로 유의해야 할 점은 첫째, 통상적으로 경제성장이라고 하면 실제실질GDP의 증가를 의미하며 따라서 매년의 실제GDP의 증가율을 경제성장률이라고 부르기도 한다. 그러나 위에서 본 바와 같이 이러한 변화는 경제성장이라고 보기는 어렵다. 그러므로 통상적으로는 실제GDP의 변화률을 경제성장률이라고 하지만 엄밀하게 말하면 그렇지 않다는 것을 유의해야 한다. 그러나 잠재적 산출량(GDP)은 실제산출량(GDP)의 추세치에 의해 결정되므로 장기적인 관점에서 평균적으로 보면 실제GDP의 변화율을 경제성장률이라고 하여도 무방할 것이다. 둘째, 경제성장이란 잠재적 산출량(GDP)이 증가하는 현상이지만 실제로 경제가 성장하고 있는가 하는 것은 한 국가의 잠재적 산출량의 총액이 아니라 1인당 잠재적 산출량의 증가를 말한다. 왜냐하면 경제성장이란 그 나라 사람들의 생활수준이 향상되는 것을 의미하며 이를 나타내는 것은 1인당(per capita)산출량인데 실제로는 1인당 산출량이 증가하지 않았는데도 인구가 늘어나서 총산출량이 증가할 수가 있기 때문이다. 1인당 산출량이란 다른 말로 표현하면 노동생산성 또는 평균노동생산성이라고 할 수 있다.

 12.2 경제성장의 요소

1. 경제성장의 4요소

어떤 나라는 빨리 성장하고 어떤 나라는 느리게 성장하며 어떤 나라는 성장이 정체되어 있다. 빨리 성장하는 나라는 생활수준이 높아지고 그렇지 않은 나라는 생활수준이 빈곤해진다. 그러면 왜 이러한 성장률의 차이가 발생하고 생활수준의 차이가 발생하는가? 이러한 설명은 생산성이라는 말로 요약이 될 수 있다. 생산성이란 주어진 기간 동안에 한 사람 또는 한 나라가 생산할 수 있는 생산물(재화 및 용역)의 양을 말한다. 이것이 클수록 생산성이 높다(또는 더 효율적이다)고 한다. 생산된 것이 소득이 되고 이것이 지출되므로 생산이 효율적으로 이루어져서 1인당 산출량이 늘어난다는 것은 소득이 많다는 것을 의미하며 따라서 생활수준이 향상된다는 것을 의미한다. 경제성장에 성공한 나라들은 공통적인 요소들을 갖고 있다. 이러한 요소들은 바로 생산성을 증대시키는 핵심적인 요소 즉 성장의 엔진을 받혀주는 4개의 바퀴, 즉 성장의 요소들은 인력자원 또는 인간자본, 자연자원, 자본량 또는 실물자본, 기술수준(technology) 또는 기술적 지식이다. 총생산함수(aggregate production function: APF)를 확대하여 생각하여 보면 산출량과 성장의 요소들 간의 관계는 다음과 같다.

$$Y = A f(K, L, H, R)$$

여기서 Y는 산출량,[71] K는 자본량, L은 인력자원의 양 또는 노동량, H는 인력자원의 질 또는 인간자본, R은 자연자원투입량, 그리고 A는 기술수준을 나타낸다. 식〈12-3〉에서는 기술수준은 주어져 있고 자연자원은 없다고 가정하고 있으나 여기서는 기술수준이 변화할 수 있고 또 자연자원도 존재한다고 본다.

총생산함수를 산출량과 노동량간의 관계로 나타낸 경우에는 K, H, R, 그리고 A의 증가는 이 생산함수를 위로 이동시킨다. 그리고 총생산함수에서는 통상 한계생산물이 양의 값을 가지며 수확체감의 법칙(law of diminishing return)이 적용된다.[72] 또 생산함수는 통상 규모에 대한 수익불변(constant returns to scale: CRS)의 성질을 갖는다. 규모에 대한 수익불변이라는 성

71) 여기서 Y를 산출량이라고 하였지만 생산요소와 기술이 변화할 수 있는 초장기에서의 산출량은 결국 잠재적 산출량을 나타낸다. 그러므로 앞으로 산출량이라고 하면 잠재적 산출량을 나타낸다.

72) 한계생산물이 陽(양)이라는 것은 생산요소의 양이 증가함에 따라 산출량이 증가한다는 것을 의미한다. 그리고 수확체감의 법칙은 생산요소의 양이 추가됨에 따라 추가로 증가하는 산출량의 크기는 감소한다는 것이다. 다시 말하면 수확체감의 법칙이란 생산요소가 추가됨에 따라 한계생산물이 감소한다는 것을 의미한다.

질은 모든 생산요소를 x배하면 산출량도 x배 된다는 성질을 말한다. 즉, $xY = Af(xK, xL, xH, xR)$가 된다는 것을 의미한다. 만약 x=1/L이라고 하면

$$\frac{Y}{L} = Af\left(\frac{K}{L}, 1, \frac{H}{L}, \frac{R}{L}\right)$$

여기서 Y/L은 1인당 산출량으로 노동의 생산성을 나타내며 K/L은 일인당 자본량으로서 자본장비율을 나타내며 H/L은 노동자들의 노동의 질(또는 노동자 한사람이 갖고 있는 인간자본의 크기), R/L은 일인당 자연자원량을 나타낸다. 그리고 1은 주어진 것이므로 무시하여도 된다. 따라서 이 식을 다시 쓰면 다음과 같다.

$$\frac{Y}{L} = Af\left(\frac{K}{L}, \frac{H}{L}, \frac{R}{L}\right)$$

여기서 L은 양적인 노동의 크기만을 나타낸다. 그러므로 이식이 의미하는 것은 일인당 산출량(노동생산성)은 일인당 자본량, 일인당 인간자본(노동의 질)과 1인당 자연자원량, 그리고 기술수준의 상태(A)에 달려 있다는 것을 의미한다. 이제 노동생산성에 영향을 주는 이러한 요소(L+H, K, R, A)에 대하여 구체적으로 살펴보자.

2. 경제성장의 4요소의 중요성

인력자원 또는 인간자본은 단순한 노동투입량뿐 아니라 노동자들이 교육, 훈련, 경험을 통해 얻은 지식과 기능 등 노동의 질적인 측면도 포함하는 개념이다. 이러한 질적인 측면의 발전은 노동생산성을 증가시킨다. 문자해독(국어뿐 아니라 외국어)능력의 증대, 건강증진, 노동에서의 규율의 확립, 컴퓨터 취급능력의 증대 등이 노동생산성을 증대시킬 것이다. 아무리 좋은 장비와 기계가 있어도 이것을 잘 다룰 수 있고 사용할 수 있는 능력이 없다면 쓸모없는 것이다. 이것은 앞에서 사용한 문자를 이용하면 L과 H의 합을 나타낸다.

자본량 또는 실물자본은 도로나 발전소, 경운기, 기계나 중장비 등과 같이 재화나 용역을 생산하기 위하여 사용되는 구조물이나 설비의 총스톡을 말한다. 통상 그냥 자본이라고도 한다. 이러한 자본은 노동생산성을 높여준다. 맨손으로 일을 하는 것보다는 도구와 장비를 갖고 일하는 것이 훨씬 더 효율적이고 생산적이다. 이러한 자본의 축적은 지금의 소비를 희생함으로써 가능하다. 지금 소비하는 대신 저축을 하고 이것을 투자로 전환함으로써 자본이 축적되는 것이다. 그러므로 자본의 증대를 위해서는 저축이 필요하다. 그리고 자본은 생산된 생산요소라고 할 수 있다. 재화를 만들기 위하여 필요한 장비이지만 이 장비는 이전의 단계에서 다른 생산물을 투입하여 만든 생산물이다. 그리고 우리가 자본이라고 할 때 여기에는 단순히 공장 등의 구축물이나 기계와 같은 설비만을 포함하는 것이 아니다. 도로, 항만, 공업용수, 관개시설 등 생산활동이 이루어지기 이전에 필요한 많은 시설들도 포함된다. 이러한 자본을 사회간접자본(SOC) 또는 경제하부구조투자(infrastructure investment)라고 한다. 이러한 SOC는 투자규모가 매우 크고 자금이 많이 들며 사업을 분리하여 수행하기도 어렵고 또 그 투자의 효과를 다른 사람들이 사용하지 못하도록 하기도 어렵고 여러 업체가 경쟁적으로 사업을 추진하기도 어렵기 때문에 주로 정부가 수행하고 있다.[73]

자연자원은 자연에 의하여 제공된 생산투입물을 말한다. 예를 들면 토지, 농토, 석유, 각종 광물, 강우량 등이다. 토지는 한때는 가장 중요한 성장의 원천이었다. 자연자원은 두 가지 형태로 나누어진다. 하나는 재생가능자연자원이고 다른 하나는 재생불가능한 자연자원이다. 삼림 등은 재생 가능한 자연자원이나, 석유와 같은 것은 재생 불가능한 자연자원이다. 이러한 자연

---

73) 이러한 사회간접자본(SOC)이외에 사회적 자본(social capital)이라는 용어도 사용되고 있다. 사회적 자본이란 시장의 불안정성을 보완하고 불확실성으로 인해 발생하는 거래비용을 감소시켜 거래를 활성화시켜주는 신뢰, 준법정신, 공동체의식, 네트워크 등 사회에 축적된 무형의 가치를 말한다. 뒤늦게 산업화에 뛰어든 독일, 일본은 자본이 부족한 상태에서 신뢰관계와 사회적 연대를 중시하는 사회적 자본 우위체제로 발전하였다.

자원의 차이가 성장에 영향을 미치고 생활수준에 영향을 미친다. 미국과 캐나다 같은 나라는 넓은 영토와 자원으로 인하여 성장이 가능하였고 최근에는 사우디아라비아와 같은 중동국가는 석유라는 자연자원으로 부국이 되었다. 그러나 자연자원은 생산성을 향상시키고 빠른 성장을 유발하는 결정적인 중요한 요소는 아니다. 우리나라나 일본은 사실상 자연자원이 매우 적은 나라이지만 인간자본과 실물자본의 증대와 국제교역에 의한 자연자원의 수입을 통하여 매우 빠른 성장을 달성하였다.

성장을 결정하고 생산성을 증대시키며 따라서 생활수준을 결정하는 가장 중요한 요소는 기술진보 또는 기술적 지식의 진보이다. 기술 또는 기술적 지식은 재화와 용역을 생산하는 최선의 방법에 대한 한 국가의 이해능력을 의미한다. 이제까지의 과정을 보면 경제성장은 노동과 자본의 투입에 의해 생산시설의 규모를 확대하는 것에 의해서가 아니라 끝없는 혁신과 기술진보에 의해 달성되어 왔다. 기술의 종류에는 제품기술과 경영기술이 있다. 제품기술은 새로운 생산물의 출현을 위한 우수제품의 개발 또는 신제품을 만드는 지식체계를 의미하며 경영기술은 생산방식, 판매방식, 관리방식에 관한 지식체계를 말한다. 전화기, TV, PC, PCS 등의 생산, 그리고 코카콜라의 독특한 맛, 맥도날드 햄버거의 특이한 맛, 비아그라 등은 제품기술상의 혁신을 의미하며 한때 일본경영의 대명사로 알려진 낭비 없는 생산(manufacturing), 중단 없는 생산(continuous production), 대량주문생산(mass customization), 동시경영(synchronous management) 등은 경영기술의 예들이다. 그러나 제품기술과 경영기술은 어느 하나만 발전하여도 곤란하며 양기술의 동시적 발전이 필요하다.

이러한 기술변화는 조그만 기술들이 지속적으로 개선되어 나타나지만 경우에 따라서는 매우 현저하게 나타날 수도 있다. 예를 들어 개인용 컴퓨터(PC)의 발전이나 통신장비의 발전은 매우 충격적으로 나타난다. 또 이러한 기술변화는 단순히 더 나은 생산물과 더 나은 경영기술을 발견하는 기계적인 과정이 아니며 기술혁신을 위해서는 기업가정신의 부양이 무엇보다 중요하다. 이러한 기업가정신은 아무데서나 생기는 것이 아니다. 기업가 정신은 무엇보다도 개방적인 탐구정신과 자유시장에서의 이윤유인에 의해 활성화된다.

그런데 이러한 기술 또는 기술적 지식과 인간자본은 어떻게 다른가? 이들은 매우 밀접하게 관련되어 있는 것이지만 서로 차이가 있다. 기술(기술적 지식)은 경제의 움직임 특히 생산물을 생산하는 최선의 방법에 대한 이해능력과 새로운 생산물을 고안하는 능력을 말한다. 그러나 인간자본(인력자원)은 이러한 이해능력을 갖고 있는 사람의 양과 이러한 이해능력을 노동력에 이전시키기 위해 사용된 자원, 즉 이러한 이해력을 익히고 경험하기 위해 노력한 시간을 말한다. 멘큐(G. Mankiw)의 비유에 따르면 기술적 지식이란 그 사회가 갖고 있는 교과서의 질을 나타내고 인간자본은 그 나라에서 교과서를 읽은 사람의 수와 그 나라 사람들이 교과서를 읽기 위하여 들인 시간을 말한다. 노동자들의 생산성은 그들이 이용하는 교과서의 질과 교과서를 읽을 학생들의 수, 그리고 그들이 교과서를 읽고 공부하는데 들인 시간 모두에 달려 있다.

12.3 경제성장의 이론

모두가 경제성장을 원하지만 어떻게 경제성장을 달성할 것인지에 대해서는 의견일치를 보기가 어렵다. 앞에서 본 바와 같이 경제성장을 유발하는 요소에는 인간자본, 물적자본, 기술진보가 모두 중요하다. 그러나 어느 것이 더 중요하냐 하는 문제에 대해서는 견해가 서로 다르다.

1. 고전적 성장이론

스미스(A. Smith)는 먼저 토지의 사유나 자본의 축적이 있기 전의 자연 상태인 가상적인 황금시대를 가정하고 있다. 여기서는 노동 한가지만이 중요하며 토지는 만인이 자유로이 사용할 수 있고 자본이라고는 내세울만한 것이 없는 상태이다. 이러한 단순한 초기시대에서 가격과 분배를 결정하는 것은 무엇인가? 가격과 생산량이 여기서는 오로지 노동에 의해서만 결정된다. 모든 재화는 그 재화의 생산에 소요된 노동량에 의해 결정된 가격에서 거래되었다. 만약 사슴을 야산에서 사로잡는데 소요되는 시간이 토끼를 잡을 때 소요되는 시간의 3배라면 사슴의 가격은 토끼가격의 3배가 된다. 노동비용만에 의해 가격이 결정된다는 사실은 재화의 양이 얼마가 되든지 상관없이 적용될 것이다.

이제 이러한 경제에서의 경제성장을 고려해 보자. 황금시대에서의 삶은 단순한 것이다. 아이들이 태어나고 매 30년마다 인구는 두 배가 된다.[74] 토지가 풍부하므로 사람들은 이곳저곳으로 이동해 갈 것이다. 국내총생산은 인구가 2배가 됨에 따라 정확히 30년마다 두 배가 된다. 그러나 사슴과 토끼의 가격비율은 전과 마찬가지로 유지된다.

실질임금은 어떻게 될까? 모든 산출량 또는 소득이 모두 임금으로 분배될 것이며 자본에 대한 이자나 토지에 대한 지대지불은 없을 것이다. 생산량은 인구증가에 비례하여 증가할 것이며 토지는 생산증가에 대한 장애물이 되지 않기 때문에 수확체감현상은 나타나지 않으며 일인당 실질임금은 시간이 흐르더라도 일정하다.

어떤 현명한 발명가가 이전에는 2시간 걸렸던 일을 1시간에 해낼 수 있는 새로운 방법을 발명해 내지 않는다면 위와 같은 상태는 계속될 것이다. 그러나 이러한 발명이 있다면 이제 모든 사람의 노동시간이 절약되어 더 많은

---

74) 72법칙을 이용하면 30년마다 인구가 두 배가 된다고 보는 것은 인구성장률이 연 2.4%라는 것을 의미한다.

생산을 할 수 있으므로 1인당 산출량은 2배로 증가할 것이다. 모든 사람에게 똑같이 적용되는 이와 같은 노동시간절감은 사슴에 대한 토끼의 가격비율(상대가격)을 변화시키지는 않을 것이다. 그러나 생산물로 표시된 실질임금은 두 배가 될 것이다. 순수한 노동가치설(labor theory of value)의 초기에는 발명은 단지 임금을 상승시키고 균형적인 경제성장의 속도를 빠르게 할 수 있을 뿐이었다.

이러한 황금시대가 언젠가 존재하였을는지는 몰라도 모든 토지가 사람들로 채워지기 시작하면서 그 황금시대는 더 이상 존재할 수 없게 되었다. 일단 처녀지가 없어지면서 노동과 토지의 균형적인 증가 및 이에 따른 생산량의 증가는 더 이상 가능할 수가 없게 된다. 새로운 노동자들이 기존의 경작지에 몰려들기 시작한다. 이리하여 마침내 토지의 私的(사적)인 소유가 나타나기 시작한다. 이제 토지는 흔해빠진 것이 아니라 희소한 것이 되며 이에 따라 토지를 사용하는데 일정한 대가(지대)를 지불하여야 하게 되었다.

황금시대를 뒤이어 나타난 이러한 스미스-맬더스(T. Malthus)의 고전적 세계에서도 성장은 이루어진다. 인구는 여전히 증가하며 따라서 국내총생산(산출량)도 증가한다. 그러나 산출량은 인구의 증가보다 느리게 증가할 수 밖에 없다. 왜냐하면 고정된 토지에 새로운 노동력이 추가됨으로써 노동자 한사람이 일할 토지가 더 적어지기 때문이다. 따라서 수확체감의 법칙이 작동하게 된다. 즉, 토지에 대한 노동의 비율이 증가함에 따라 노동의 한계생산물은 감소하며 이에 따라 실질임금도 감소하게 된다. 그리하여 고전학파 경제학자들은 계급간에 이해상충이 발생한다고 믿었다. 왜냐하면 주어진 토지에서의 인구의 증가는 일인당 소득과 임금의 저하를 가져온다는 것을 의미하며 임금의 저하는 토지 1단위당의 지대의 상승을 의미하기 때문이다. 노동자가 잃은 만큼을 지주가 얻게 되는 것이다. 경제적 불평등의 현실을 이해하기 위해서는 단순한 노동가치설을 벗어나 토지의 희소성의 영향을 고려하지 않으면 안 된다.

그러면 이러한 상태는 어느 정도까지 악화될 수 있는가? 맬더스는 인구의 압력이 노동자들로 하여금 최저생활수준에 처하게끔 하는 경제상태로 몰고 갈 것이라고 생각하였다. 그의 설명은 다음과 같다. 임금이 최저생활수준(생존수준)보다 높을 때는 인구는 계속 증가하며 이에 따라 임금이 하락하고 반대로 임금이 최저생활수준보다 낮을 때는 기아에 시달려 인구는 감소한다. 임금수준이 생존수준과 같을 때에만 인구의 수준이 일정하게 유지될 수 있다. 따라서 노동자는 생존을 유지하는 수준에서 살아가도록 운명 지워져 있다는 것이 맬더스의 생각이었다.

그러나 맬더스가 미처 보지 못했거나 과소평가한 요소가 있다. 그는 발명이나 기술이 중요한 역할을 할 수 있다는 것을 미처 생각하지 못하였던 것이다. 그는 수확체감의 법칙을 무효화할 뿐 아니라 나아가서 수확체증까지도 야기시킬 수 있는 기술혁신이 일어날 수 있다는 사실을 전혀 예상하지 못하였다. 그는 19세기의 문턱에 있었기 때문에 다가올 두 세기가 역사상 가장 위대한 과학적 진보를 보여 주리라는 점을 예상하지 못한 것이다. 황금시대에서의 발명이 경제의 성장속도를 가속화시키듯이 고전파세계에서의 기술혁신도 성장을 가져오는 요인이 되며 잃어버린 낙원을 회복시킬 수 있는 열쇠가 되는 것이다.

스미스(A. Smith)의 황금시대와 맬더스(T. R. Malthus)의 생존시대에서의 경제성장과정을 그림으로 보여주는 것이 [그림 12-1]과 [그림 12-2]이다. [그림 12-1]은 스미스의 황금시대에서의 경제성장과정을 보여주고 있다. 여기서는 토지에 의한 제한이 없다. [그림 12-1]에서 보여주는 것이 생산가능성곡선이다. 생산가능성곡선(PPC)은 한 국가에 존재하는 모든 생산요소를 동원하여 일정기간동안에 생산할 수 있는 산출량의 크기를 나타내며 이것이 바깥으로 이동하는 것은 경제성장을 나타낸다. 예를 들어 PPC_1은 모든 자원(노동 2단위)을 동원하여[75] 1년 동안에 생산가능한 산출량을 나타

75) 이 경우에는 자본은 거의 없고 자연자원인 토지는 무한히 있기 때문에 제약이 되지 않고 노동만이 실제로 중요한 자원이다. 그런데 현재 노동이 2단위 존재하고 있다고 가정한다.

낸다. 노동 2단위로 옷감(C)을 생산한다면 200단위를 생산할 수 있고 농산물(F)을 생산한다면 100단위를 생산할 수 있으며 옷감과 농산물을 적절히 배합하여 생산할 수도 있다는 것을 나타내어 주는 것이 PPC_1이다. 만약 노동이 두 배가 되어 4단위로 증가한다면 생산가능성곡선은 바깥으로 모두 두 배만큼씩 확대되어 PPC_2가 되며 생산량은 두 배가 된다.

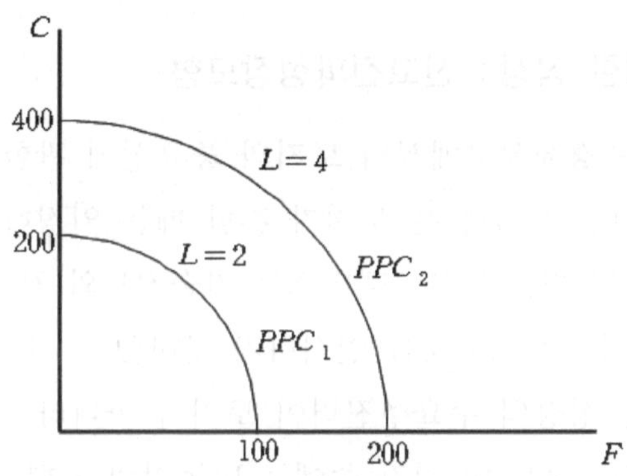

[그림 12-1] 스미스의 황금시대

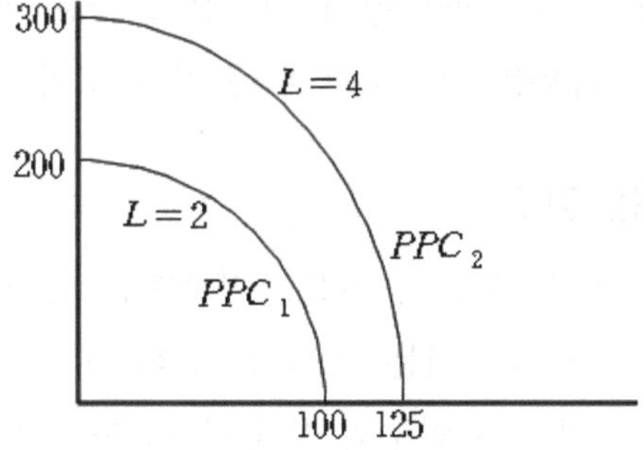

[그림 12-2] 맬더스의 생존시대

[그림 12-2]는 맬더스의 비관론을 보여주는 것으로 여기서는 토지가 한계에 도달하여 생산활동에 제약을 가하는 상태이다. 현재의 상태가 PPC_1으로 주어져 있다. 그런데 노동량이 두 배가 되어 L=4가 된다면 생산량은 두 배로 늘어나지 않고 적게 늘어나며 따라서 1인당 배분량은 줄어들게 된다. 이러한 상황이 지속되면 결국 노동자들은 생존수준에서 살아가게 된다는 것이다.

2. 자본축적에 의한 성장 : 신고전파성장모형

지금까지 우리는 경제성장에서의 토지의 중요성에 관한 견해를 강조하였다. 노동생산성(1인당 산출량)은 토지가 흔할 때는 일정하지만 토지가 귀해지면 감소한다는 것이다. 그러나 맬더스는 기술진보와 자본축적이 수확체감의 법칙을 극복할 수 있다는 것을 인식하지 못하였다. 또 19세기 초 이후의 경제발전의 역사는 성장의 주요추진력이 토지가 아니라 자본축적과 기술진보였다는 것을 보여 준다. 이 기간 중에는 발동기의 출현과 철도의 보급, 철강산업의 발전, 그리고 전기와 자동차의 발명을 이루었다. 이러한 사실을 정형화한 것이 솔로우(R. Solow)교수의 신고전파성장모형(neoclassical growth model)이다. 신고전파모형의 새로운 요소는 자본과 기술변화이다. 먼저 이 모형의 주요 내용을 살펴보고 뒤에 가서 정형화된 모형을 살펴본다.

1) 기술진보가 없는 경우

먼저 몇 가지 가정을 살펴보자. 자본축적모형은 산출량이 두 가지 생산요소(자본과 노동)에 의해 생산되는 경제를 가정하고 있다. 그리고 맬더스의 접근방법과는 달리 여기서는 인구와 노동이 사회적 조건(예컨대, 이민이나 전쟁 등)에 의해서는 변화하지만 경제적 요인에 의해서는 변화하지 않는 비경제적 변수로 취급된다. 즉, 노동증가는 외생적으로 주어진다. 반면 자본량과 기술수준이 중요한 경제변수로 취급된다. 그러나 우선 기술상태는 일정한 것으로 가정한다. 기술혁신과 기술의 변화는 뒤에서 살펴본다.

스미스-맬더스의 고전파세계에서는 토지에 비하여 노동이 상대적으로 더 빨리 증가하였다. 그러나 신고전파 모형에서는 노동에 비하여 상대적으로 더 빨리 증가하는 것은 바로 자본(실물자본)이다. 그러면 자본이란 무엇을 말하는가? 자본은 경운기, 컴퓨터, 공작기계 등과 같이 더 많은 재화를 생산하는데 사용될 수 있는 다양한 유형재의 전체를 말한다.[76] 그러면 자본이 노동에 비하여 상대적으로 더 빨리 증가할 때[(자본심화: capital deepening)가 있을 때][77] 1인당 생산량은 어떻게 변화하나? 그 영향은 토지가 일정한데 노동이 증가할 때 일어나는 것과 같을 것이다. 다만 여기서는 노동이 일정한데 자본이 증가하는 경우가 된다. 이러한 자본심화의 경우에는 자본이 노동보다 더 빨리 증가하므로 기술혁신이 없는 한 수확체감의 법칙(law of diminishing return)이 작동한다. 이제 자본심화의 영향을 단계적으로 간추려 보자.

① 자본심화가 있으면 산출량은 증가할 것이다. 그러나 자본량의 증가에 비례하여 증가하지는 않을 것이다.

② 자본심화에 따라 자본의 수익률은 하락할 것이다.

③ 임금은 어떻게 되나? 자본심화가 있게 되면 각 노동자는 이제 더 많은 자본을 갖고 일할 수 있기 때문에 그의 한계생산물은 증가한다. 따라서 노동자들은 이제 자본가에게 이전보다 더 중요하게 되며 따라서 실질임금률(시간당 실질임금)은 상승하게 된다.

④ 그리고 산출량이 자본의 증가에 비례하여 증가하지 못하므로 기술변화가 없는 경우 자본-산출량비율(K/Y: 자본계수)은 상승할 것이다.

---

76) 자본이라는 말은 매우 애매하게 쓰인다. 여기서는 자본을 자본재와 같은 의미로 사용하기로 한다. 자본재(capital goods)란 기계나 도구 등과 같이 인간의 노동을 보다 효율적으로 만드는 물적 생산수단을 의미하는 것으로 사용한다. 자본의 측정은 매우 심오한 문제이므로 여기서는 단순하게 자본의 총량(이것을 K라고 함)을 갖고 논의한다.

77) 자본심화는 1인당 자본량이 증가하는 것을 말한다. 즉, K/L이 증가하는 것을 말한다. 그리고 K/L은 자본-노동비율(capital-labor ratio)이라고도 한다.

그러면 자본축적을 고려하고 있는 이 모형에서 장기균형상태에는 어떻게 될 것인가? 이 모형에서의 균형상태란 실질임금률과 자본수익률이 더 이상 변화하지 않고 일정한 상태를 말하는데 이러한 실질임금률 불변의 전망은 토지증가가 고갈되고 인구는 증가하기 때문에 성장은 끝이 나고 1인당 소득은 생존수준으로 감소할 것이라는 맬더스의 우울한 전망보다는 상당히 낙관적이다.

이러한 자본축적의 영향을 정형화하여 살펴볼 수 있다. 대표적인 모형이 솔로우(R. Solow)의 신고전파성장모형이다. 솔로우는 우선 산출량(Y)이 두 개의 생산요소, 즉 노동(L)과 자본(K)에 의해 생산되며 총생산함수는 다음과 같다고 가정한다.

$$Y = f(K, L)$$

그리고 이 생산함수는 한계수확체감의 법칙과 규모에 대한 수익불변(constant returns to scale: CRS)의 성질을 갖고 있다고 가정한다. 그리고 CRS가 있는 경우 생산요소와 산출량을 L로 나누어주면 다음과 같다.

$$\frac{Y}{L} = f\left(\frac{K}{L}\right)$$

1인당산출량(Y/L)을 y라고 두고 1인당 자본량(K/L)을 k로 둔다면 이 식은 다음과 같다.

$$y = f(k)$$

이 식이 1인당 총생산함수(aggregate production function: APF)이다. 이러한 관계를 그림으로 나타낸 것이 [그림 12-3]의 y=f(k)이다.

[그림 12-3]에서 보면 k(=K/L)가 증가함에 따라 1인당산출량(y)은 증가한다. k_1인 경우 1인당산출량은 y1이며 k가 k_2으로 증가하면 y는 y2로 증가한다. 그리고 자본이 더 흔해지기 때문에 자본의 한계생산물은 감소하고 따라서 자본수익률은 감소하며, 노동의 한계생산물은 증가하므로 실질임금율

은 상승한다. 반대로 만약 1인당자본량(k)이 감소한다면 1인당산출량(y), 즉 노동생산성은 감소할 것이며 따라서 생활수준은 하락할 것이고 자본수익율은 상승하고 실질임금은 하락할 것이다. 전쟁이나 자연재앙으로 생산설비가 대규모로 파괴된다면 이러한 사태가 발생할 것이다. 우리나라가 외환위기이후 대규모 부도사태로 막대한 자본시설이 폐기되거나 재기능을 발휘할 수 없게 되고 있는데 이러한 것은 생산성을 떨어뜨리게 될 것이다. 그러다가 시간이 흐르면서 자본축적이 다시 되면, 즉 자본심화가 되면 1인당산출량은 다시 증가할 것이다.

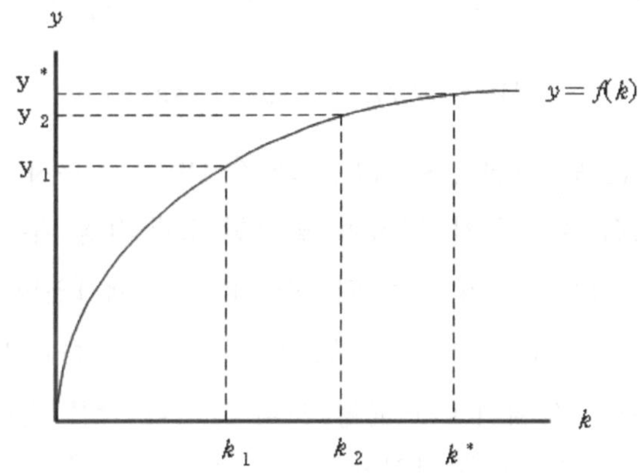

[그림 12-3] 1인당 총생산함수

그러면 장기적으로는 어떻게 될 것인가? 기술진보가 없는 경우에 장기균형상태는 어떻게 될 것인가? 궁극적으로 자본-노동비율(k)은 상승을 멈출 것이다. 장기에는 이 자본심화가 멈추고 1인당산출량(y)도 일정하게 유지되고 실질임금의 상승도 멈추고 자본수익율(그리고 실질이자율)도 일정하게 되는 상태에 도달하게 될 것이다. 이 상태를 장기정상상태(long run steady state)라고 한다.

그러면 장기정상상태는 언제 달성되는가? 즉, 장기균형자본노동비율(k)

은 어떻게 결정되는가? 솔로우모형의 균형은 자본-노동비율(k)의 변동과 저축에 의해 유도된다. k(=K/L)의 변화율은 K의 변화율에서 L의 변화율을 뺀 것과 같다.

$$\Delta k/k = \Delta K/K - \Delta L/L$$

그리고 자본량의 변화는 투자(I)와 같으며(ΔK=I) 균형에서 투자는 저축과 같기 때문에 ΔK = S= sY가 된다. 여기서 s는 저축률이다. 그리고 솔로우는 저축률(s)과 인구증가율(ΔL/L=n)이 모두 일정하다고 가정하고 있다. 이 관계를 Δk/k = ΔK/K - ΔL/L에 대입하고 양변을 k로 곱하면 다음과 같다.

$$\Delta k = sY/L - k(\Delta L/L)=sy-kn$$

이 식의 의미는 단순하다. sy항은 노동자 1인당의 투자액이고 kn항은 자본-노동비율(k)을 유지하기 위하여 필요한 노동자당 투자액이다. 따라서 실제투자액과 필요투자액이 같을 때, 즉 Δk=0일 때 1인당 자본(k)은 더 이상 변화하지 않으며 따라서 균형이 된다는 것이다. Δk=0인 균형상태의 k는 $k^* = sy/n$ 이 된다. 실제의 k가 균형k보다 크거나 작은 경우에는 k^*로 수렴한다. 이 k는 완전고용과 균형성장을 동시에 만족시키는 k이다. 이 정상상태에서는 y도 y*에서 일정하게 된다. 그리고 정상상태에서의 k와 y의 값은 인구증가율(n)과 저축률(s)에 의하여 영향을 받는다.

기술진보가 없는 경우의 솔로우 성장모형에서는 1인당산출량(소득)은 실물자본이나 인간자본(축적된 인간지식) 등의 자본의 증가와 더불어 증가한다. 그러나 자본의 증가는 성장율을 지속적으로 증가시키지는 않는다. 기술진보가 없는 경우에는 결국 소득과 임금은 정체된다. 이것은 맬더스의 예측보다는 낫지만 이 장기균형은 만약 경제성장이 자본축적만으로 이루어진다면 생활수준은 궁극적으로는 상승을 멈출 것이라는 것을 보여준다. 솔로우모형에 따르면 만약 나라에 따라 성장율이 다르다면 그것은 각 나라들이 정상상태(steady state)로 가는데 있어서 서로 다른 단계에 있기 때문이다. [그림 12-3]에서 현재의 k가 k^*에 이르는 과정을 경제성장이라고 할 때 시간이 지남에 따라 자본심화가 일어나고 이에 따라 성장률이 낮아지게 되므로 각 나라의 성장률은 현재의 위치에 따라 서로 다르다고 볼 수 있다. 현재 k_1에 있는 나라는 k_2에 있는 나라보다 더 빠른 성장률을 나타낼 것이다. 따라서 솔로우모형에 따르면 초기에는 소득수준이 다르던 각 나라의 1인당 산출량이 언젠가는 다같은 수준으로 수렴하게 된다는 것을 의미한다. 따라서 현재 부유한 나라는 가난한 나라보다 더 느리게 성장한다. 그리하여 시간이 흐름에 따라 부국과 빈국의 일인당소득은 수렴하게 된다. 이러한 결과를 소득수렴의 가설이라고 한다. 그러나 1인당 총생산함수가 동일하다고 하더라도 저축률(s)과 인구증가율(n)이 다르면 각 나라가 수렴하는 1인당자본(k)과 1인당산출량(y)이 달라지게 된다. 따라서 저축률과 인구증가율이 다르면 두 나라가 같은 소득수준으로 수렴하지 않는다.

2) 기술진보가 있는 경우

그런데 이러한 소득수렴의 가설은 현실적으로, 실증적으로 부적합하다. 비관적인 맬더스의 견해나 임금과 자본수익률이 일정하게 유지된다는 자본축적모형의 견해에 부합되는 사실을 역사적으로 거의 찾아볼 수 없다. 20세기에 실질임금이 결코 정체되지 않았다. 그 이유는 바로 기술진보에 있다. 과학, 기술 및 경영상의 꾸준한 발명이 서구제국의 생산가능성을 광범하게 개선하였다. 발명과 기술적 지식의 증대는 한 단위의 생산요소가 생산해 낼 수 있는 생산량을 증가시켰다. 아마 발명이 없었다면 이윤률 하락에 관한 마르크스(K. Marx)의 예언이 옳은 것으로 입증되었을는지도 모른다. 발명이 자본의 생산성을 높이고 자본수익률(또는 이윤률)하락의 법칙을 무력하게 만들었다. 수확체감과 기술진보사이의 각축전에서 기술이 상당히 앞섰다. 그리하여 역사는 지금까지 발전하여 왔다. 이와 같이 발명이나 기술적 지식의 확대에 의하여 생산요소의 단위당 생산량을 증대시키는 것, 즉 생산요소의 생산성을 향상시키는 것을 기술진보(technological progress)라고 한다.

이러한 기술진보가 있으면 [그림 12-4]에서 보는 것처럼 총생산함수(APF)를 위로 이동시킨다. 이러한 기술진보에 의해 자본심화(k)가 있을 때 정상상태에 머무르는 것이 아니라 1인당산출량(y), 임금율, 이윤율, 그리고 생활수준의 상승을 가져 온다. 그러므로 소득수렴의 가설이 현실화되지 않는다. k가 k_{1960}에서 k_{2000}로 증가함에 따라 일인당 산출량이 y_{2000}으로 상승하게 된다.

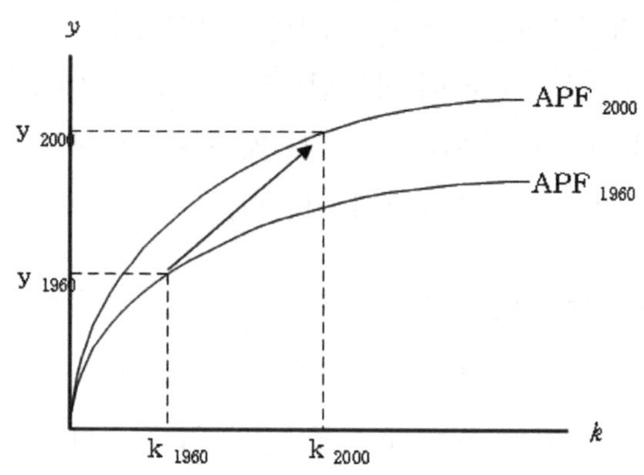

[그림 12-4] 솔로우모형에서의 기술진보

이 솔로우 모형에서는 장기적인 경제의 성장률(y의 증가율)은 기술과 같은 외생적인 요인에 의하여 결정된다는 것이다. 이 모형에 의하면 모든 시장경제가 같은 기술진보율을 갖는다면 궁극적으로 같은 성장률에 도달할 것이라는 것을 제시한다.[78] 또한 이 모형은 장기성장률이 정책입안자의 능력에서 벗어난 것으로 가정하고 있다. 저축률은 단지 산출량의 수준에만 영향

78) 총생산량은 인구증가율과 기술진보율의 합의 비율로 증가한다. 그러나 1인당 산출량(y)은 기술진보율의 비율로 증가한다.

을 미치지 장기성장률에는 영향을 미치지 않는다는 것을 주목할 필요가 있다. 저축률의 상승은 더 많은 자본축적을 가능하게 하고 이로 인해 노동생산성과 산출량수준을 증가시키기 때문에 성장률을 일시적으로만 상승시킬 수 있을 뿐이다.

이러한 중요한 역할을 하는 기술변화를 외생적으로 취급하는 것이 솔로우의 신고전파성장모형의 한계이다. 이 모형에서는 기술진보를 외생적으로 간주하기 때문에 기술변화가 노동 및 자본생산성에 미치는 영향을 고려하지 못한다는 약점을 가지고 있다. 이러한 기술변화의 외생성을 극복하고 이를 내생화한 것이 바로 내생적 성장모형이다.

내생적 성장모형을 살펴보기 전에 기술진보의 성질에 대하여 간략히 살펴보자. 모든 발명은 공평한 것이 아니다. 어떤 기술은 자본을 적게 쓰게 하고 어떤 기술은 노동을 절약하기도 한다. 기계와 트랙터는 노동의 필요성을 감소시키고 자본에 대한 수요를 증가시킨다. 그런 까닭에 이러한 발명은 노동절약적 기술진보라고 한다. 이러한 발명은 국민소득에서 임금에 비해 이윤(자본의 몫)의 비중을 증가시키게 마련이다. 2부제 공장운영과 같은 경영상의 신조직의 도입과 같은 것은 노동소요량보다 자본소요량을 더 많이 감소시키는 발명이므로 이러한 발명은 자본절약적 기술진보라고 할 수 있으며 이 경우에는 이윤에 비해 임금의 비중을 상승시킨다. 그 중간에 있는 기술진보의 형태가 중립적 기술진보인데 여기서는 노동과 자본의 상대적 소요량에 거의 영향을 미치지 않으며 따라서 이윤과 임금의 비중도 변화하지 않는다. 산업혁명이래로 발명은 평균적으로 볼 때 노동절약적인 형태로 이루어져 왔다.

3. 내생적 성장모형

최근에 널리 언급되고 있는 내생적 성장모형은 로우머(P. Romer)에 의해 제시되었는데 로우머에 따르면 전통적인 성장모형은 실증적인 관측, 즉 장기적으로 볼 때 각국의 성장률은 점차 가속화되어 왔으며 나라사이의 성장률은 상당한 차이를 보여 왔다는 실증적 관측을 설명하지 못하고 있다는 것이다. 내생적 성장이론은 장기적 성장이 외생적 요인에 의해서가 아니라 경제적 유인에 의해 내생적으로 결정된다는 관점에 의거하고 있다. 이 형태 중에서 가장 일반적인 모형에서는 발명은 의도적인 것이며 미래에서의 혁신비용을 낮추는 기술적 전파를 야기한다고 주장하고 있다. 따라서 이들 모형에서는 기술혁신율과 장기성장률을 결정하는데 있어서 교육받은 노동력이 특별히 중요한 역할을 수행한다. 요컨대, 내생적 성장이론에서는 경제가 장기균형상태에 있더라도 지속적인 성장이 가능하다고 주장하고 있다. 경제가 성숙단계에 진입하더라도 과거 자본축적단계의 높은 성장률 유지가 가능하다는 것이다.

솔로우 모형에서는 기술진보가 경제적 힘에 의해 설명되는 것이 아니라 외생적으로 주어진다는 가정 때문에 문제가 있다. 반면에 슘페터(J. Schumpter) 등은 혁신자가 새로운 방법을 찾아내는 것이 경제적으로 이득이 된다는 것을 알기 때문에 기술진보라는 것이 일어난다고 강력히 주장하고 있다. 기술진보는 이윤에는 무관심한 과학자의 활동에 의해 일어나는 것이 아니다. 슈무클러(J. Schmookler)는 여러 산업의 주요한 발명의 기록을 훑어보고 발명이든 발견이든 순수한 과학적 호기심의 결과로만 나타난 예는 하나도 없었으며 그 발명의 유인은 이윤 이론이 의미하는 것은 생산성의 증가가 자연의 외생적인 요인이나 행운에 관계된다고 보기 보다는 그 나라의 경제구조와 경제정책에 관련될 수도 있다는 것이다. 솔로우모형의 가장 큰 문제는 추가적인 외생적 기술진보가 없는 한 언젠가는 1인당 산출량(소득)의 성장이 멈출 것이라는 가설인데 만약 성장이 내생적이라면 각 나라의 성장율은 그들의 1인당소득수준과는 관계없이 많은 차이가 있게 될 것이다.

연구개발(research and development)은 새로운 생산물을 창조해 이윤을 얻기 위해 수행되고 있다. 그러나 모든 새로운 생산물은 인간의 지식에 축적이 되고 그 지식이 축적됨에 따라 혁신의 비용(innovation cost)은 감소한다.[79] 헤어드라이어는 진공소제기에 의해 제안되었으며 운동화는 경화고무의 발명에 의해 가능해졌다. 이렇게 보면 경제의 성장률은 새로운 생산물의 도입율과 직접적으로 관련되어 있다고 볼 수 있다.

최근에 제시되고 있는 내생적 성장모형의 일부는 새로운 생산물의 도입이면에 있는 과정을 찾아보려고 노력하고 있다. 이들 모형에서는 축적된 인간지식수준이 높을수록 기술진보는 더 빠른데 그 이유는 인간지식수준이 증가함에 따라 혁신의 비용이 떨어지기 때문이라고 설명하고 있다. 솔로우모형과는 달리 다른 생산요소가 주어져 있을 때 자본의 한계수확체감현상은 없다. 따라서 자본수준이 증가하면 지속적으로 성장률의 증가를 유발할 수 있게 된다. 따라서 상대적으로 자본량이 더 많고, 교육받은 인구가 더 많고, 인간지식의 축적에 유리한 경제적 환경을 가진 나라에서 소득성장률은 항상 더 빠른 경향이 있게 된다.

솔로우 모형과 내생적 성장모형은 성장률을 결정하는데 있어서 무엇이 중요하고 무엇이 중요하지 않은지에 대해 다른 의미를 갖고 있다. 이러한 모형을 지침으로 하여 학자들은 경제성장률을 결정하는 것으로 보이는 여러 요인들의 역할을 추정하려고 노력하여 왔다. 현실경제가 기술진보와 장기성장이 경제적 요인에 의해 영향을 받는 내생적 모형과 같이 움직이느냐, 아니면 기술진보와 성장의 결정요인이 외생적인 솔로우 성장모형과 같이 움직이느냐 하는 질문은 매우 중요하다. 왜냐하면 그 해답에 따라 각국이 그들의 성장률에 어떻게 영향을 미칠 수 있는지를 알 수 있기 때문이다. 이 문제는 물론 대답하기가 매우 어려운 문제이다. 왜냐하면 기술진보는 매우 장기적인 현상이며 관측하는데 긴 세월이 소요되기 때문이다.

예를 들어 살펴보자. 만약 우리나라가 대학등록금을 없애고 대학교육에 보조금을 지급하기로 결정하였다고 가정하자. 만약 솔로우모형이 정확히 현실을 반영한다면 우리나라는 인간자본의 축적에 대한 투자의 증가로 인해

79) 솔로우모형에서는 이러한 혁신비용은 불변이다.

더 높은 소득수준으로의 이행과정에서 더 빠른 성장률을 경험할 것이지만 소득의 성장은 항구적으로 지속되지는 않을 것이다. 반면 만약 내생적 성장모형이 현실을 더 잘 반영한다면 인간자본의 축적의 증가로 더 높은 소득뿐 아니라 성장률도 항구적으로 더 높아질 것이다. [그림 12-5]와 [그림 12-6]은 두 모형의 경우를 보여주고 있다.

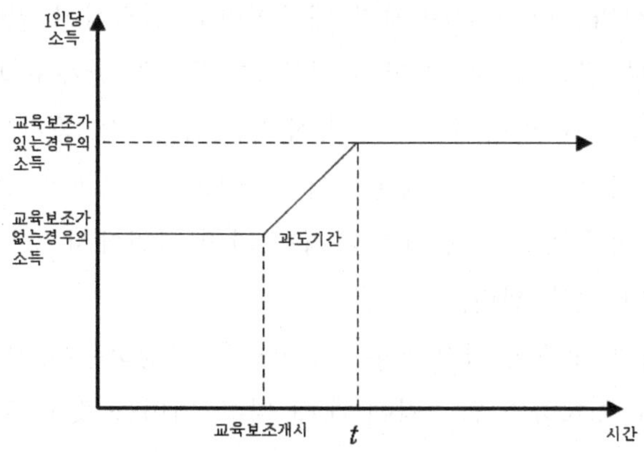

[그림 12-5] 솔로우모형 : 교육보조에 기인한 소득의 증가

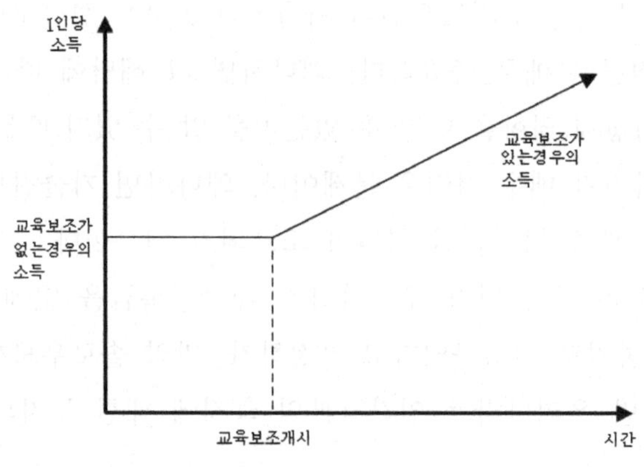

[그림 12-6] 내생적 성장모형 : 교육보조에 기인한 소득의 증가

문제는 단기에서는 어느 모형이 더 적합한 것인지를 구분하기 어렵다는 것이다. 양 모형은 둘 다 무료대학교육이 우리나라의 성장률을 증가시킬 것이라는 똑같은 단기적 전망을 하고 있다. 그러나 두 모형사이의 구별은 단지 장기에서만 가능하다. 솔로우 모형에서는 장기에서 성장이 없고 내생적 성장모형에서는 장기에서도 성장이 가속화된다. [그림 12-5]에서 솔로우 모형에서는 t기에서 다시 정상상태가 되면 성장은 정체되고 그 상태가 지속적으로 유지된다. 그러나 장기적인 현상을 관측하기가 쉽지 않기 때문에 어느 모형이 현실적인지 판단이 어렵다.

연구에 의하면 경제성장이 나라에 따라 다른 이유로 여러 가지 요인을 강조하고 있다. 내생적 성장모형이 갖는 현재의 유행 때문에 대부분의 최근의 연구는 인간자본(human capital)의 축적에 초점을 맞추고 있다. 그러나 생산에 대한 투입물로서의 인간자본은 솔로우 모형에서도 중요하다. 인간자본에 덧붙여 그 나라의 경제환경도 경제성장에 중요한 역할을 수행할 수 있다. 예컨대, 내적 경쟁구조, 대외개방도, 정치적 안정성, 그리고 정부의 효율성도 혁신적 활동과 경제성장에 영향을 미칠 수 있다.

교육받은 인구의 비중이 경제성장에 핵심이라는 것을 제시하는 실증분석들은 많이 있다. 더 많은 교육받은 노동력이 있으면 더 빠른 기술진보(각 개인은 다른 사람의 아이디어에 서로 의존함으로써)가 가능하기 때문에, 또는 단순히 생산능력이 추가되기 때문에 성장률은 높아진다.

그리고 평균수명이 높을수록 경제성장률은 높은 것으로 나타났다. 평균수명은 노동인력의 건강상태와 직접적인 관계가 있을 뿐 아니라 오랫동안 축적된 개인의 경험으로 인적자본의 질이 높아지기 때문이다. 또한 출생률이 낮을 때 경제성장률이 높은 것으로 분석되었다. 출생률이 높아 인구가 늘어날 때, 새롭게 추가되는 투자는 1인당 자본량을 증가시키는 것보다 감소시키는 경우가 많기 때문이다. 이는 '높은 출생률→노동공급 증가→노동투입량 증가→경제성장률 상승'으로 이어지는 전통적인 성장이론과 상반되는 입장이다.

그 나라의 정치적환경이 얼마나 경제성장에 영향을 미칠 것인가? 극단적으로 불안정한 정부(예컨대 급격한 정책변화가 많고 그것을 용인하는 정부)는 미래에 대한 불안정을 유발할 것이며 미래발전을 위한 투자유인을 감소시킬 것이다. 배로(R. Barro)교수는 교육, 소득, 그리고 정부소비수준을 일정하게 둘 때 정치적 불안정(혁명의 수와 정치적 암살의 수로 측정)이 1인당 GDP성장을 감소시킨다고 추정하고 있다. 예컨대 배로에 의하면 만약 한국의 경우 정치적 안정이 있었다면 1960-1985년 기간 동안에 연간 5.25%가 아니라 6.25%의 성장률을 기록했을 것이라고 추정하고 있다. 정치적 불안정이 성장에 마이너스의 영향을 미친다면 정부의 크기는 성장에 어떠한 영향을 미칠 것인가? 배로교수에 의하면 총GDP에서 차지하는 정부지출(국방과 교육비는 제외)의 비중이 클수록 성장과 투자는 더 낮게 된다. 배로는 또한 정부투자가 경제성장에 통계적으로 유의한 영향을 미치지 않는다는 것을 보이고 있다. 정부는 정부지출을 통하여 민간의 생산성을 증가시키려고 시도하지만 실증적 근거에 의하면 그러한 효과는 없으며 때로는 성장을 감소시키기도 한다는 것이다. 높은 정부지출은 민간저축을 감소시키고 조세와 정부지출사업에 의해 왜곡현상을 야기시킴으로써 높은 정부지출에 의해 성장이 하락하는 것으로 보인다.

개방경제가 폐쇄경제보다 더 빨리 성장하는가? 실증적 자료에 의하면 그 대답은 그렇다는 것이다. 국제무역에 개방되어 있는 나라는 더 빠른 기술진보와 더 빠른 경제성장을 경험하고 있다. 왜냐하면 새로운 기술을 개발하는 비용은 더 많은 고기술재화가 이용가능하게 됨에 따라 하락하기 때문이다. 다시 말하면 무역은 더 다양한 재화와 기술을 이용가능하게 끔 만들기 때문에 성장을 증가시킨다.

드롱(J. De Long)과 서머스(L. Summers)는 설비투자가 경제성장에 잠재적으로 큰 영향을 미친다고 주장하고 있다. 그들은 신기술이 새로운 형태의 기계로 구현되는 경향이 있다고 설명하고 있다. 요컨대 인간자본 또는 실물자본을 증가시키는 요소들은 경제성장과 기술진보를 높이는 경향이 있으며 투자유인을 감소시키는 요인이나 시장의 기능을 방해하는 요인(정부소비지출, 정치적 사회적 불안정, 무역장벽, 사회주의 등)은 성장을 감소시키는 경향이 있다.

12.4 경제성장의 원천

이번에는 경제성장에 영향을 미치는 각 요소가 경제성장에 얼마만큼 기여하는지에 대하여 살펴보자. 이러한 경제성장의 원천에 대한 이론은 솔로우(R. Solow), 켄드릭(J. Kendrick), 그리고 데니슨(E. Denison) 등에 의해 정립되었다. 이들이 하는 방법은 흔히 성장회계(growth accounting) 접근방법이라고 불린다.

경제성장이론을 살펴보면서 우리는 경제성장은 독립적인 3가지의 원천, 즉 노동, 자본, 그리고 기술진보에 기인한다는 것을 보았다. 우선 노동과 자본의 성장기여도를 보기 위해 기술변화를 무시하고 규모에 대한 수익불변(CRS)을 가정한다.[80)]

만약 노동이 1% 증가하고 자본이 5% 증가한다면 산출량은 얼마나 증가할 것인가? 산출량은 1%와 5%의 평균인 3%로 증가하리라고 추측할 수도 있을 것이다. 그러나 그렇지 않다. 왜냐하면 두 생산요소가 동일한 몫으로 생산에 기여하는 것이 아니기 때문이다. 산출량 전체의 약 3/4은 임금으로서 노동에 주어지고 산출량의 1/4은 이자 및 이윤으로 자본의 몫으로 주어진다고 가정한다면 이는 노동의 성장률이 자본보다 3배의 가중치를 갖는다는 것을 의미한다. 그래서 산출량은 연간 2%(3/4×1% +1/4×5%)로 성장한다는 것이 정확한 계산이다.

80) 규모에 대한 수익불변(constant returns to scale: CRS)는 자본 1%의 성장과 노동 1%의 성장이 생산량의 1%성장을 가져온다는 것을 의미한다.

이러한 투입량의 증가에 덧붙여 기술진보를 첨가함으로써 우리는 모든 성장원천을 갖게 된다. 그러므로 산출량의 연간성장은 다음과 같은 관계에 따른다.

$$\text{Y성장률} = \frac{3}{4}(\text{L성장률}) + \frac{1}{4}(\text{K성장률}) + \text{기술변화기여율}$$

여기서 Y는 산출량, L과 K는 각각 노동과 자본을 나타내며 3/4와 1/4는 각각 노동과 자본이 산출량에서 점하는 비율이며 이들이 변한다면 새로운 값으로 대체되어야 할 것이다.

그리고 만약 1인당 산출량의 성장원천을 규명하려고 한다면 다음과 같은 식을 이용할 수 있다.

$$\frac{Y}{L}\text{성장률} = \frac{1}{4}\left(\frac{K}{L}\text{성장률}\right) + \text{기술변화기여율}$$

이 식을 보면 기술변화를 무시할 때 자본심화가 1인당산출량(y)에 어떤 영향을 미칠 것인가를 명확히 알 수 있다. 1인당산출량은 수확체감의 법칙을 반영하여 1인당 자본의 증가율의 1/4만큼의 비율로 증가한다.

마지막으로 언급할 문제는 K와 L의 비중뿐 아니라 Y, K, 그리고 L의 성장률은 모두 측정할 수 있는데 기술변화는 어떻게 측정하느냐 하는 문제이다. 사실 기술변화는 측정하기 곤란하다. 그래서 우리는 기술변화의 기여율을 나머지로 보고 다음 방식에 의해 계산한다.

$$\text{기술변화기여율} = \text{Y성장률} - \frac{3}{4}(\text{L성장률}) - \frac{1}{4}(\text{K성장률})$$

$$\text{기술변화기여율} = \frac{Y}{L}\text{성장률} - \frac{1}{4}\left(\frac{K}{L}\text{성장률}\right)$$

이러한 기술변화기여율을 흔히 솔로우 잔차(Solow residual)이라고 한다.

美 경제 73년 만에 최악 성장

신종 코로나바이러스 감염증(코로나19)이 예상대로 미국과 유럽 최대 부국 독일의 경제를 집어 삼켰다. 감염병 확산 여파로 미국의 올해 2분기(4~6월) 경제성장률이 무려 -32.9%를 기록했다. 독일 역시 두 자리 수(-10.1%) 역성장을 피해가지 못했다. 두 나라 모두 관련 통계 작성 후 최악의 수치다. 여전히 맹렬한 코로나19 기세를 감안할 때 당분간 세계 경제가 침체 국면에서 벗어나기는 힘들 것으로 보인다.

미 상무부는 30일 2분기 국내총생산(GDP) 증가율이 32.9%(연율) 감소했다고 밝혔다. 글로벌 금융위기 당시인 2008년 4분기(-8.4%)를 훌쩍 뛰어 넘는 하락폭이다. 블룸버그통신은 "1947년 분기별 성장률 통계를 공표하기 시작한 이후 최대 낙폭"이라고 전했다. 미 성장률은 코로나19 사태가 본격화한 1분기에 -5.0%를 기록, 6년 만에 마이너스 성장으로 돌아선 데 이어 2분기 침체가 더욱 가속화했다.

이미 2분기 미 경제의 추락은 예견돼 왔다. 대다수 경제분석 기관들도 -35% 안팎의 성장을 점쳤다. 3월 말부터 코로나19 감염·사망이 미 전역에서 폭증하면서 단계적 봉쇄 조치가 가동됐고, 이후 확산세가 꺾이지 않았다. 이 기간 거의 모든 주(州)에 자택 대기명령이 내려졌고, 식품점과 약국 등을 제외한 비필수 업종과 공장, 영업장도 전부 문을 닫았다. 때문에 미 경제의 70%를 차지하는 소비가 급격히 위축된 것이 2분기 마이너스 성장의 최대 원인으로 지목된다.

경기 폭락의 바로미터인 실업자 증가에서도 2분기 최악의 역성장이 예상됐다. 3월 셋째 주 신규 실업수당 청구가 330만건을 찍은 뒤 같은 달 넷째 주 687만 건으로 치솟는 등 18주 연속 주당 수당 청구가 100만건 이상을 기록했다. 역시 미 노동부가 1967년 집계 개시 이후 최고치다. 4월에만 미국 내 일자리가 2,000만개 이상 사라졌다.

전망도 암울하기만 하다. 전날 기준 미국 내 코로나19 누적 확진 환자와 사망자는 각각 441만4,834명, 15만447명을 기록했다. 사망자만 전 세계 희생의 22%에 달한다. 경제 재개 후 플로리다와 텍사스 등 남·서부 주들을 중심으로

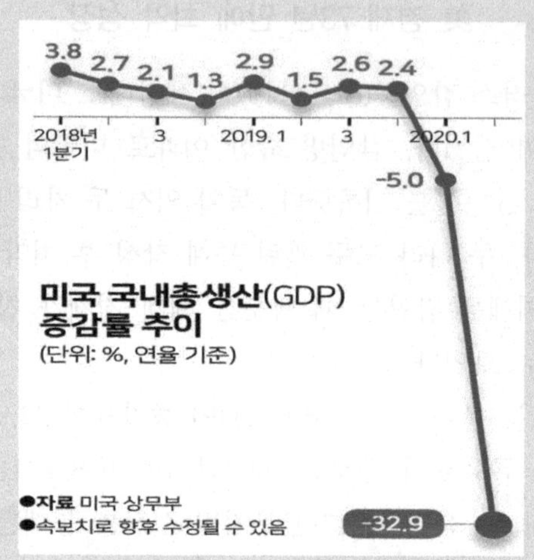

'2차 확산' 기류가 뚜렷해지면서 신규 발병 추세도 가팔라지고 있다. 지난달 30만~40만 명이던 일일 신규 확진자는 이달 들어 한 때 70만 명을 웃돌기도 했다.

금융당국도 공개 경고를 내놨다. 미 중앙은행인 연방준비제도(Fed)의 제롬 파월 의장은 전날 '제로금리(0~0.25%)' 유지를 결정하면서 "최소한 연말까지 긴급 처방을 계속 써야 할 것"이라며 코로나19 억제가 미 경제를 회생시키는 유일한 방법이라고 강조했다. CNN방송은 "공중보건과 경제위기의 조합은 미 역사상 전례가 없었다"면서 "아직도 1,500만개가 넘는 일자리가 회복되지 못하고 있다"고 진단했다.

〈한국일보, 2020.07.30.〉

연습문제

01 홍삼나라의 국민총생산함수가 $Y = AL^{\frac{1}{2}}K^{\frac{1}{2}}$로 주어진다. 지난 1년 간의 자료를 분석한 결과 국민총생산 증가율이 10% 노동증가율이 4%, 자본증가율이 4%로 나타났다. 지난 1년간 총요소생산성증가율을 구하여라. (단, Y는 국민총생산, L은 노동, K는 자본이다.)

02 인삼나라의 1인당 소득은 다음 표와 같다. 인삼나라 1970년–2029년에 1인당 소득 증가율과 2050년–2104년 1인당 소득 증가율을 구하여라.

년도	1인당 소득 (달러)
1970	2525
2029	7100
2050	11720
2104	36880

※ (3~4) 신고전파성장모형에서 1인당 생산함수는 $y = f(k) = 2k - 0.5k^2$이고, 1인당 저축은 0.3이고, 인구증가율은 0.03이다.

03 경제를 균형 성장시키는 k를 구하여라.

04 황금률과 대응하는 1인당 자본량을 구하여라.

※ (5~6) 1인당 생산함수는 $y = \sqrt{K}$ 이다. 저축률은 28%, 1인당 증가율은 1%, 기술진보속도는 2%, 감가율은 4%이다.

05 정상상태(steady state)의 산출량을 구하여라.

06 저축률은 10%로 인하하고, 인구증가율은 4%로 증가할 경우 정상상태(steady state)의 산출량을 구하여라.

07 신고전파성장모형에서 생산함수는 $y = 2k - 0.5k^2$, 1인당산출은 y, 1인당자본은 k, 저축률은 s=0.1이다. 인구증가율n=0.05, 자본감가율은 0.05이다. 정상상태(steady state)에서 1인당자본과 1인당산출량을 구하여라.

ANSWER

연습문제 정답

제2장 국민경제의 기초

1. ② 2. ① 3. ④ 4. ③
5. ④ 6. ③ 7. ③ 8. ①

제3장 균형국민소득 결정과 승수이론

1. 1000, 5, 5, −4
2. 40증가, 50감소, 200증가
3. 0.75, 0.9, 0.25, 0.1
4. 800
5. 8400, 7800, 6850, 950, −150, 4
6. 국민소득 5000증가, 소비 4000증가, 저축 1000증가

제4장 화폐수요과 균형 이자율

1. ④
2. 고전적 화폐수량설은 화폐의 유통속도와 완전고용 상태에서의 실질 생산량이 일정하므로 물가와 화폐량이 비례관계에 있다는 이론으로 시간 흐름에 따라 물가가 어떻게 변동하는지를 설명해주는 이론이다. 이 이론에 따르면 화폐의 유통속도는 제도적 요인 및 거래관습에 의해 일정한 상숫값을 가지고 실질국민소득은 언제나 완전고용 국민소득 수준에서 고정된 값을 갖는다. 따라서 화폐 공급량의 변화는 물가 변화를 가

져오므로 통화량과 물가는 정비례한다는 이론이다. 즉 유통되는 화폐의 양이 화폐가치를 결정하고 통화량 증가가 인플레이션의 주된 원인이 된다는 이론으로 이를 화폐의 중립성(monetary neutrality)이라고 한다.

3. ③ 4. ⑤ 5. ⑤

6. y=750+25r

제5장 화폐 공급과 통화량

1. 10억 원
2. 통화승수 5, 통화량 500억 원
3. 1,500만원 감소
4. ② 5. ③ 6. ①

제6장 IS-LM 분석

1. 90
2. IS가 좌측으로 이동, 70
3. ③ 4. 4 5. ③
6. 2,500

제7장 IS-LM 곡선과 재정·금융 정책

1. 정부 지출의 증가는 총수요(또는 총지출) 증가를 의미한다. 총수요의 증가는 생산량과 소득을 증가시켜 통화에 대한 거래수요를 증가시키고 통화 공급량이 변하지 않는 조건에서 늘어난 통화수요는 이자율을 상승시킨다. 이자율 상승은 투기동기의 통화수요를 감소시켜 통화시장의 균형을 이루게 된다. IS-LM 모형에서 LM곡선이 그대로 유지되고 IS곡선이 오른쪽으로 이동하여 총수요 증가로 소득과 이자율이 동시에 증가함을 알 수 있다.

   중앙은행이 통화공급을 늘리면 통화수요가 변하지 않는 조건에서 이자율은 감소한다. IS-LM 모형에서 IS곡선이 그대로 유지되고 LM곡선이 오른쪽으로 이동하여 이자율이 하락하고 국민소득은 상승함을 알 수 있다.

2. ①
3. ③
4. IS곡선 우측이동, LM곡선 좌측이동
5. 40,000억 달러
6. $r = \frac{6000}{10000} + \frac{0.1625}{10000} \times 40000 = \frac{500}{10000} = 0.05$

   $C = 800 + 0.63 \times 40000 = 26000$

   $I = 7500 - 20000r = 7500 - 20000 \times 0.05 = 6500$

   $G = 7500$

   $C + 1 + G = 26000 + 6500 + 7500 = 40000 = Y$

   GDP가 소비지출, 투자지출, 정부지출을 합한 값과 같다.

제8장 국민소득과 물가수준의 동시결정

1. ④　　2. ①　　3. ②　　4. ④

5. ④　　6. ①　　7. ②

제9장 국제수지와 환율

1. ①　　2. ①　　3. ④　　4. ③

5. 거짓

   국가간 자본이동이 완전할 때 이자율평가설에 의하면 두 국가 간의 이자율 차이만큼 환율의 상승(평가절하)이 예상된다. 이자율평가란 자본이동이 자유로운 경우 동일한 성격의 금융상품에 대한 수익률이 어느 나라에서나 같아진다는 것이다.

   국가 간 자본이동이 어려운 경우에는 이자율평가설이 성립하지 않는다. 현실적으로 이자율평가설이 성립하지 않는 이유는 거래비용의 존재, 국제 자본이동의 통제, 조세제도 등이 나라마다 다르기 때문이다.

6. 1250원/달러

제10장 인플레이션과 실업

1. 3.34%, 2.69%
2. 2.958%
3. ①
4. 6%
5. 10%
6. ③ 7. ① 8. ②

제11장 경기변동

1. ① 2. ④ 3. ① 4. ① 5. ④

제12장 경제성장

1. 6%
2. 1.768%, 2.146%
3. 3.8
4. 1.97
5. 4
6. 1
7. 2, 2

INDEX

찾아보기

| 가 |

| 아 |

| 자 |

| 차 |

■ 저자 약력 ■

✿ 이 혁 진

세종대학교 경제학과 초빙교수
〈저서〉 생활 속의 경제학(두남), 문화산업론(삼영사), 중국의 물류경제(삼영사)

✿ 최 창 열

서경대학교 금융정보공학과 대우교수
〈저서〉 세계화와 무역(형설출판사), 경영과 노사관계(보명), 경제학과 이해(대진)

✿ 방 기 위 (Pang Qiwei)

세종대학교 경제학과 박사과정

✿ 요 금 격 (Yao Jinge)

세종대학교 경제학과 박사과정

✿ 짱 신 단 (Zhang Xindan)

세종대학교 경제학과 박사과정

✿ 란　희 (Luan Xi)

세종대학교 경제학과 박사과정

● 알기 쉬운 거시경제학 - 개정판

초　판 1쇄 발행 —— 2010년 9월 8일
개정판 1쇄 발행 —— 2022년 2월 10일
지은이 —— 이 혁 진·최 창 열·방 기 위
요 금 격·짱 신 단·란　희
펴낸이 —— 전 두 표
펴낸곳 —— 도서출판 **두남**
서울시 강동구 성내로 6길 34-16 두남빌딩
신 고 : 제25100-1988-9호
TEL : 02) 478-2065~7, 2311
FAX : 02) 478-2068
E-mail : dunam1@unitel.co.kr
http://www.dunam.co.kr

● 정가 21,000원

ISBN 978-89-6414-943-0　93320